Jealousy Blinds Love

Eiji Nagisa

Aus dem Japanischen von
Christina Rinnerthaler

Inhalt

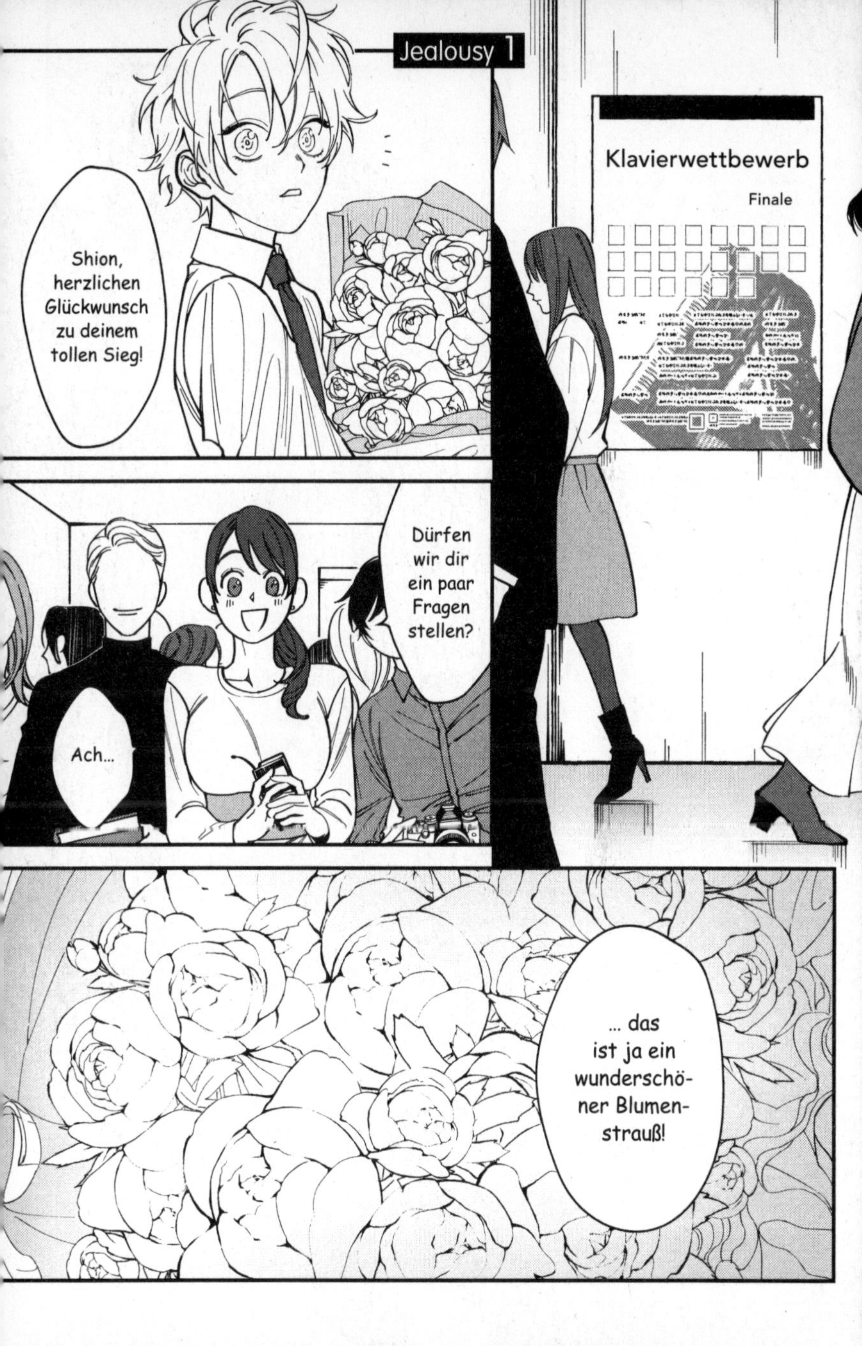
Jealousy 1
Klavierwettbewerb
Finale
Shion, herzlichen Glückwunsch zu deinem tollen Sieg!
Dürfen wir dir ein paar Fragen stellen?
Ach...
... das ist ja ein wunderschö-ner Blumen-strauß!

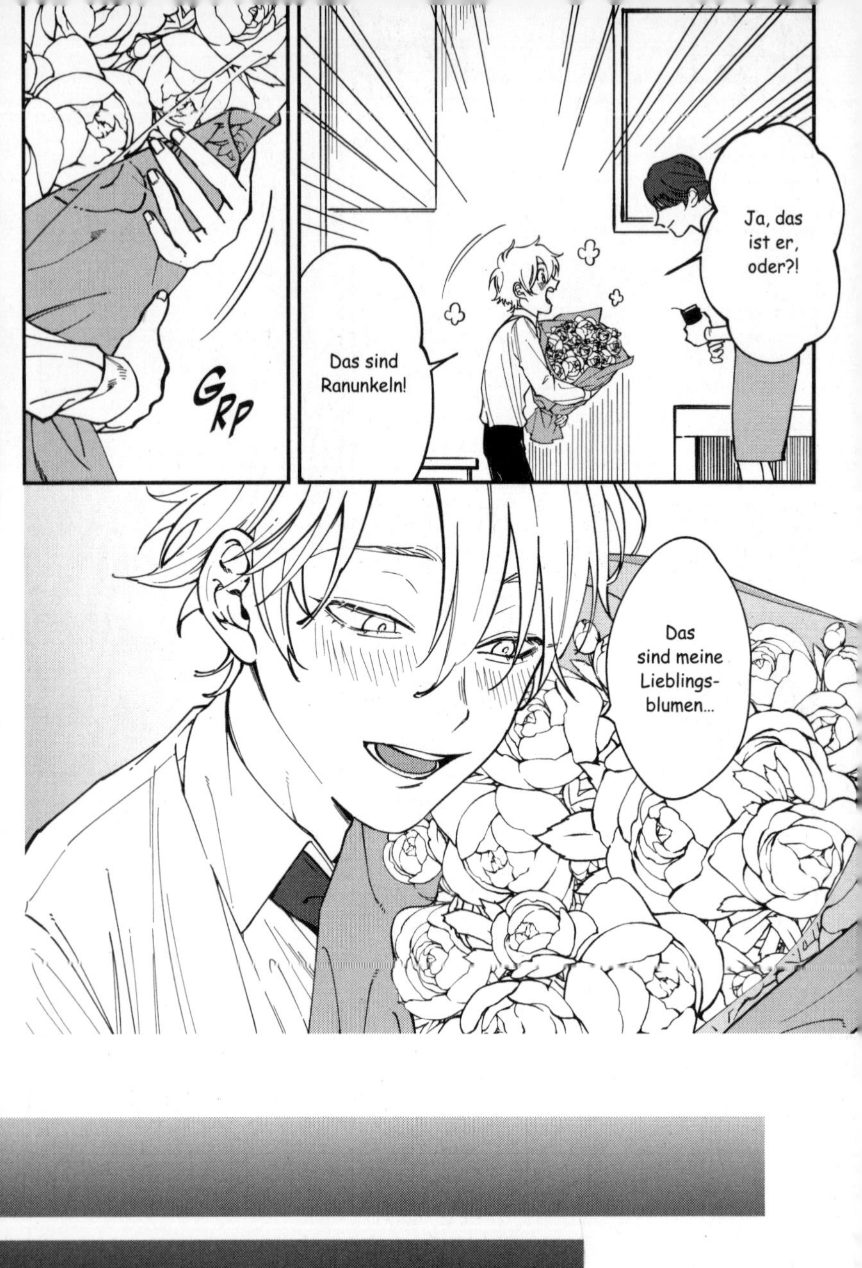
Ja, das ist er, oder?!
Das sind Ranunkeln!
GRP
Das sind meine Lieblings-blumen…

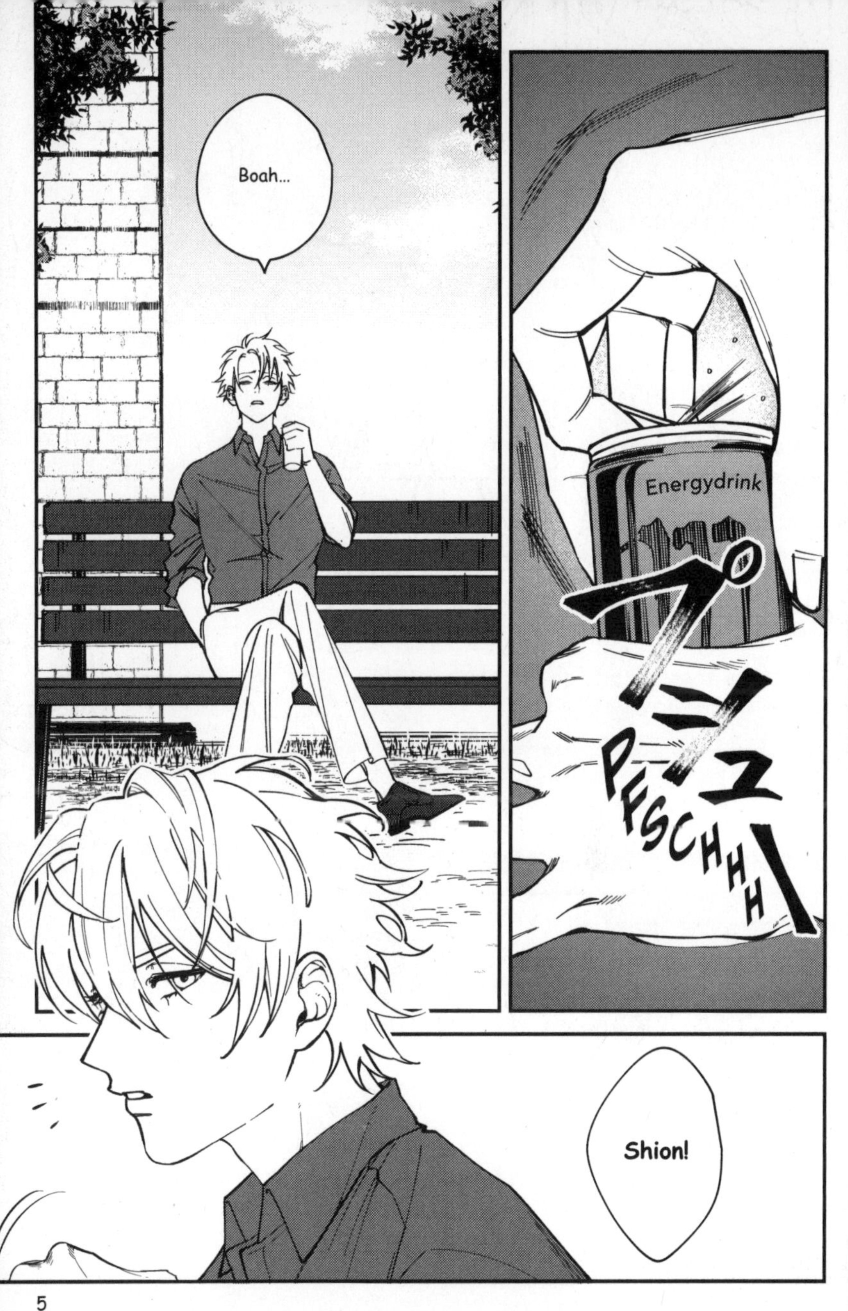
Energydrink
プシュー
PFSCHHH
Boah...
Shion!

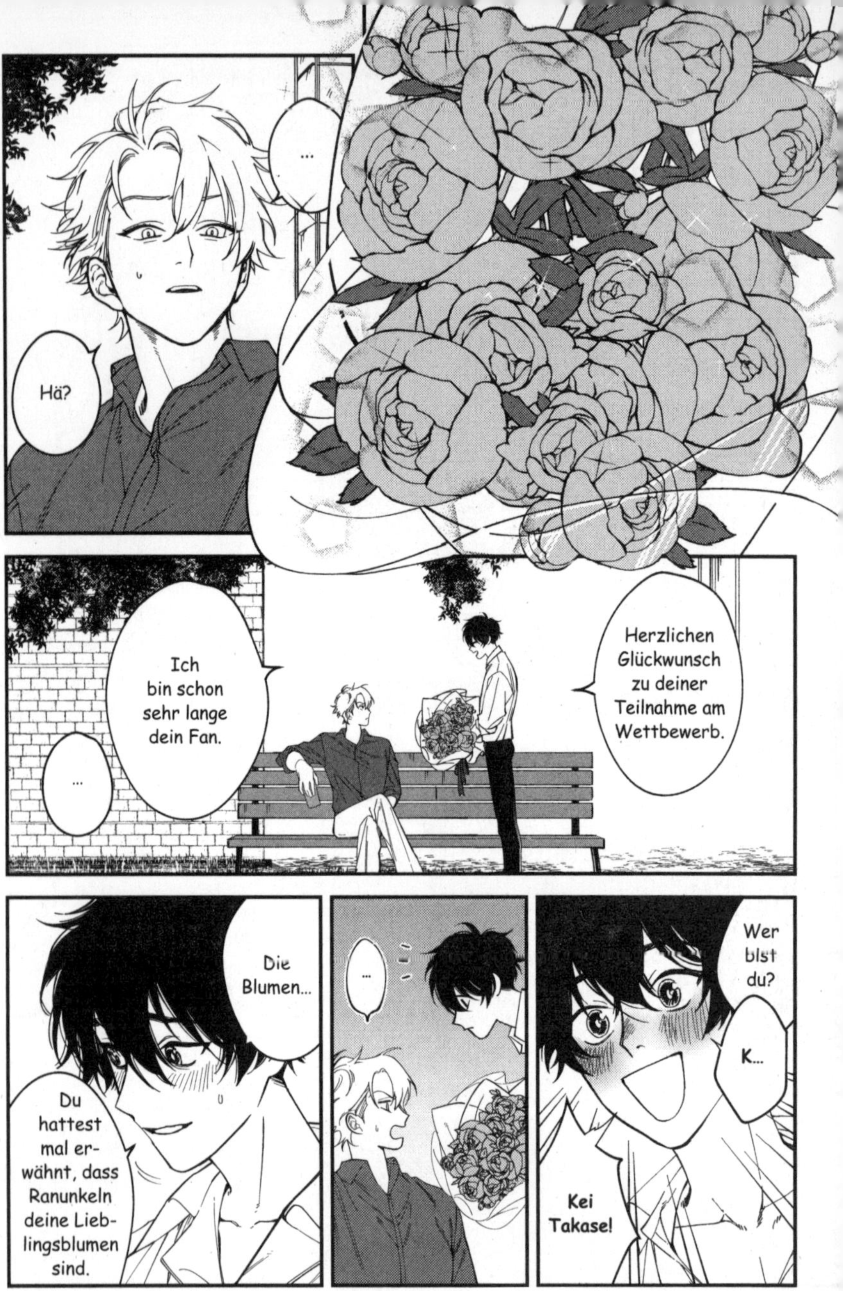

...

Hä?

Herzlichen Glückwunsch zu deiner Teilnahme am Wettbewerb.

Ich bin schon sehr lange dein Fan.

...

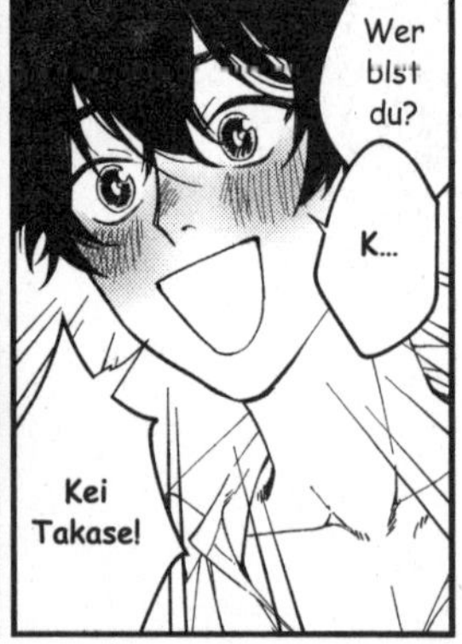

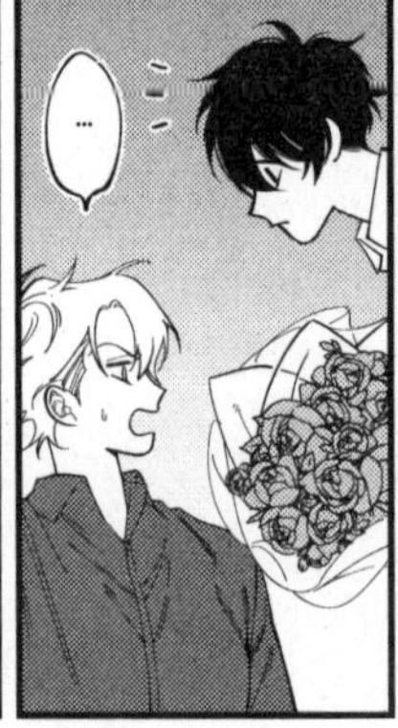

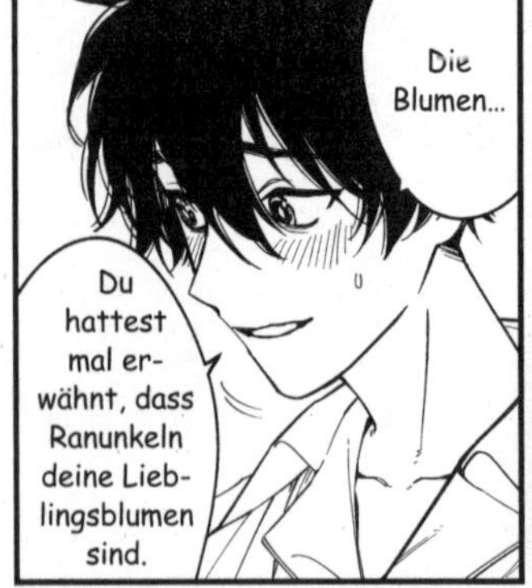

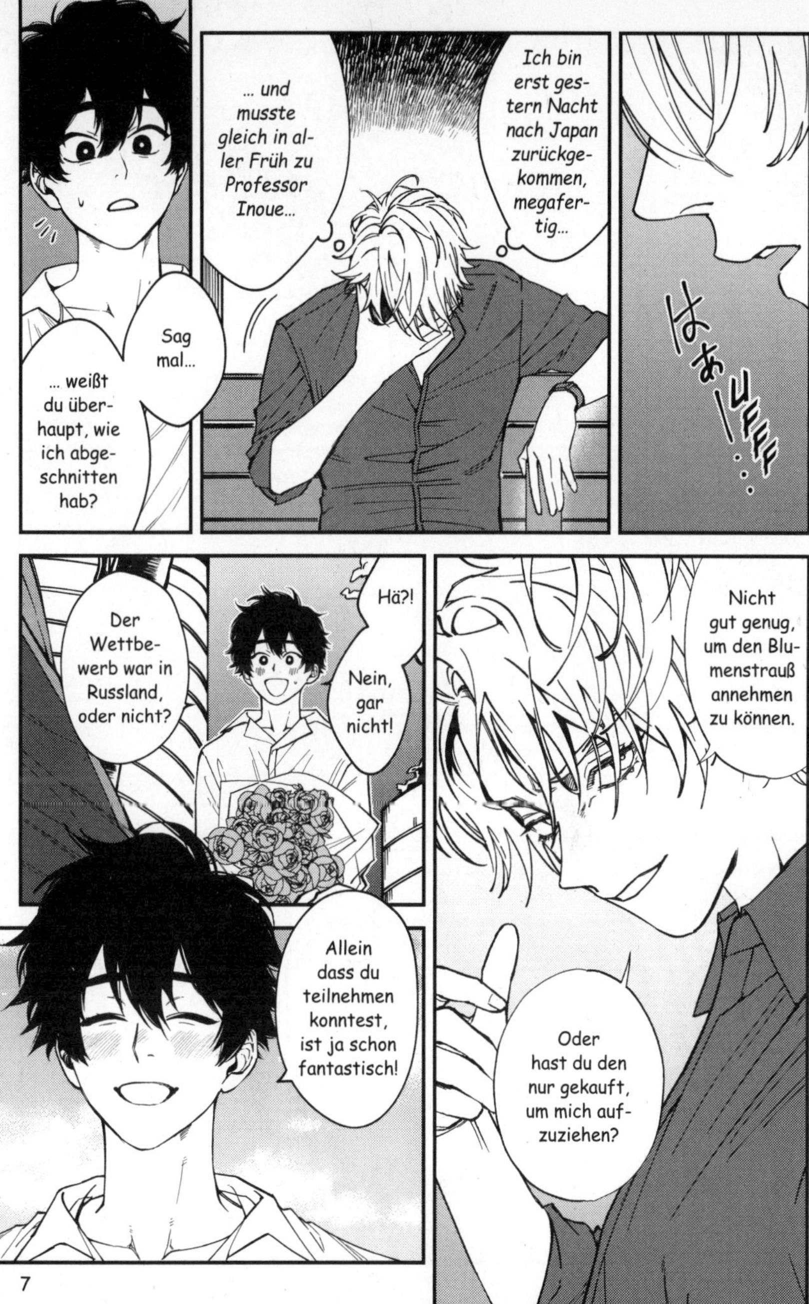
はぁー…
UFFF
Ich bin erst gestern Nacht nach Japan zurückgekommen, megafertig…
… und musste gleich in aller Früh zu Professor Inoue…
Sag mal…
… weißt du überhaupt, wie ich abgeschnitten hab?
Nicht gut genug, um den Blumenstrauß annehmen zu können.
Oder hast du den nur gekauft, um mich aufzuziehen?
Hä?!
Nein, gar nicht!
Der Wettbewerb war in Russland, oder nicht?
Allein dass du teilnehmen konntest, ist ja schon fantastisch!

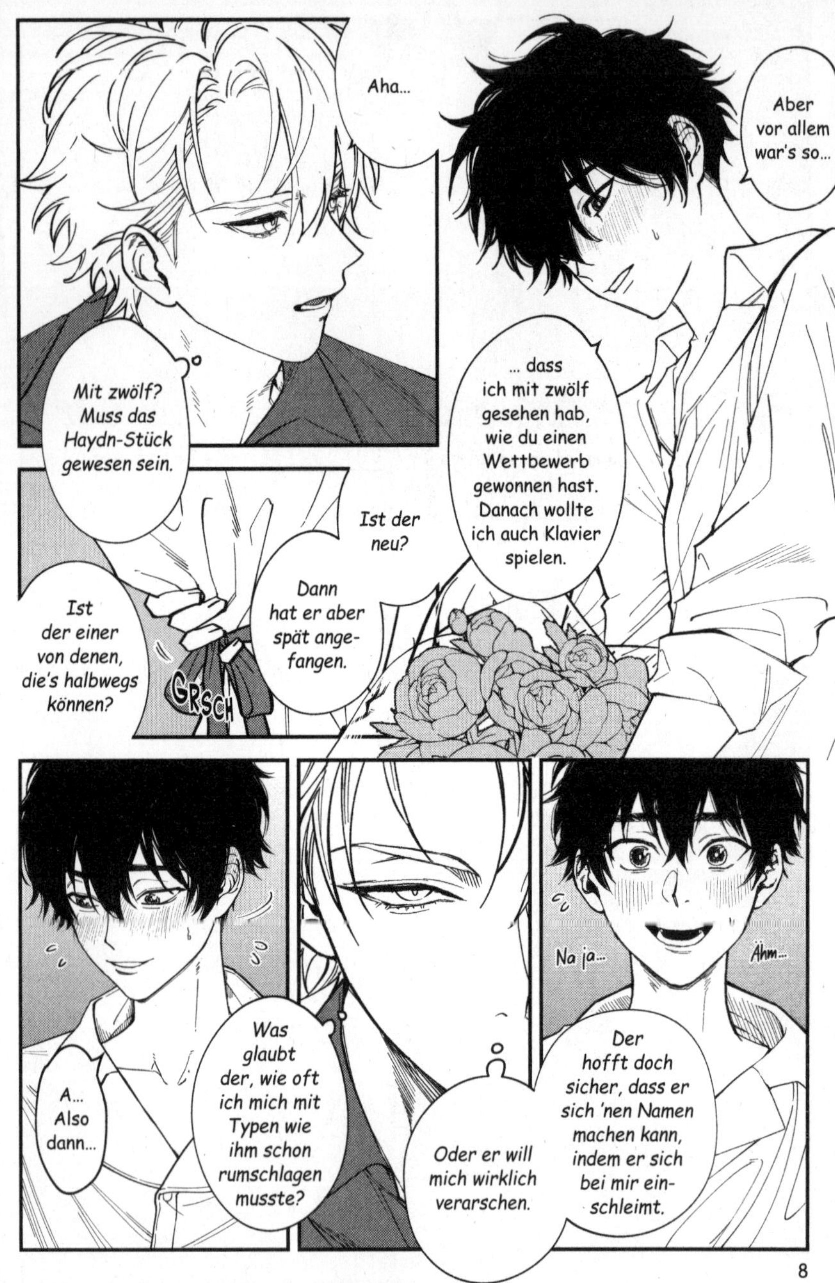
Aber vor allem war's so...
... dass ich mit zwölf gesehen hab, wie du einen Wettbewerb gewonnen hast. Danach wollte ich auch Klavier spielen.
Aha...
Mit zwölf? Muss das Haydn-Stück gewesen sein.
Ist der neu?
Dann hat er aber spät angefangen.
Ist der einer von denen, die's halbwegs können?
GRSCH
Ähm...
Na ja...
Der hofft doch sicher, dass er sich 'nen Namen machen kann, indem er sich bei mir einschleimt.
Oder er will mich wirklich verarschen.
Was glaubt der, wie oft ich mich mit Typen wie ihm schon rumschlagen musste?
A... Also dann...

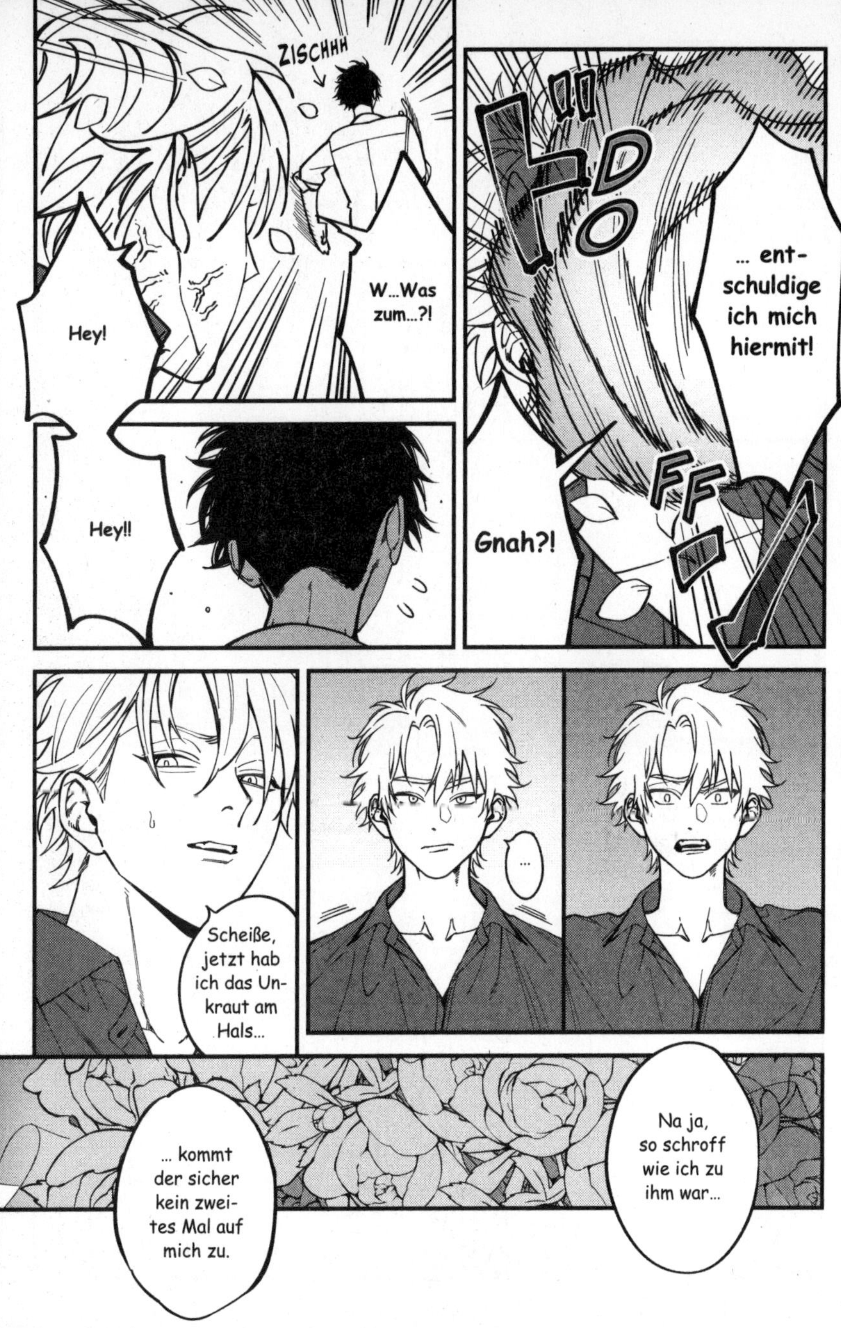
... ent-schuldige ich mich hiermit!
Gnah?!
ZISCHHH
W...Was zum...?!
Hey!
Hey!!
...
Scheiße, jetzt hab ich das Un-kraut am Hals...
Na ja, so schroff wie ich zu ihm war...
... kommt der sicher kein zwei-tes Mal auf mich zu.

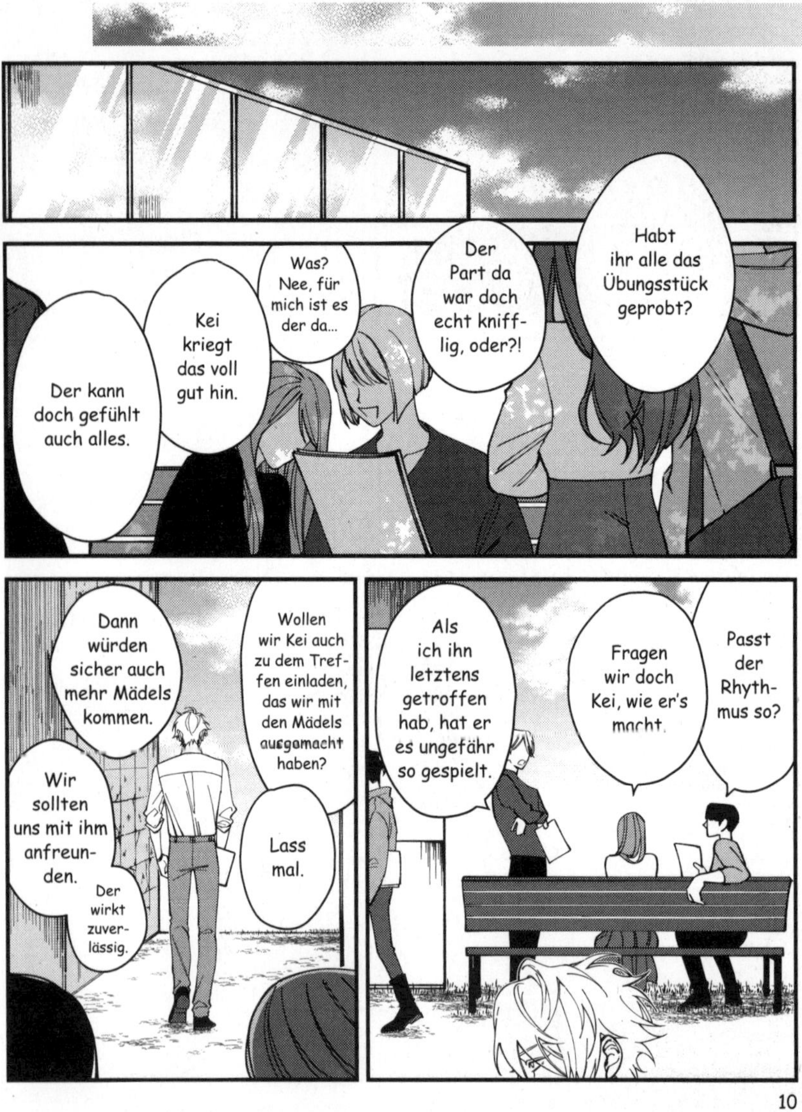

Habt ihr alle das Übungsstück geprobt?

Der Part da war doch echt kniffig, oder?!

Was? Nee, für mich ist es der da...

Kei kriegt das voll gut hin.

Der kann doch gefühlt auch alles.

Passt der Rhythmus so?

Fragen wir doch Kei, wie er's macht.

Als ich ihn letztens getroffen hab, hat er es ungefähr so gespielt.

Wollen wir Kei auch zu dem Treffen einladen, das wir mit den Mädels ausgemacht haben?

Dann würden sicher auch mehr Mädels kommen.

Lass mal.

Wir sollten uns mit ihm anfreunden.

Der wirkt zuverlässig.

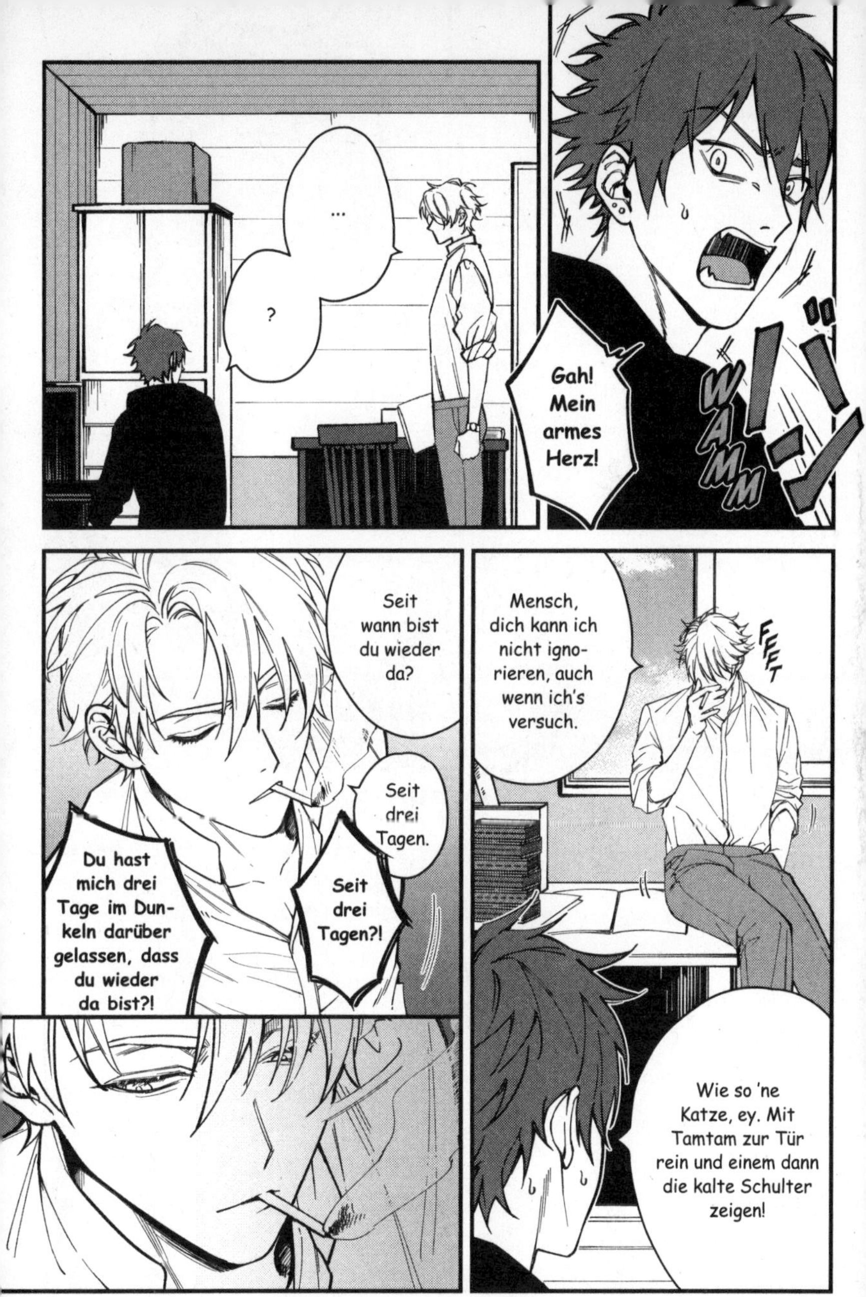

WAMM
Gah! Mein armes Herz!

...
?

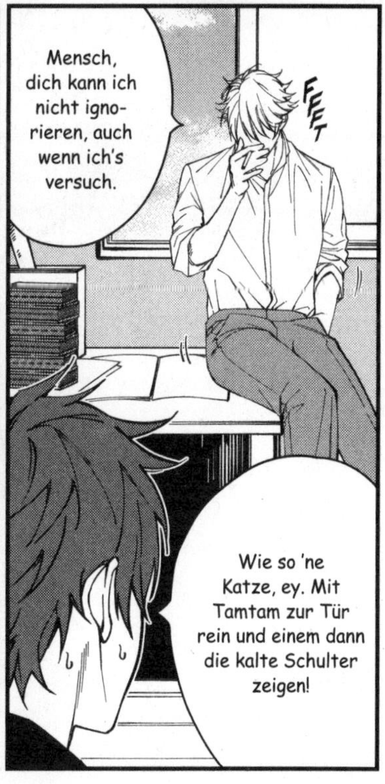

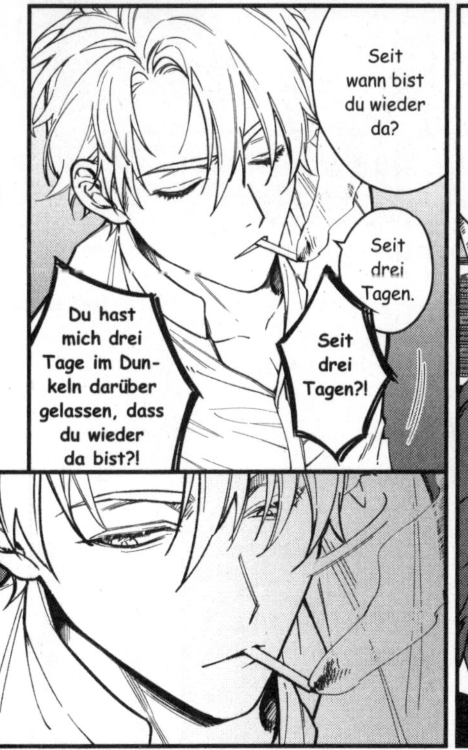

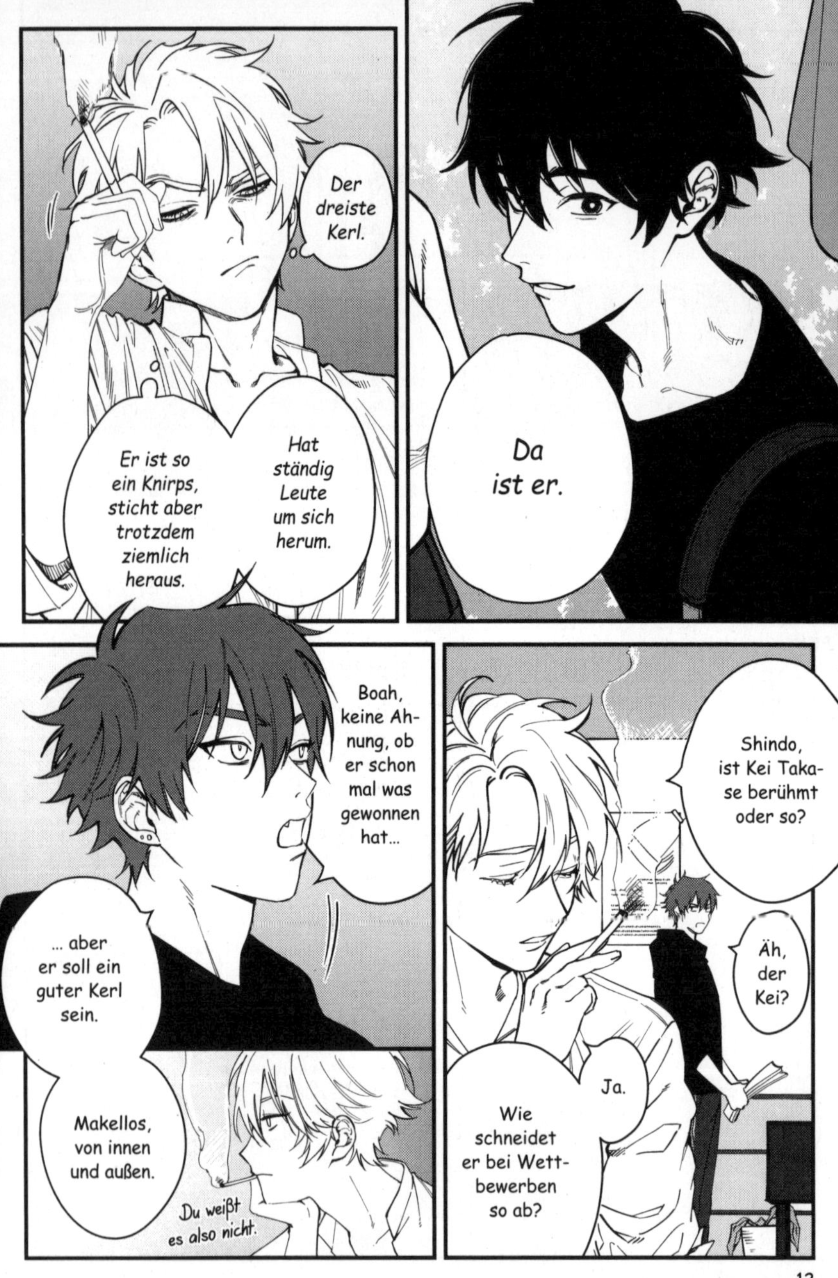
Da ist er.
Der dreiste Kerl.
Hat ständig Leute um sich herum.
Er ist so ein Knirps, sticht aber trotzdem ziemlich heraus.
Shindo, ist Kei Takase berühmt oder so?
Äh, der Kei?
Ja.
Wie schneidet er bei Wettbewerben so ab?
Boah, keine Ahnung, ob er schon mal was gewonnen hat...
... aber er soll ein guter Kerl sein.
Makellos, von innen und außen.
Du weißt es also nicht.

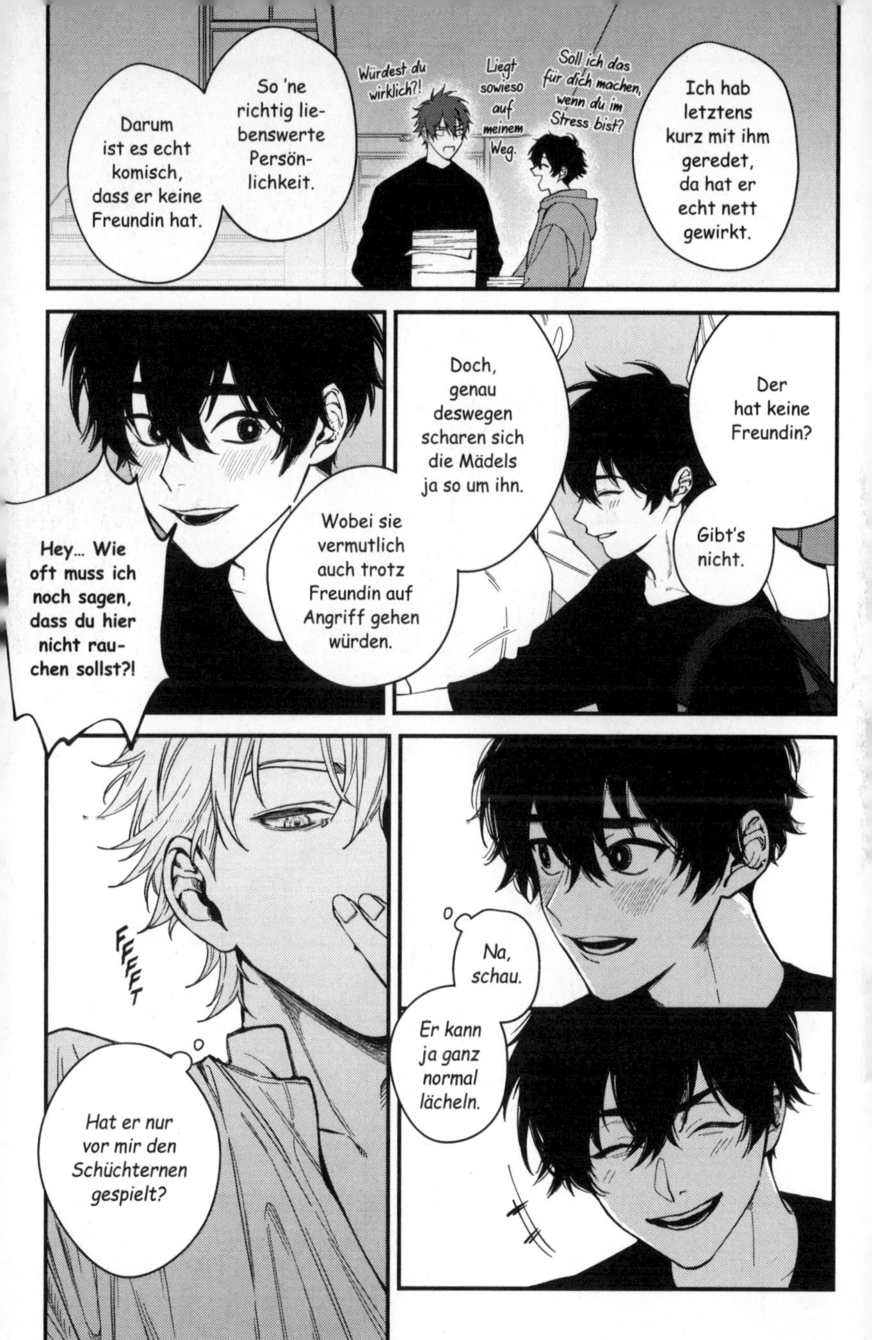

Ich hab letztens kurz mit ihm geredet, da hat er echt nett gewirkt.
Soll ich das für dich machen, wenn du im Stress bist?
Liegt sowieso auf meinem Weg.
Würdest du wirklich?!
So 'ne richtig liebenswerte Persönlichkeit.
Darum ist es echt komisch, dass er keine Freundin hat.

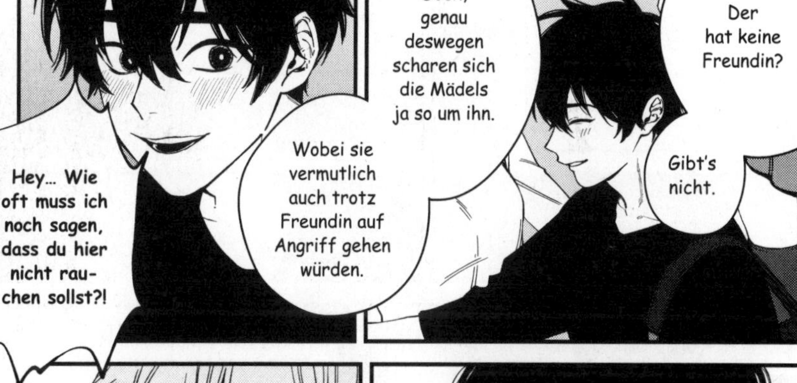

Na, schau.
Er kann ja ganz normal lächeln.
FFFFT
Hat er nur vor mir den Schüchternen gespielt?

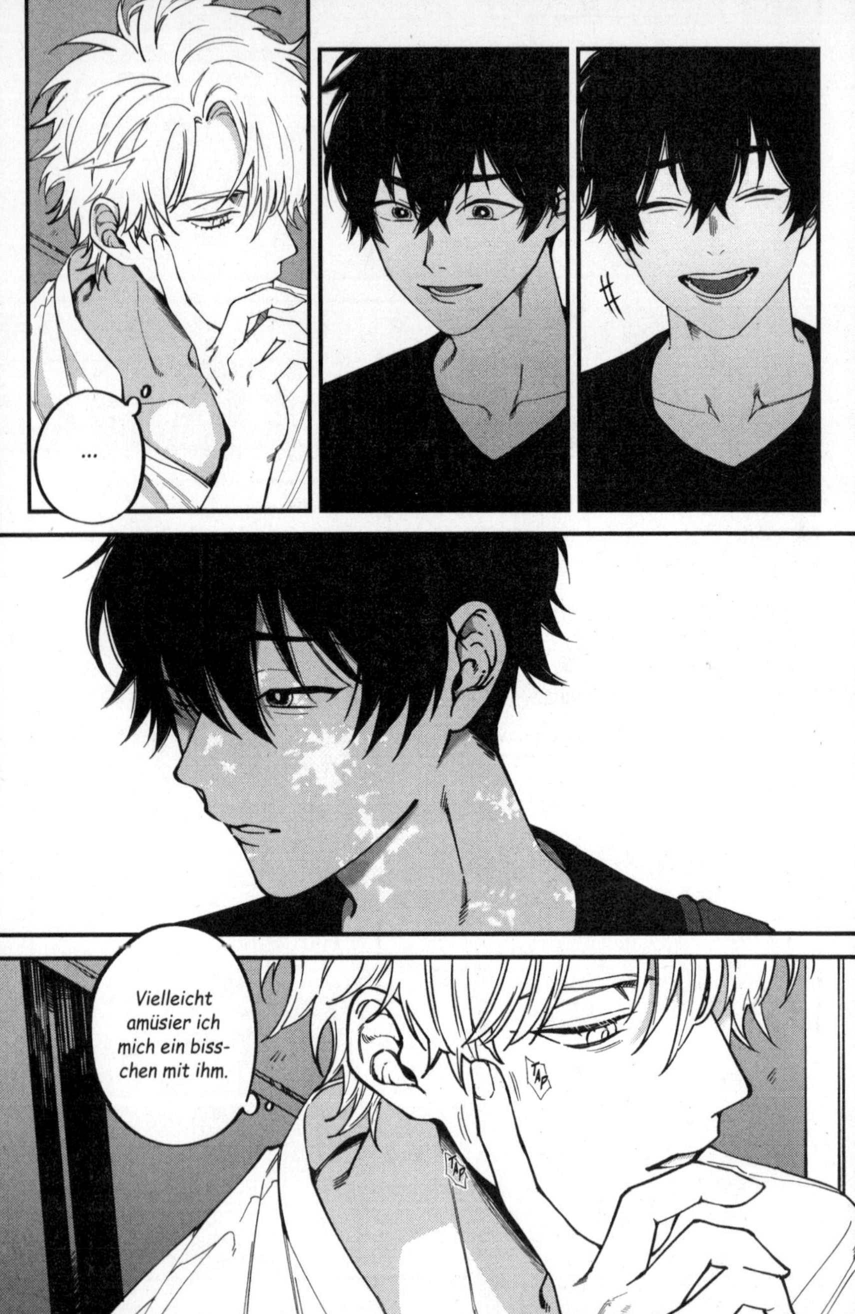
...
#
Vielleicht amüsier ich mich ein bisschen mit ihm.
TAP
TAP

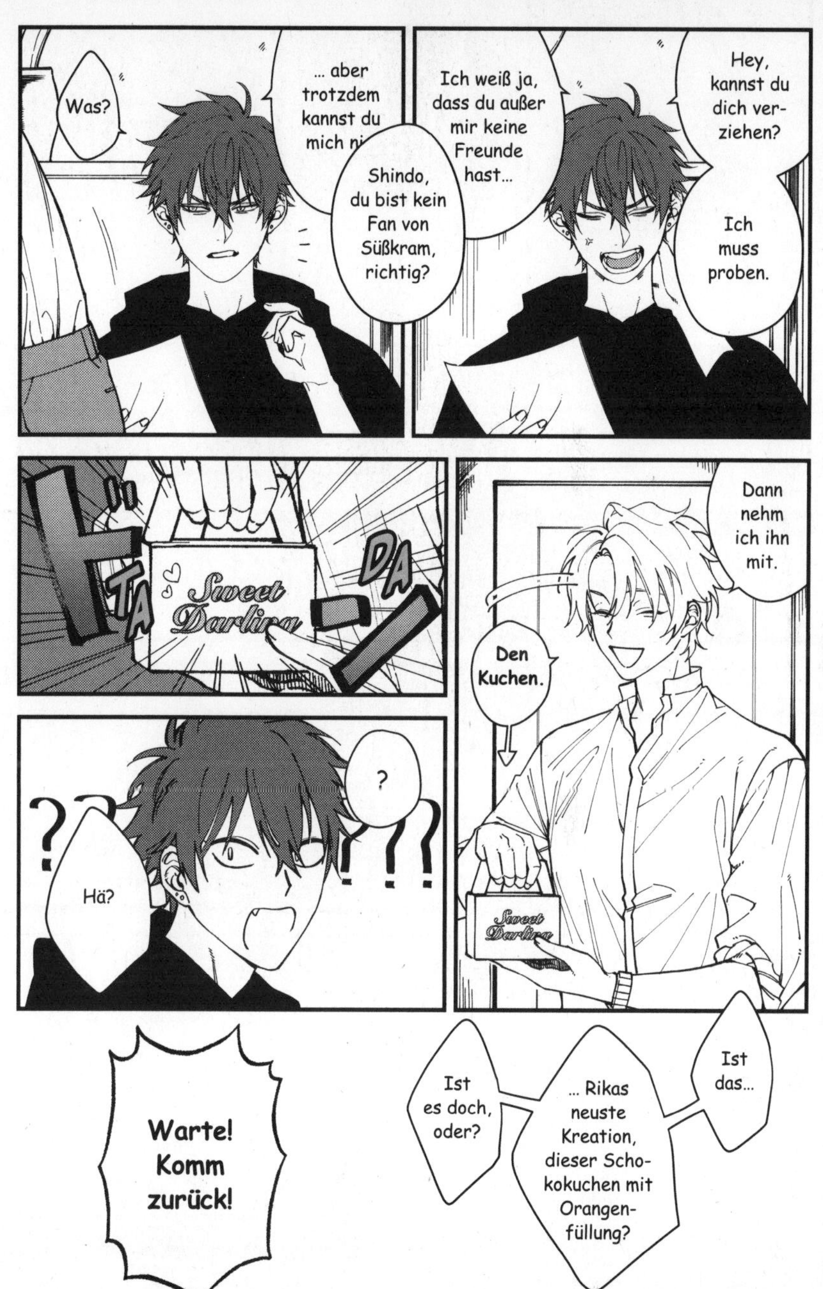
Hey, kannst du dich verziehen?
Ich muss proben.
Ich weiß ja, dass du außer mir keine Freunde hast...
... aber trotzdem kannst du mich ni
Shindo, du bist kein Fan von Süßkram, richtig?
Was?
Dann nehm ich ihn mit.
Den Kuchen.
TA
DA
?
Hä?
Ist das...
... Rikas neuste Kreation, dieser Schokokuchen mit Orangenfüllung?
Ist es doch, oder?
Warte! Komm zurück!

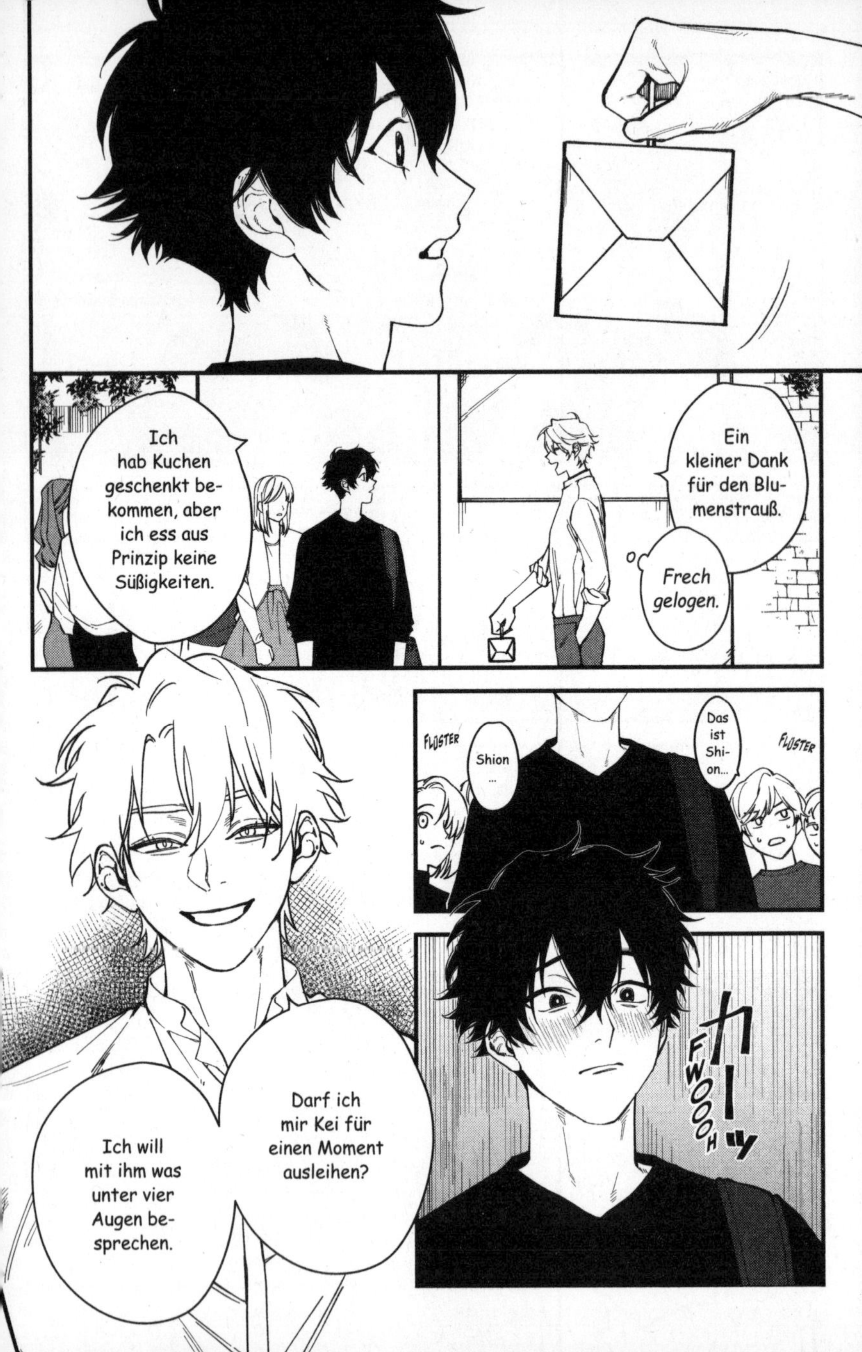
Ein kleiner Dank für den Blumenstrauß.
Frech gelogen.
Ich hab Kuchen geschenkt bekommen, aber ich ess aus Prinzip keine Süßigkeiten.
Darf ich mir Kei für einen Moment ausleihen?
Ich will mit ihm was unter vier Augen besprechen.
FLÜSTER
Das ist Shion...
FLÜSTER
Shion ...
FWOOOH
カーッ

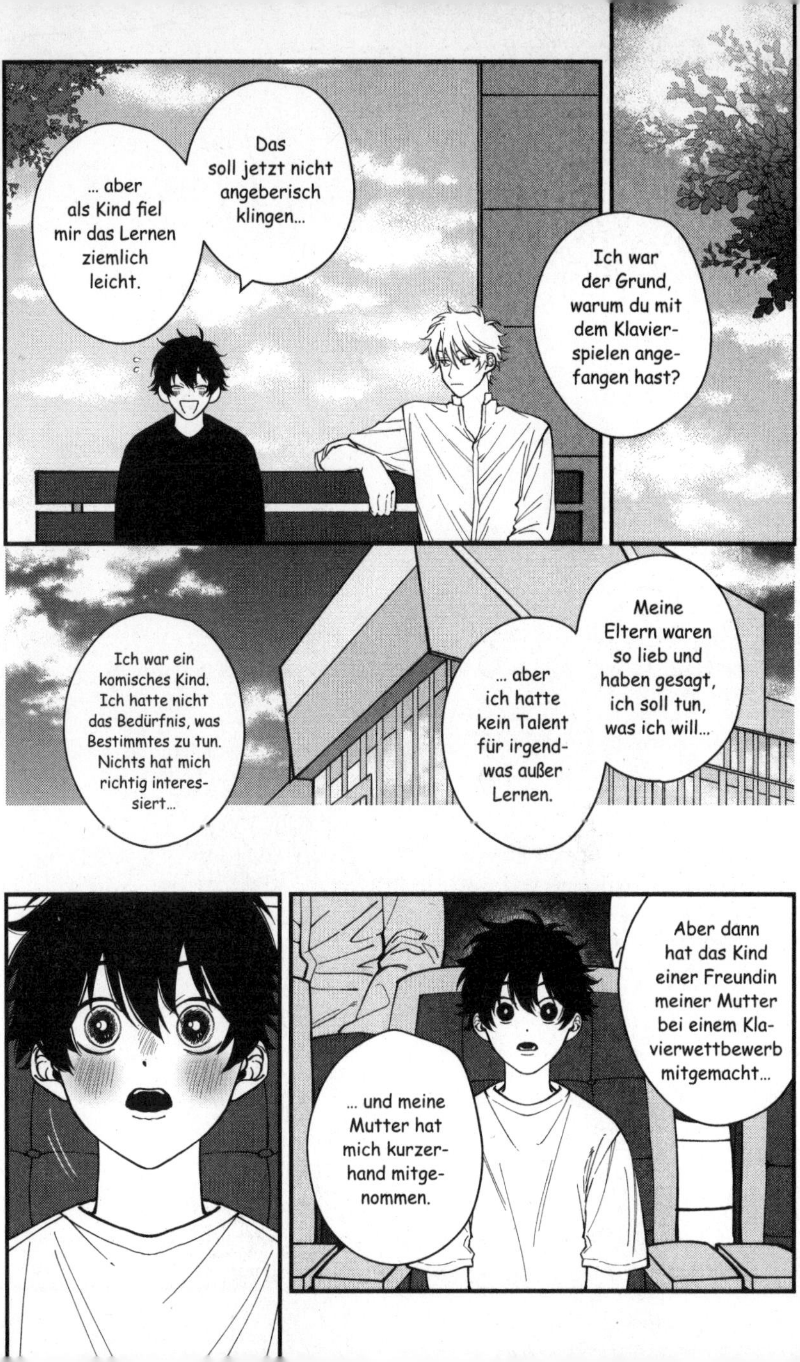

Ich war der Grund, warum du mit dem Klavierspielen angefangen hast?

Das soll jetzt nicht angeberisch klingen...

... aber als Kind fiel mir das Lernen ziemlich leicht.

Meine Eltern waren so lieb und haben gesagt, ich soll tun, was ich will...

... aber ich hatte kein Talent für irgendwas außer Lernen.

Ich war ein komisches Kind. Ich hatte nicht das Bedürfnis, was Bestimmtes zu tun. Nichts hat mich richtig interessiert...

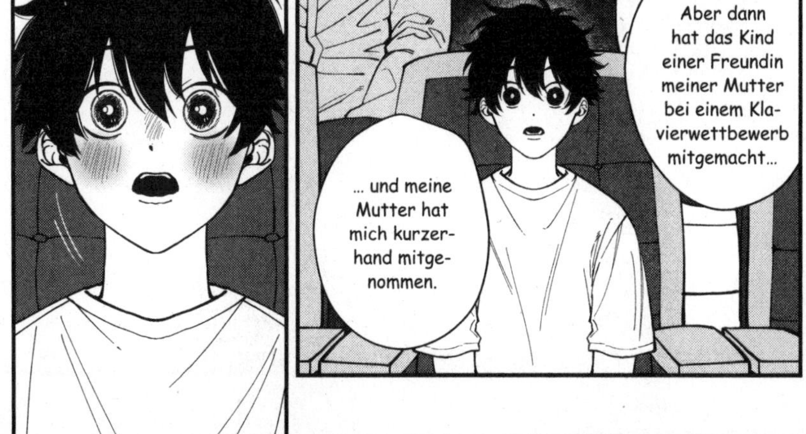

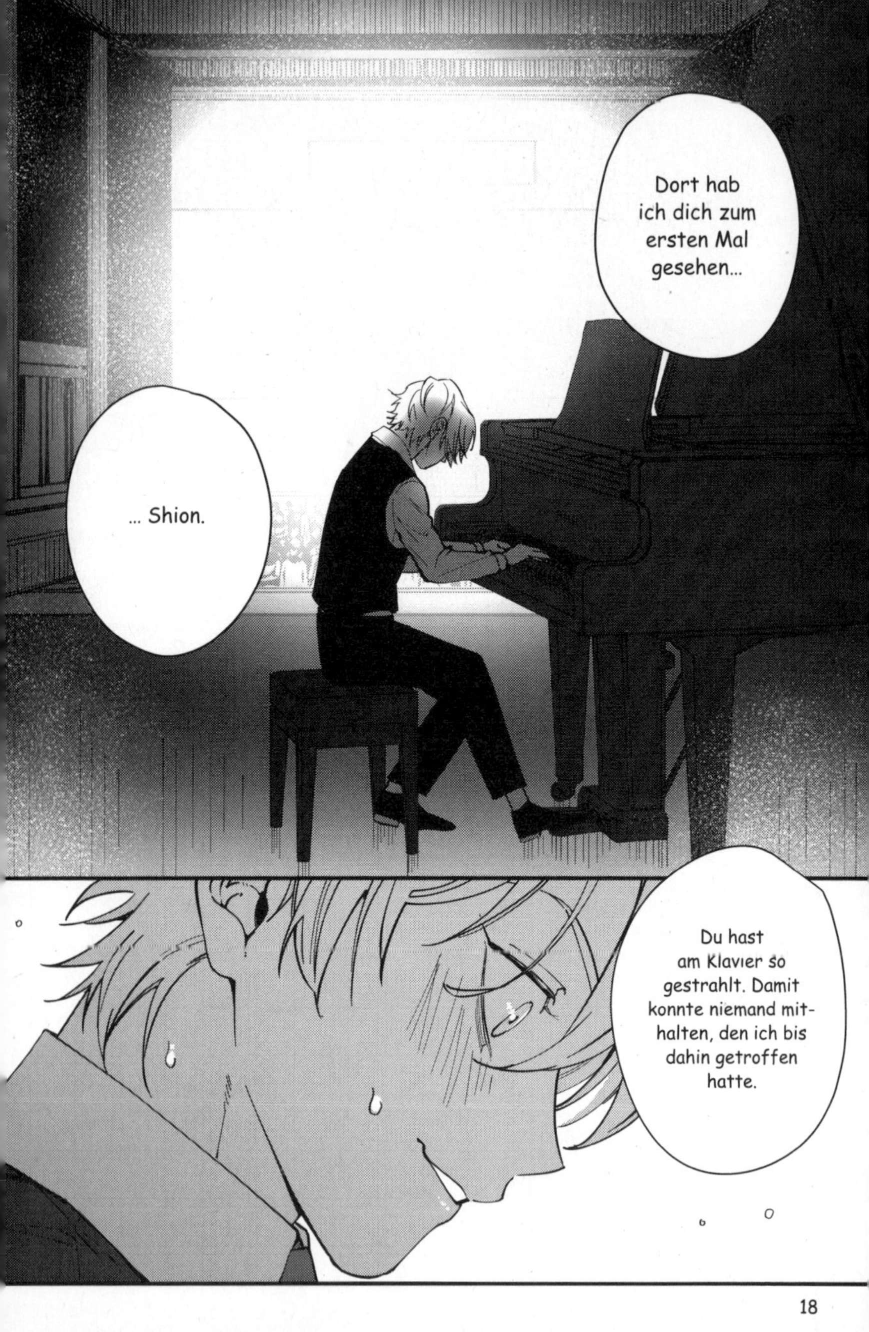
Dort hab ich dich zum ersten Mal gesehen...
... Shion.
Du hast am Klavier so gestrahlt. Damit konnte niemand mithalten, den ich bis dahin getroffen hatte.

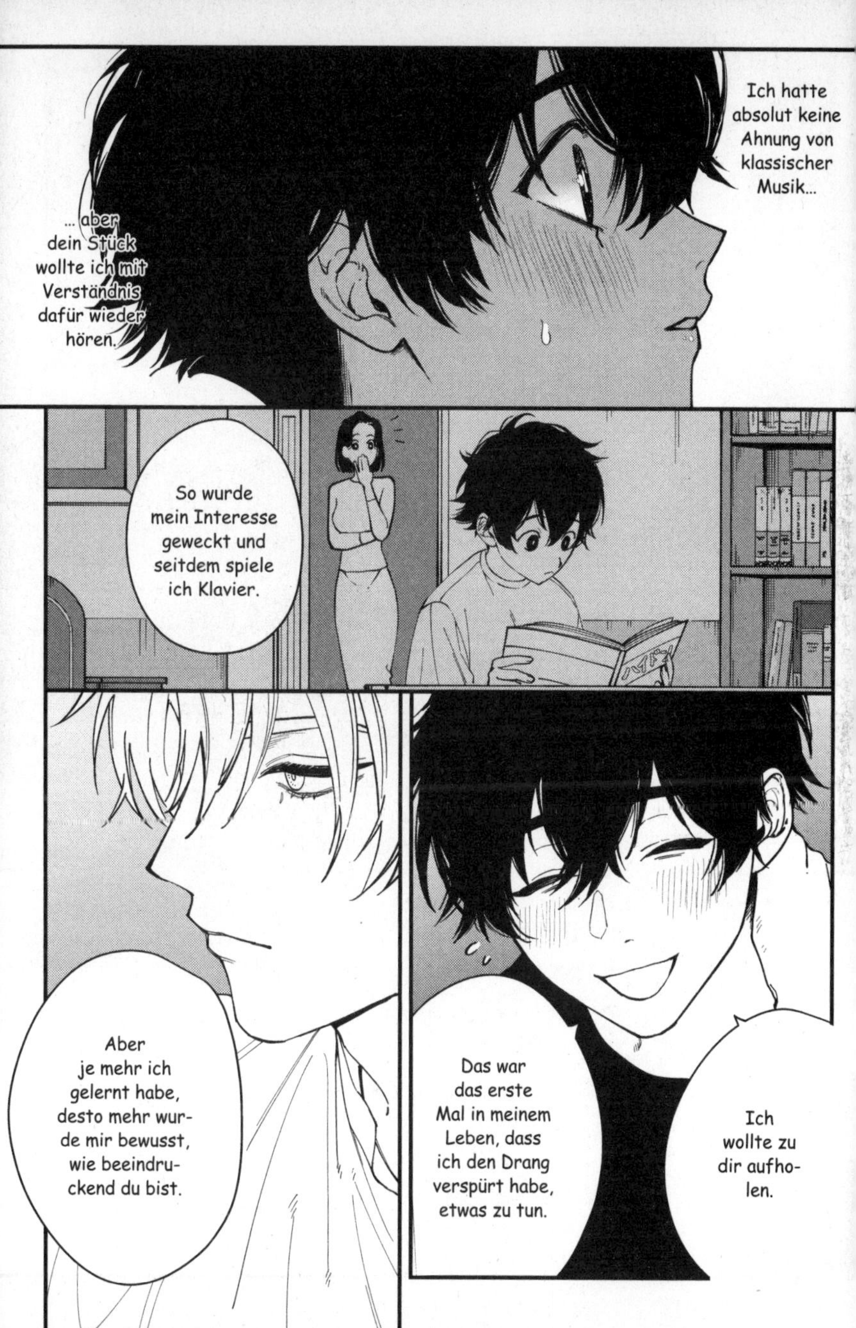
Ich hatte absolut keine Ahnung von klassischer Musik...
... aber dein Stück wollte ich mit Verständnis dafür wieder hören.
So wurde mein Interesse geweckt und seitdem spiele ich Klavier.
Ich wollte zu dir aufholen.
Das war das erste Mal in meinem Leben, dass ich den Drang verspürt habe, etwas zu tun.
Aber je mehr ich gelernt habe, desto mehr wurde mir bewusst, wie beeindruckend du bist.

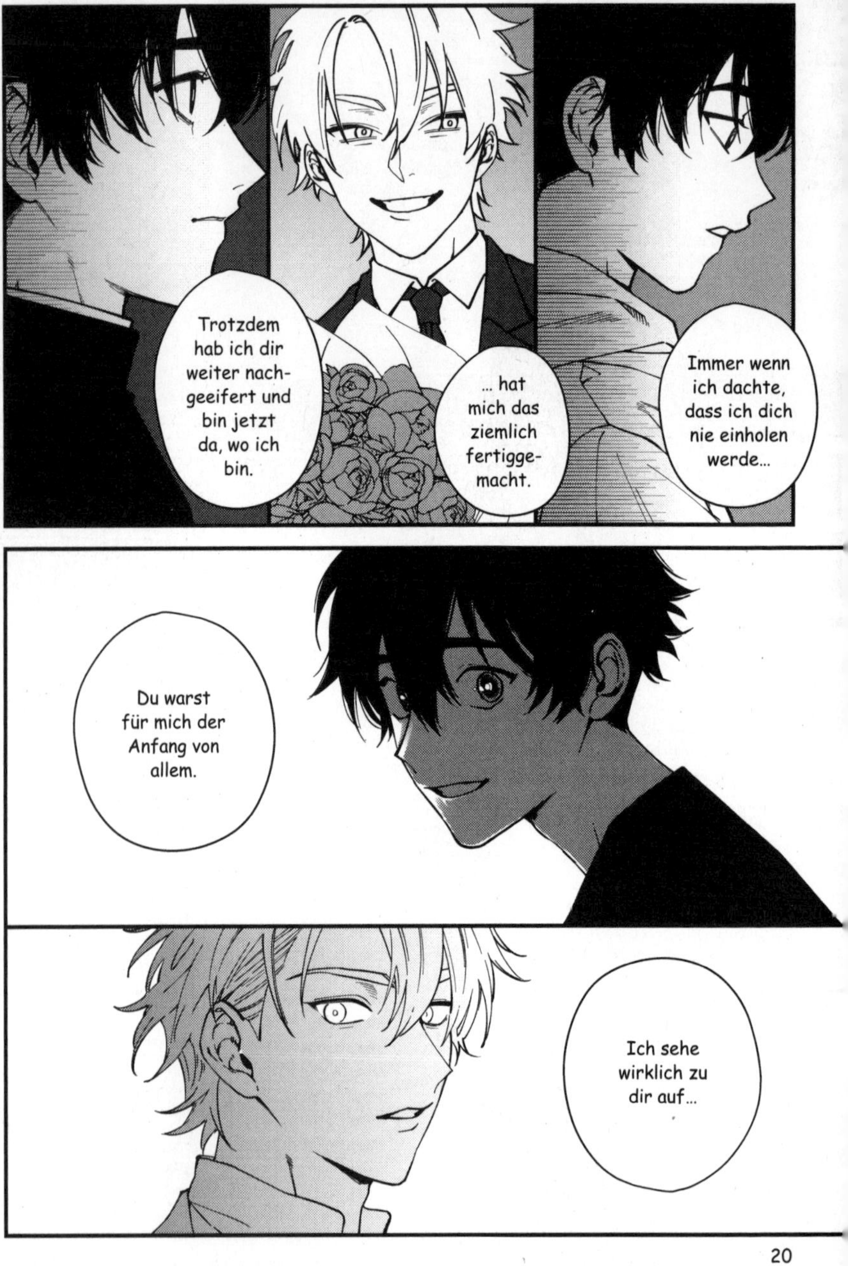

Immer wenn ich dachte, dass ich dich nie einholen werde…

… hat mich das ziemlich fertiggemacht.

Trotzdem hab ich dir weiter nachgeeifert und bin jetzt da, wo ich bin.

Du warst für mich der Anfang von allem.

Ich sehe wirklich zu dir auf…

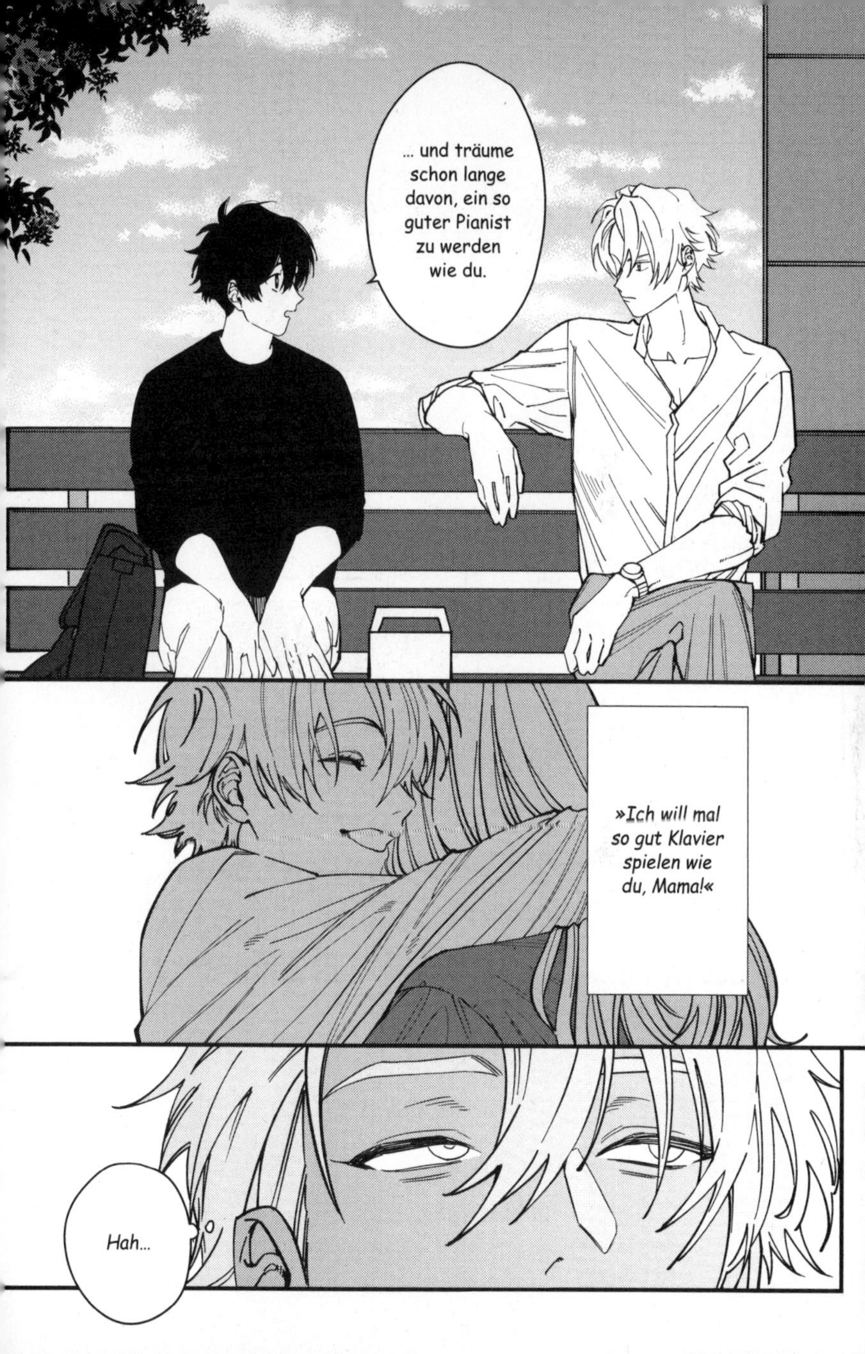
... und träume schon lange davon, ein so guter Pianist zu werden wie du.
»Ich will mal so gut Klavier spielen wie du, Mama!«
Hah...

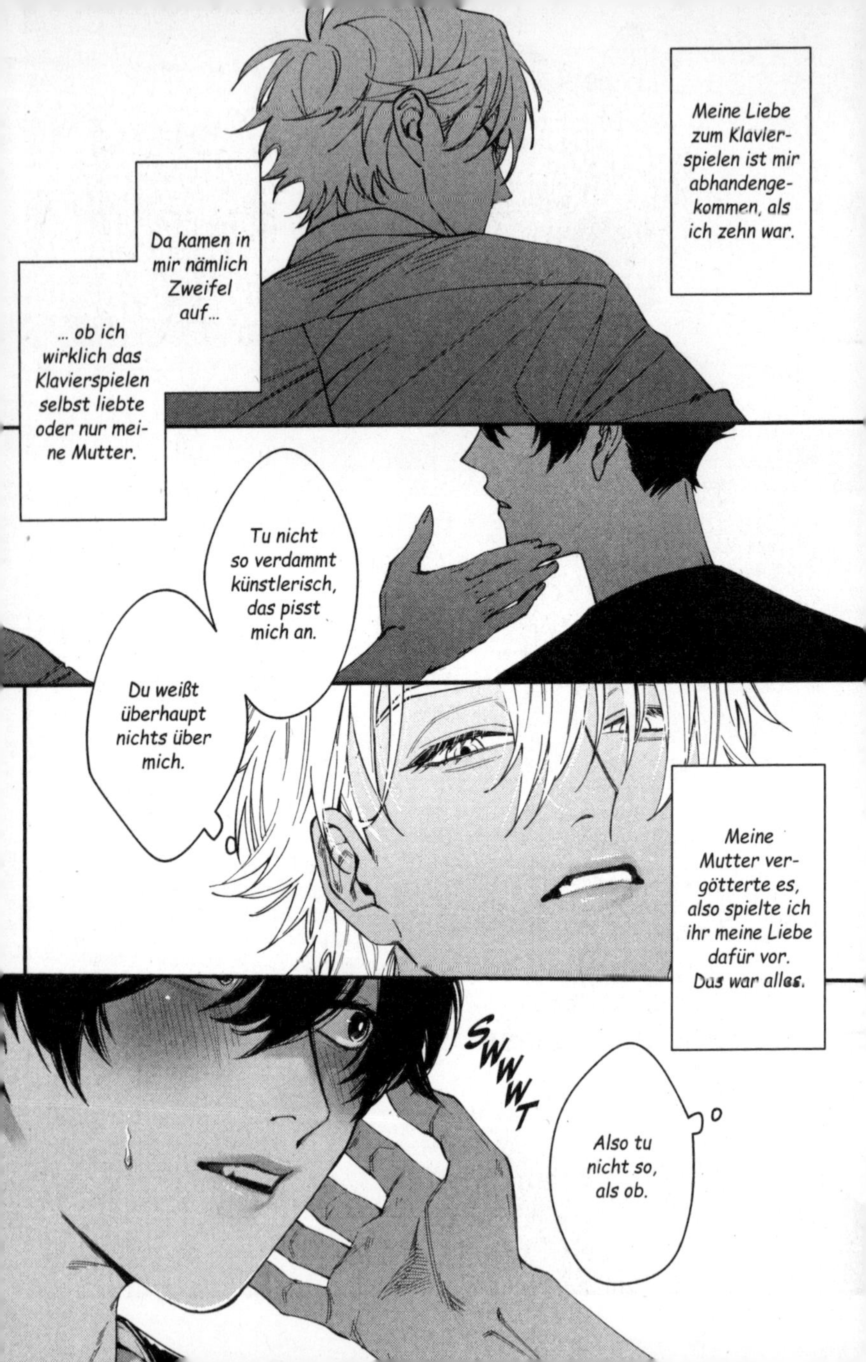
Meine Liebe zum Klavierspielen ist mir abhandengekommen, als ich zehn war.
Da kamen in mir nämlich Zweifel auf...
... ob ich wirklich das Klavierspielen selbst liebte oder nur meine Mutter.
Tu nicht so verdammt künstlerisch, das pisst mich an.
Du weißt überhaupt nichts über mich.
Meine Mutter vergötterte es, also spielte ich ihr meine Liebe dafür vor. Das war alles.
SWWWT
Also tu nicht so, als ob.

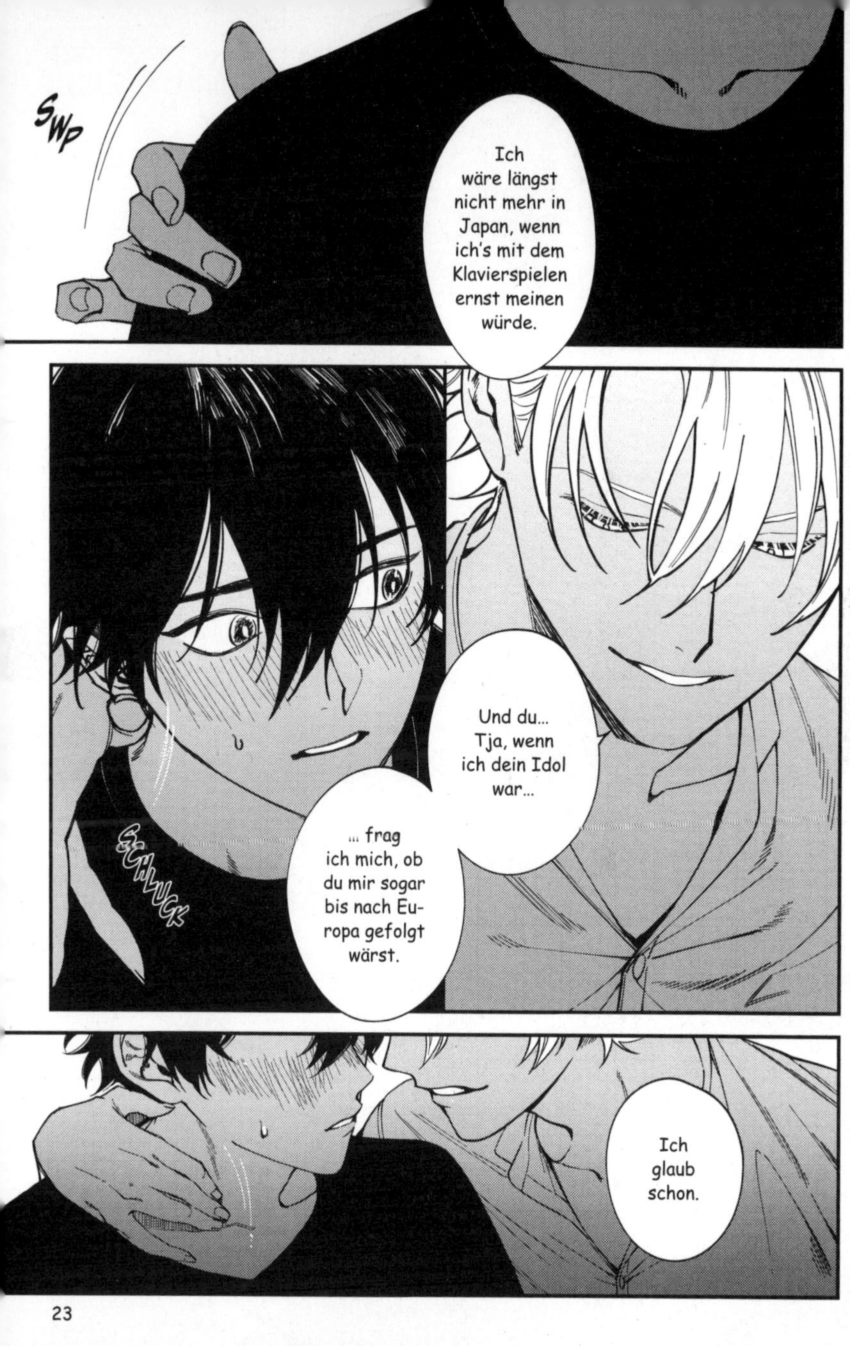

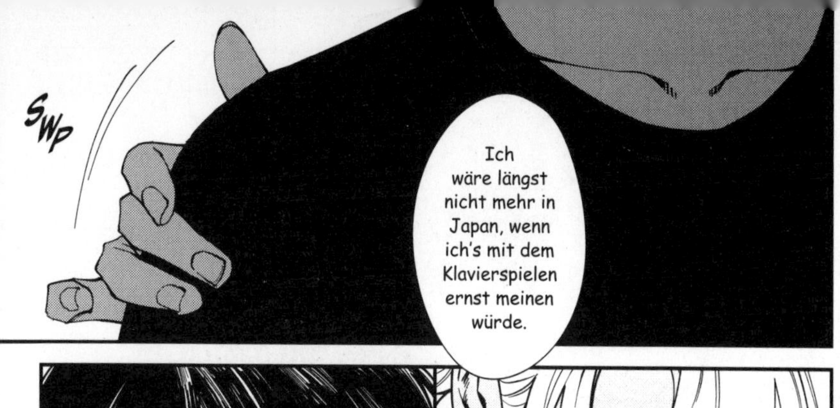
Ich wäre längst nicht mehr in Japan, wenn ich's mit dem Klavierspielen ernst meinen würde.
SWP

Und du... Tja, wenn ich dein Idol war...
... frag ich mich, ob du mir sogar bis nach Europa gefolgt wärst.
SCHLUCK

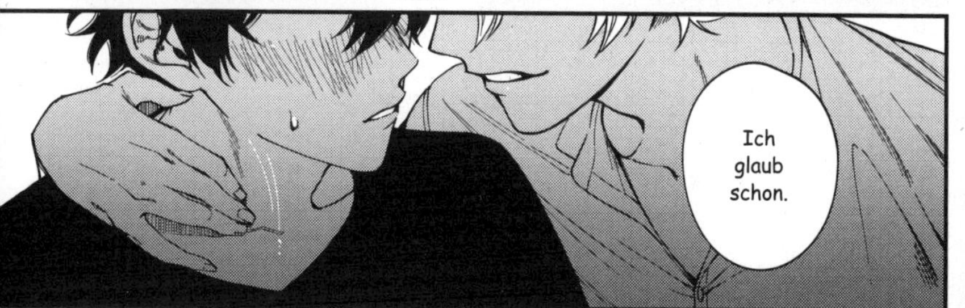
Ich glaub schon.

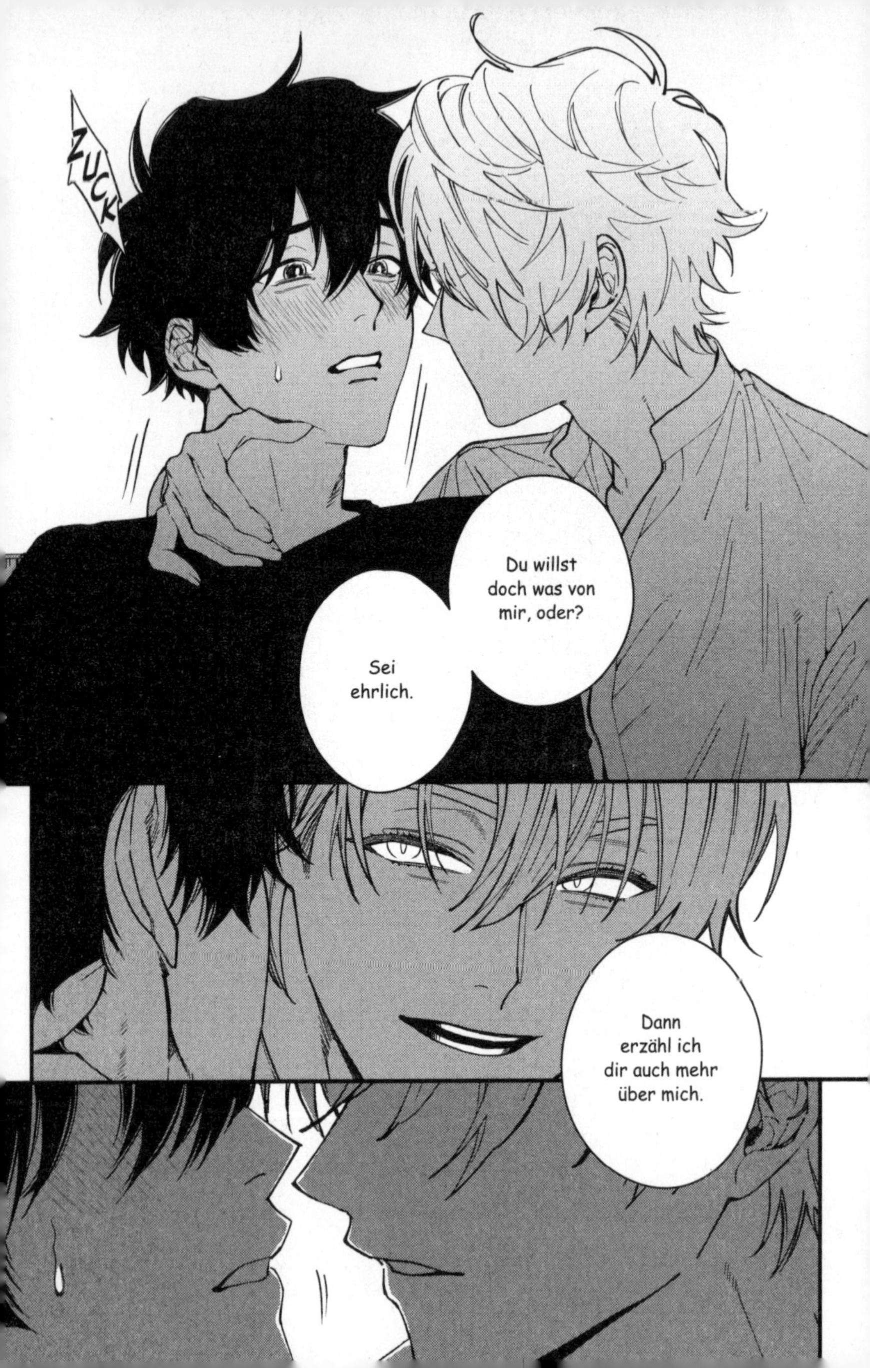
ZUCK
Du willst doch was von mir, oder?
Sei ehrlich.
Dann erzähl ich dir auch mehr über mich.

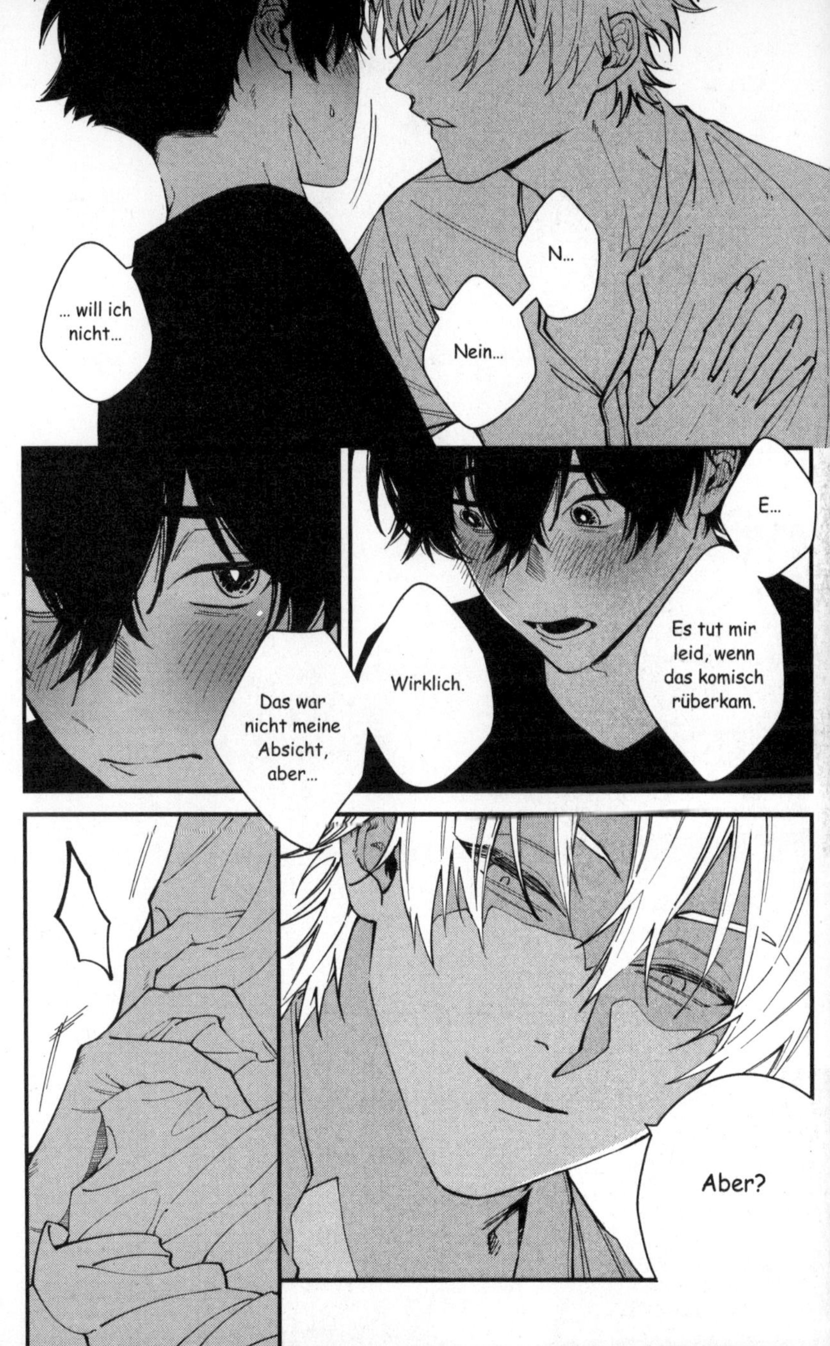
N...
Nein...
... will ich nicht...
E...
Es tut mir leid, wenn das komisch rüberkam.
Wirklich.
Das war nicht meine Absicht, aber...
Aber?

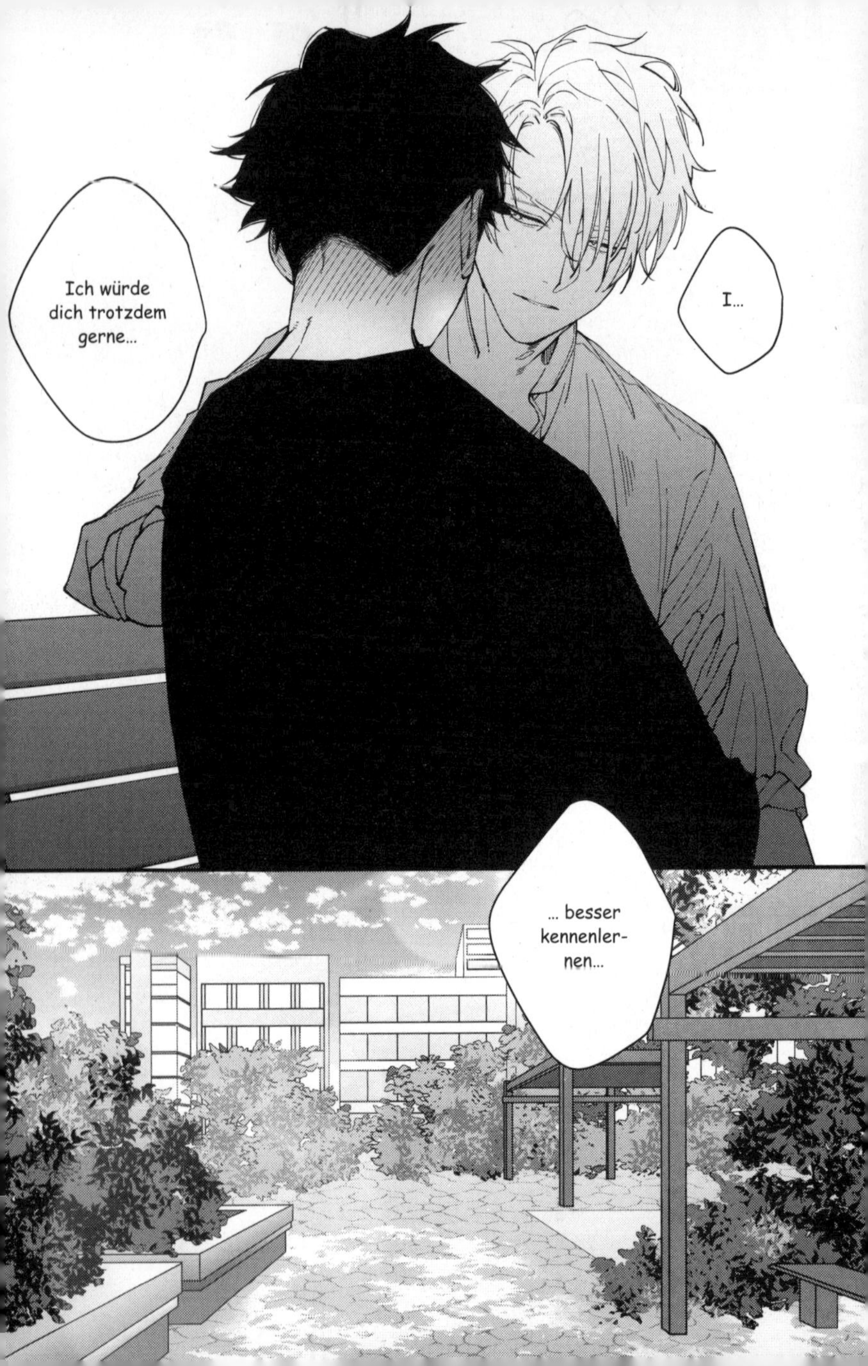
I…
Ich würde dich trotzdem gerne…
… besser kennenler-nen…

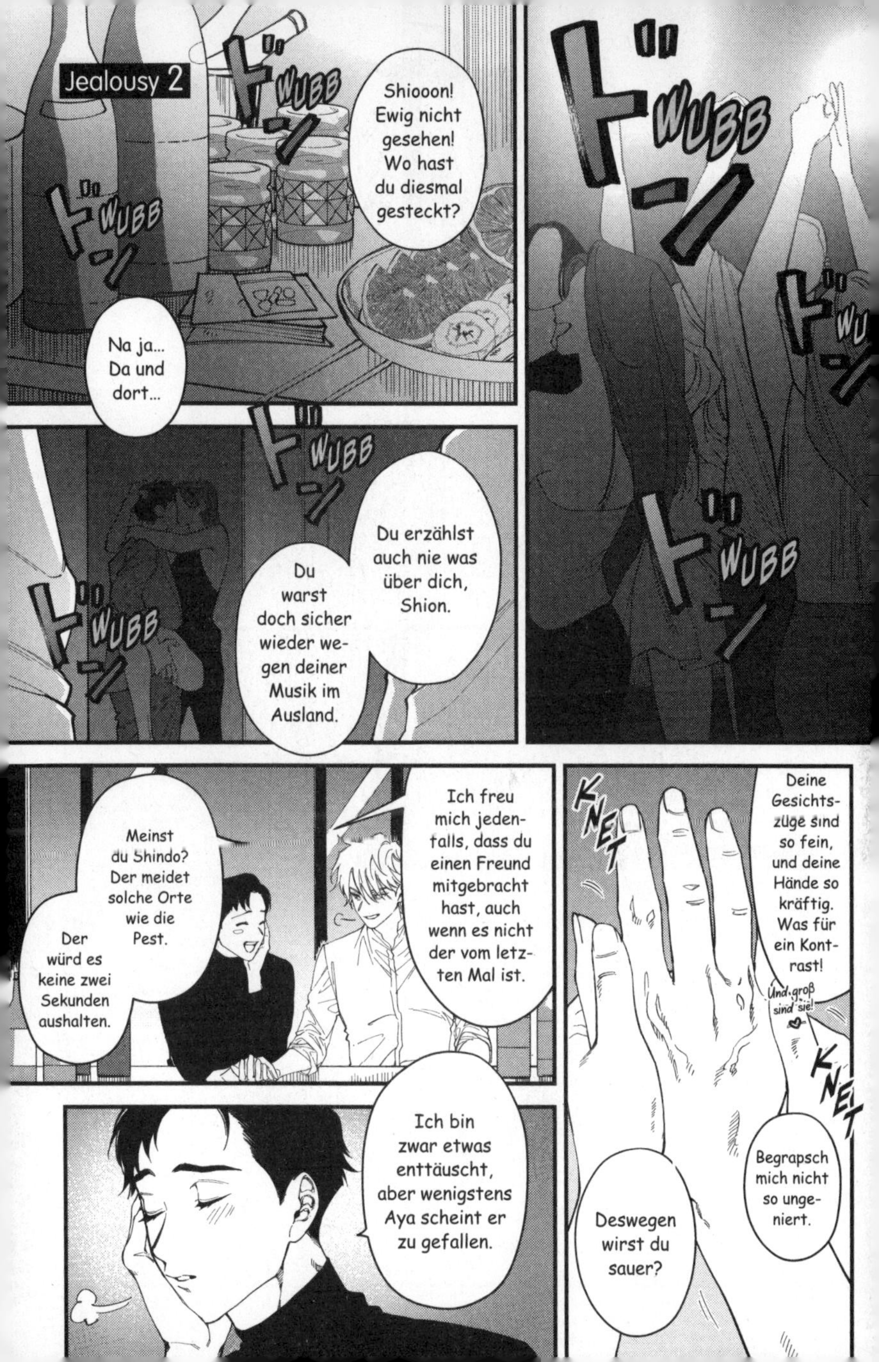

Jealousy 2

WUBB
Shiooon! Ewig nicht gesehen! Wo hast du diesmal gesteckt?
WUBB
Na ja... Da und dort...
WUBB
WUBB
Du erzählst auch nie was über dich, Shion.
Du warst doch sicher wieder wegen deiner Musik im Ausland.
WUBB
WU
WUBB

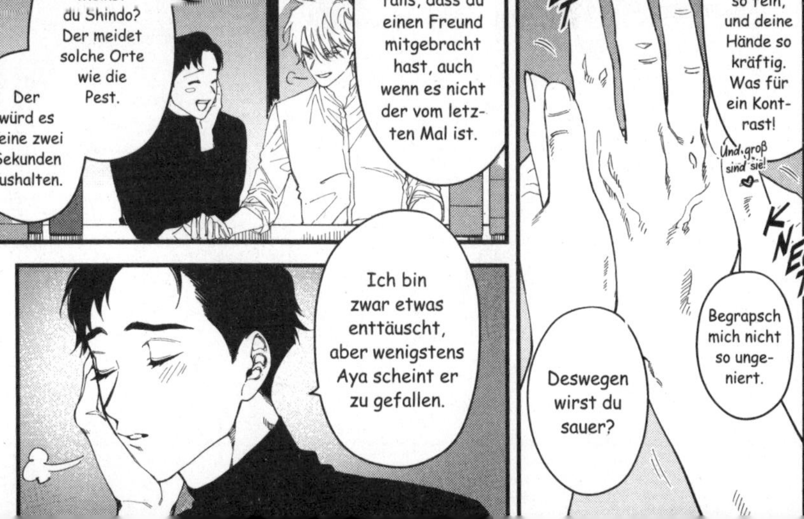

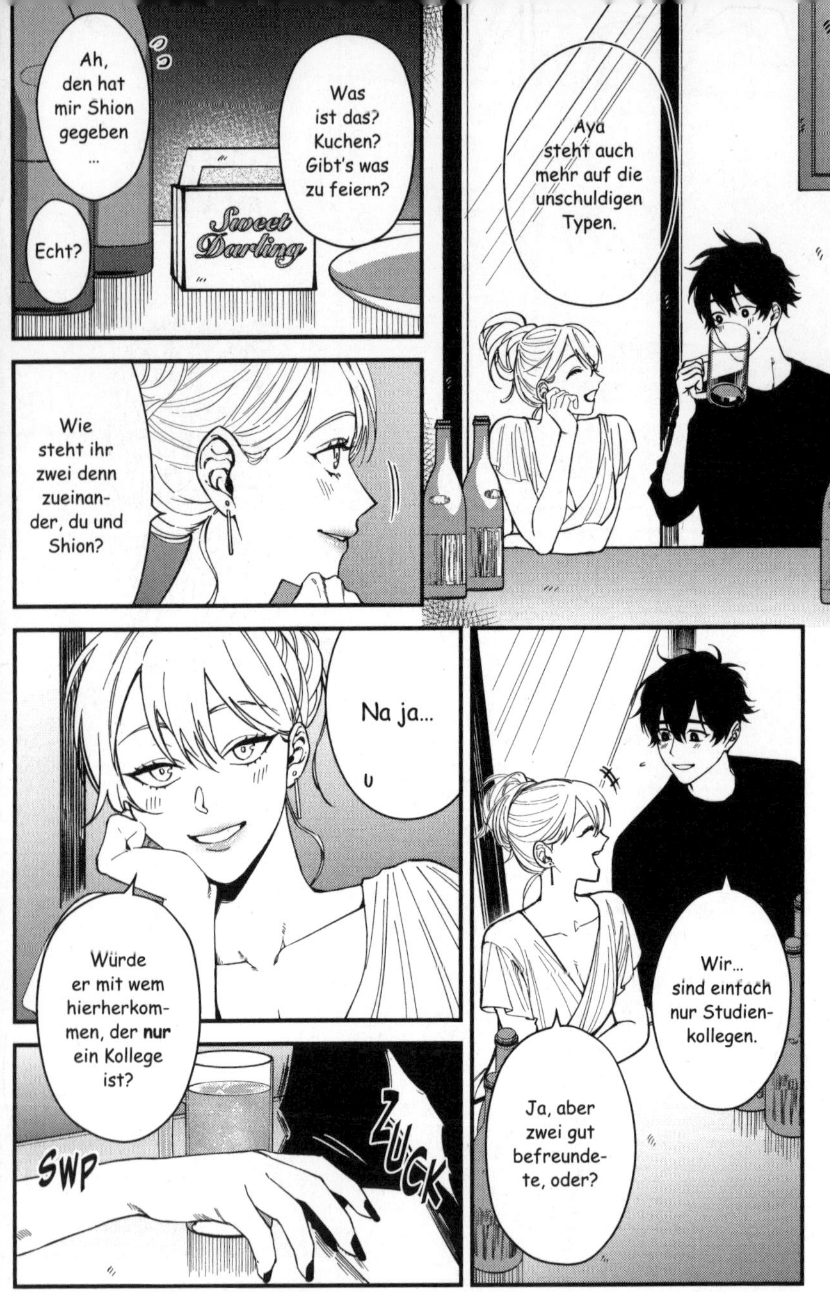
Aya steht auch mehr auf die unschuldigen Typen.
Was ist das? Kuchen? Gibt's was zu feiern?
Sweet Darling
Ah, den hat mir Shion gegeben ...
Echt?
Wie steht ihr zwei denn zueinander, du und Shion?
Wir... sind einfach nur Studienkollegen.
Ja, aber zwei gut befreundete, oder?
Na ja...
Würde er mit wem hierherkommen, der **nur** ein Kollege ist?
ZUCK
SWP

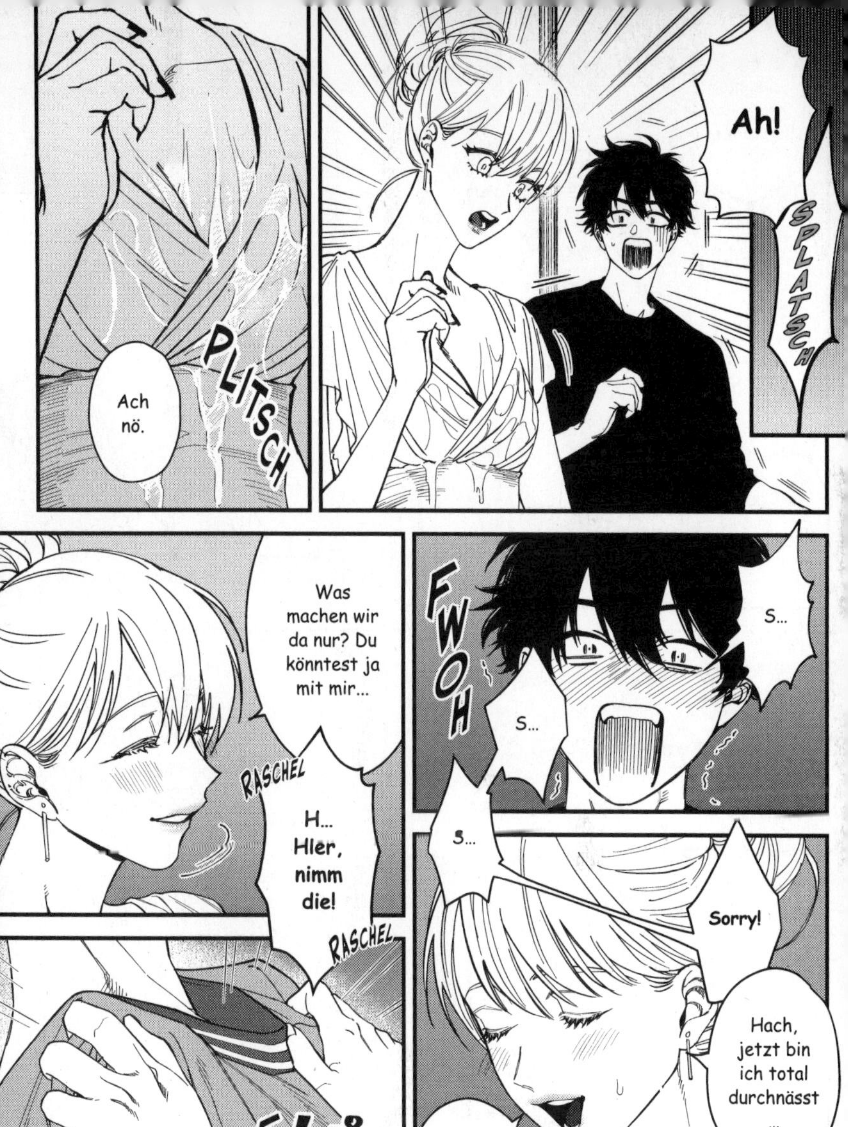
Ah!
SPLATSCH
Ach nö.
PLITSCH
S...
S...
FWOOH
Was machen wir da nur? Du könntest ja mit mir...
RASCHEL
H... Hier, nimm die!
S...
Sorry!
Hach, jetzt bin ich total durchnässt ...
... und hab nicht mal was zum Überziehen dabei.
Wie süß!
RASCHEL
FWAP

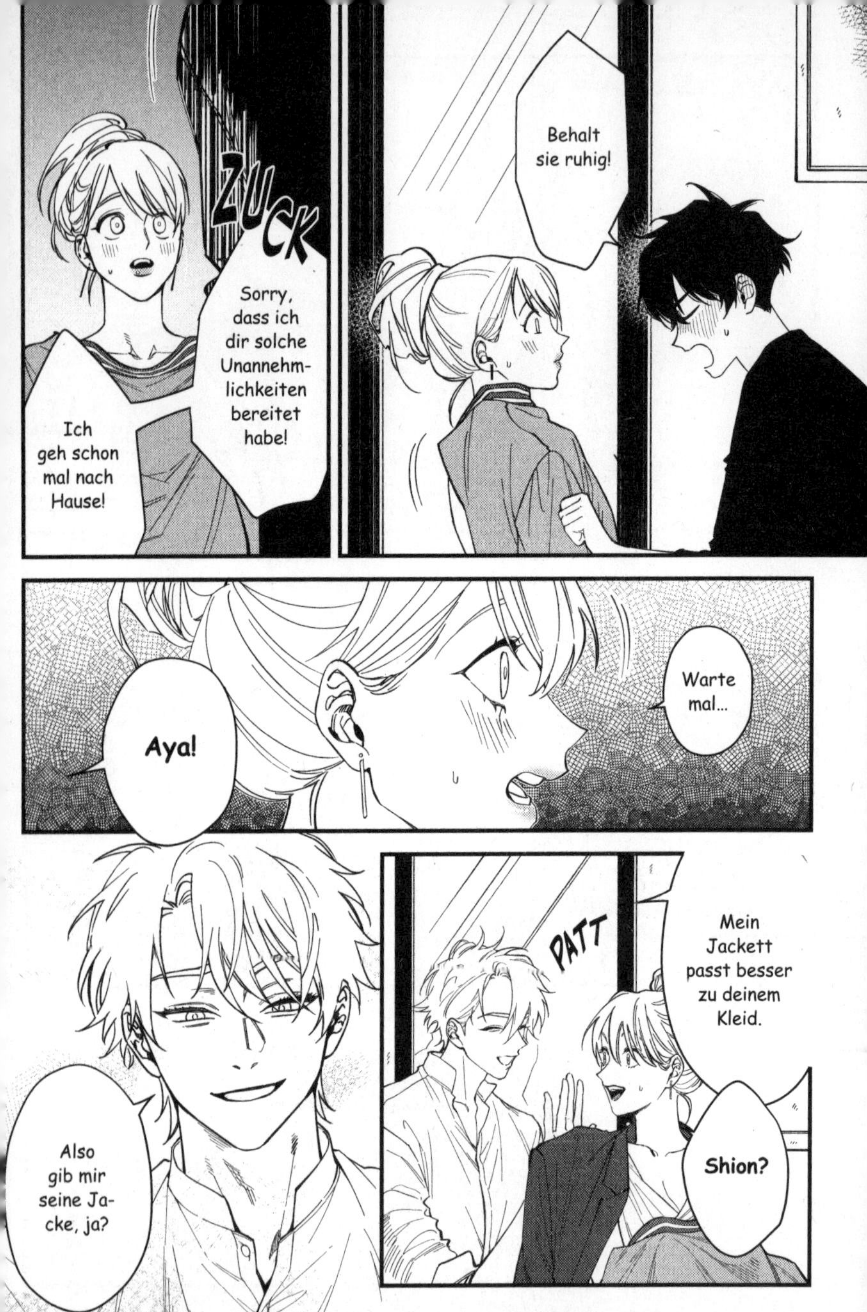
Behalt sie ruhig!
ZUCK
Sorry, dass ich dir solche Unannehmlichkeiten bereitet habe!
Ich geh schon mal nach Hause!
Warte mal...
Aya!
Mein Jackett passt besser zu deinem Kleid.
PATT
Shion?
Also gib mir seine Jacke, ja?

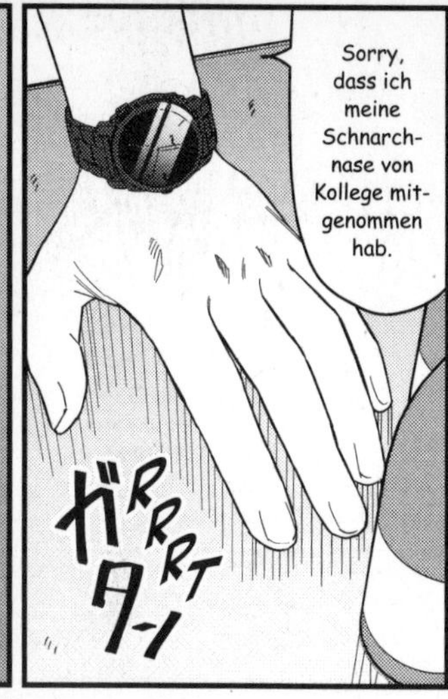

Sorry, dass ich meine Schnarchnase von Kollege mitgenommen hab.
ガRRRT
ターン

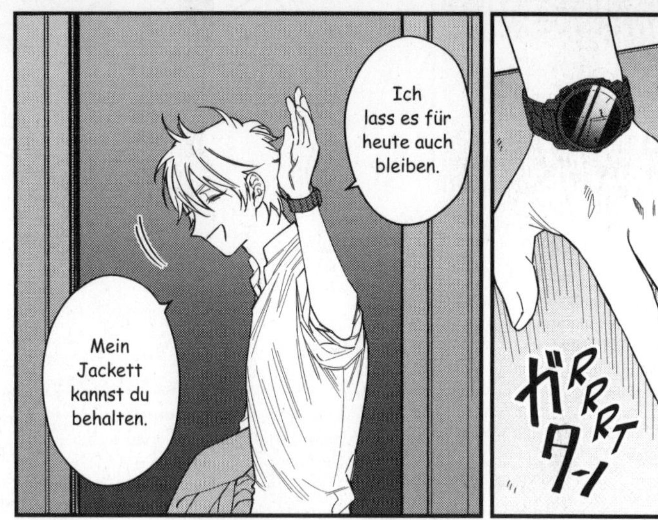

Ich lass es für heute auch bleiben.
Mein Jackett kannst du behalten.

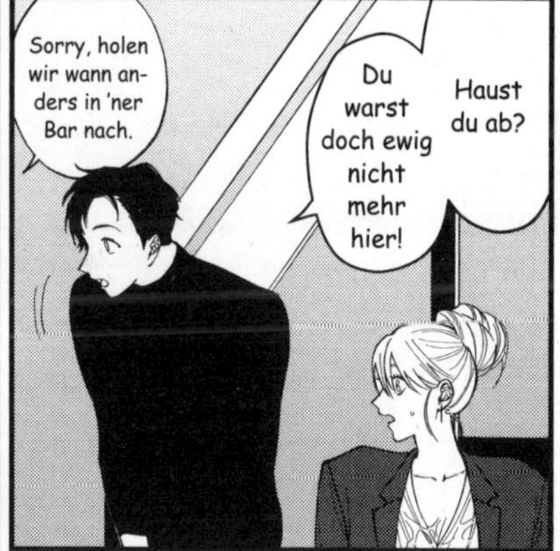

Haust du ab?
Du warst doch ewig nicht mehr hier!
Sorry, holen wir wann anders in 'ner Bar nach.

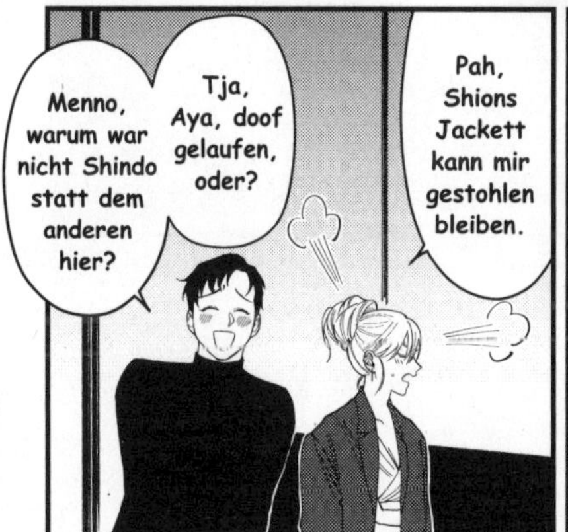

Pah, Shions Jackett kann mir gestohlen bleiben.
Tja, Aya, doof gelaufen, oder?
Menno, warum war nicht Shindo statt dem anderen hier?

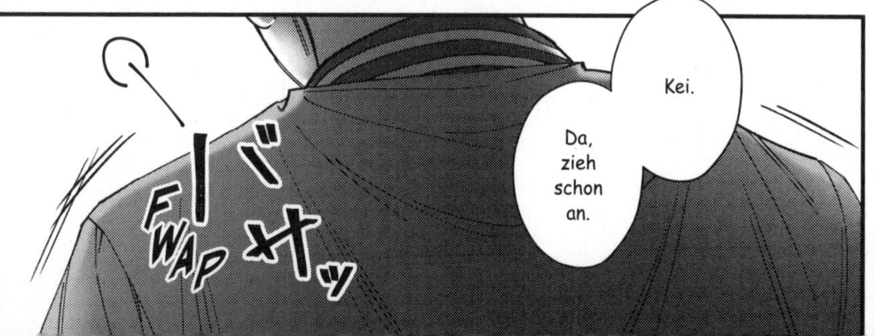

Kei.
Da, zieh schon an.
バサッ
FWAP

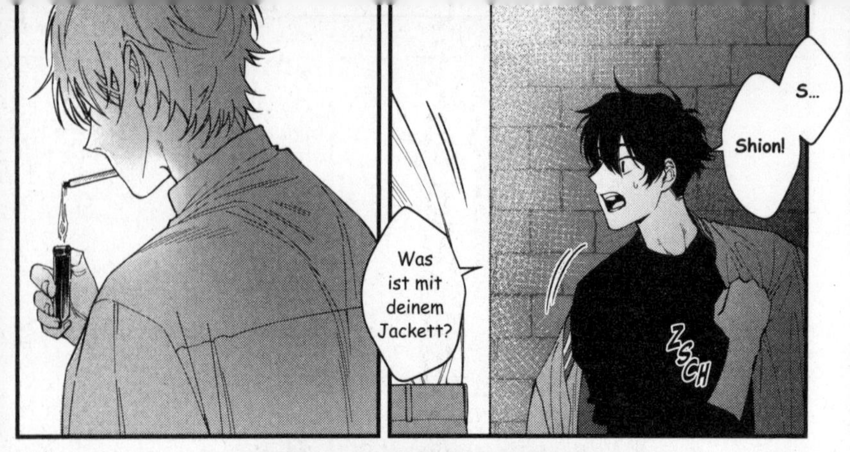
S...
Shion!
ZSCH
Was ist mit deinem Jackett?

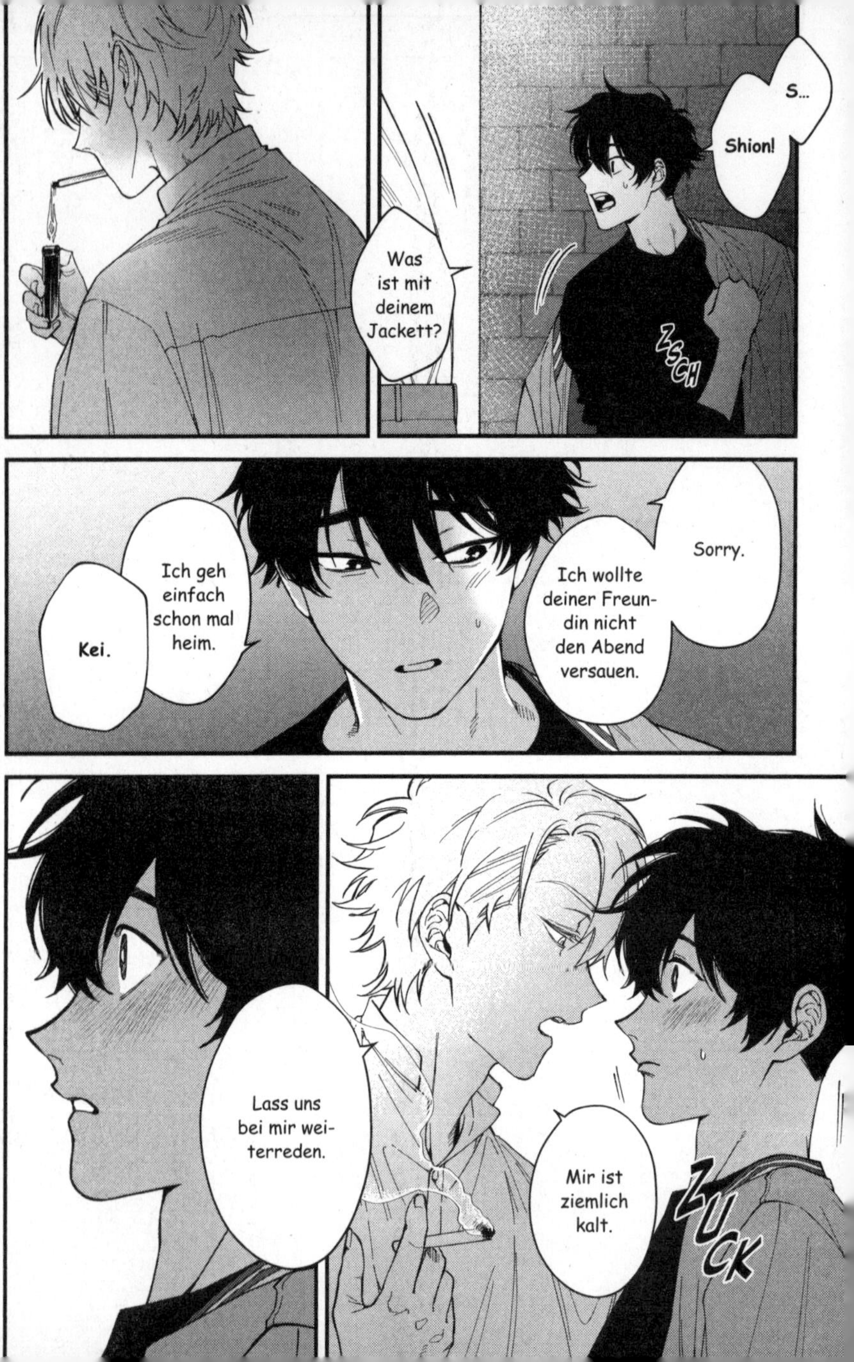

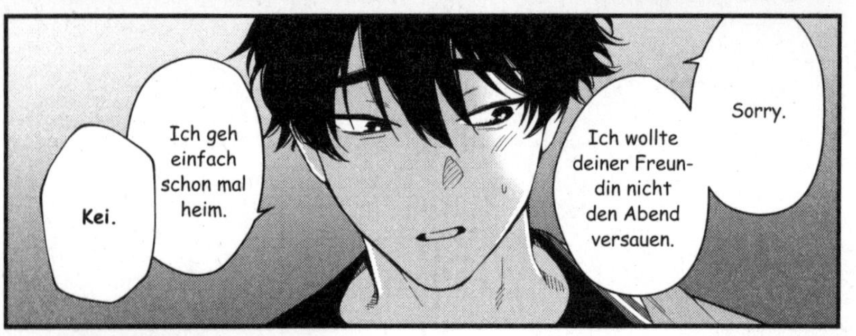
Sorry.
Ich wollte deiner Freundin nicht den Abend versauen.
Ich geh einfach schon mal heim.
Kei.

ZUCK
Mir ist ziemlich kalt.
Lass uns bei mir weiterreden.

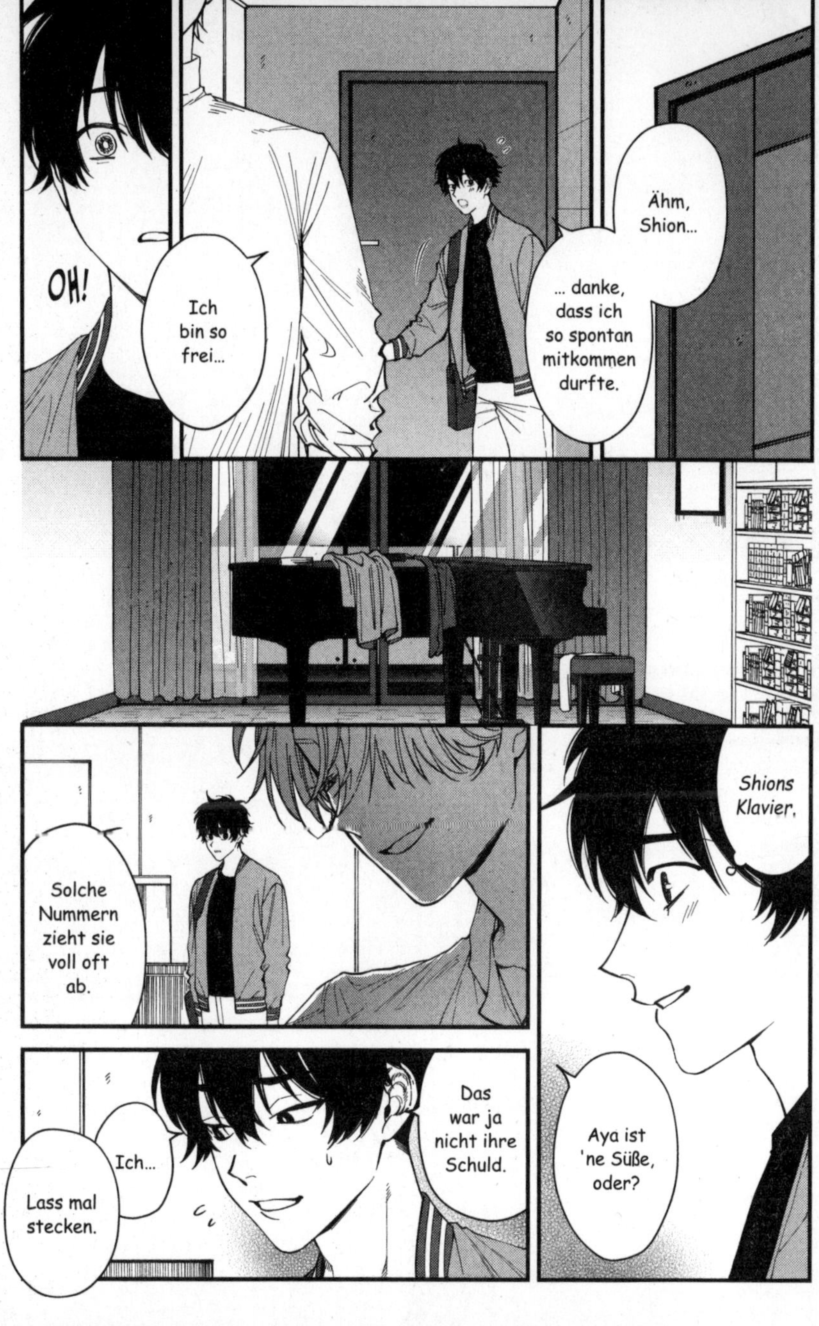
Ähm, Shion...
... danke, dass ich so spontan mitkommen durfte.
Ich bin so frei...
OH!
Shions Klavier.
Aya ist 'ne Süße, oder?
Solche Nummern zieht sie voll oft ab.
Das war ja nicht ihre Schuld.
Ich...
Lass mal stecken.

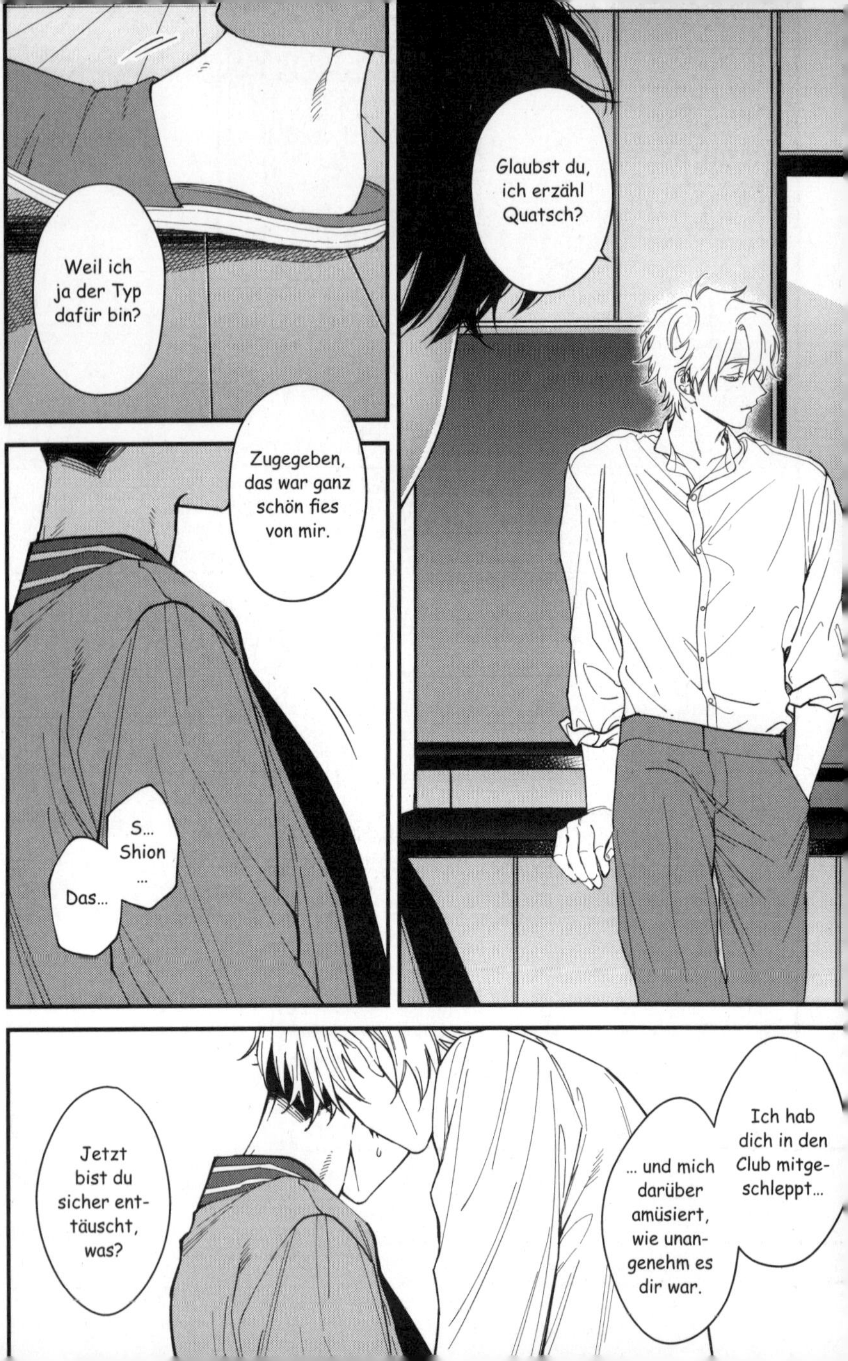

Glaubst du, ich erzähl Quatsch?

Weil ich ja der Typ dafür bin?

Zugegeben, das war ganz schön fies von mir.

S... Shion ...

Das...

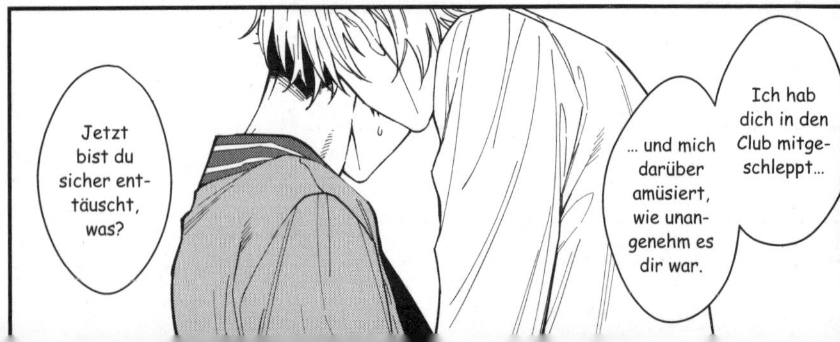

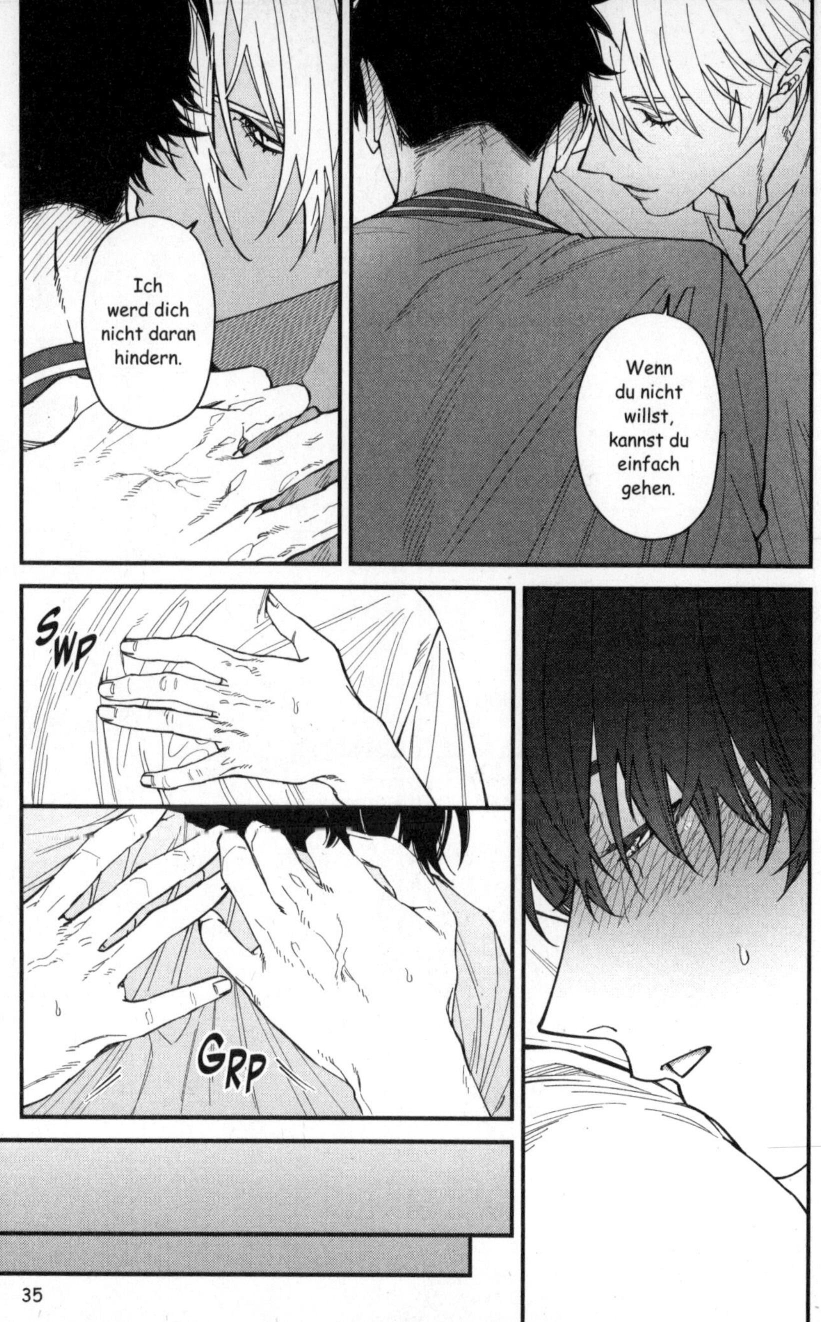
Wenn du nicht willst, kannst du einfach gehen.
Ich werd dich nicht daran hindern.
SWP
GRP

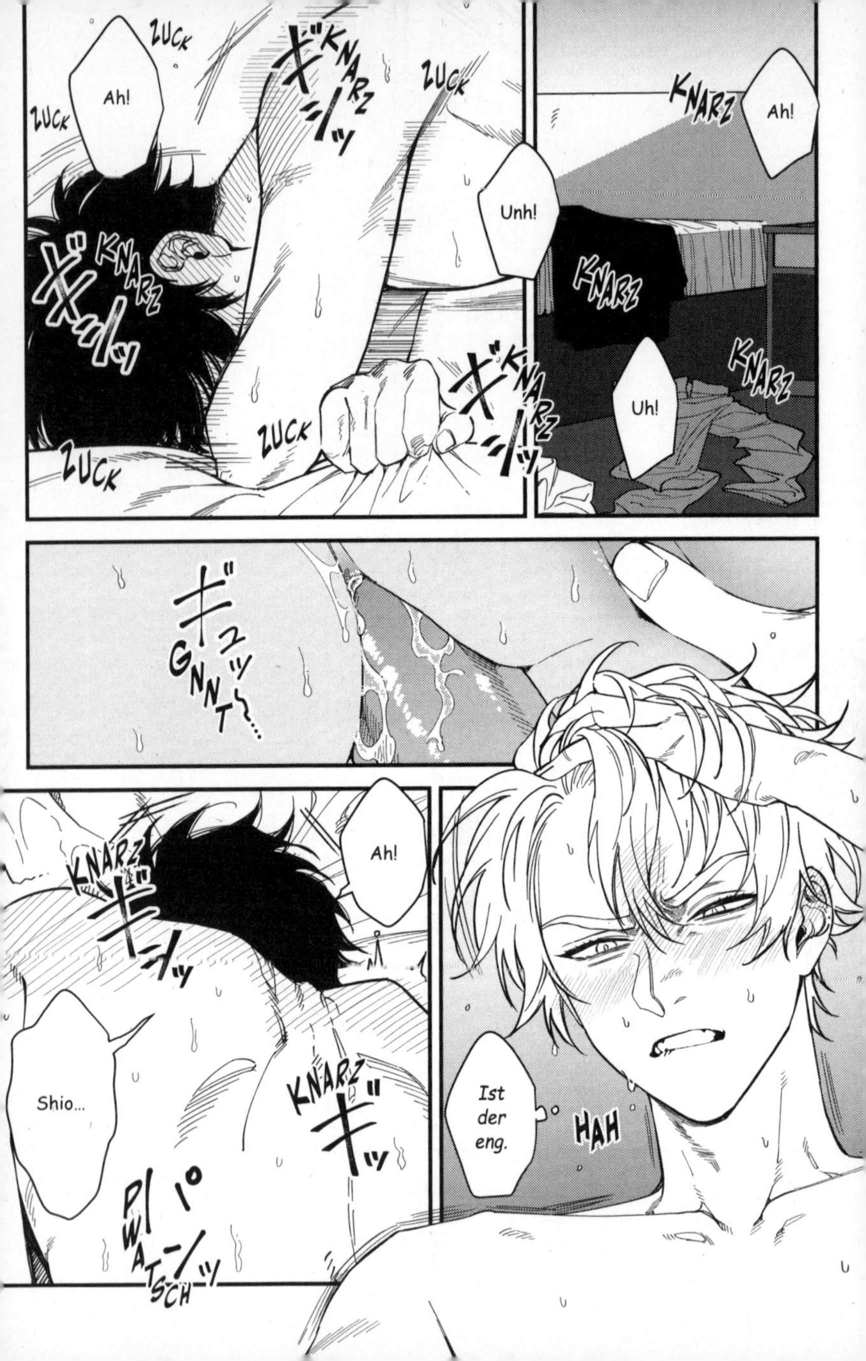

KNARZ
Ah!
KNARZ
Uh!
KNARZ
Unh!
ZUCK
KNARZ
Ah!
ZUCK
ZUCK
KNARZ
ZUCK
ZUCK
KNARZ
GNNT
Ist der eng.
HAH
Ah!
KNARZ
Shio...
KNARZ
PWATSCH

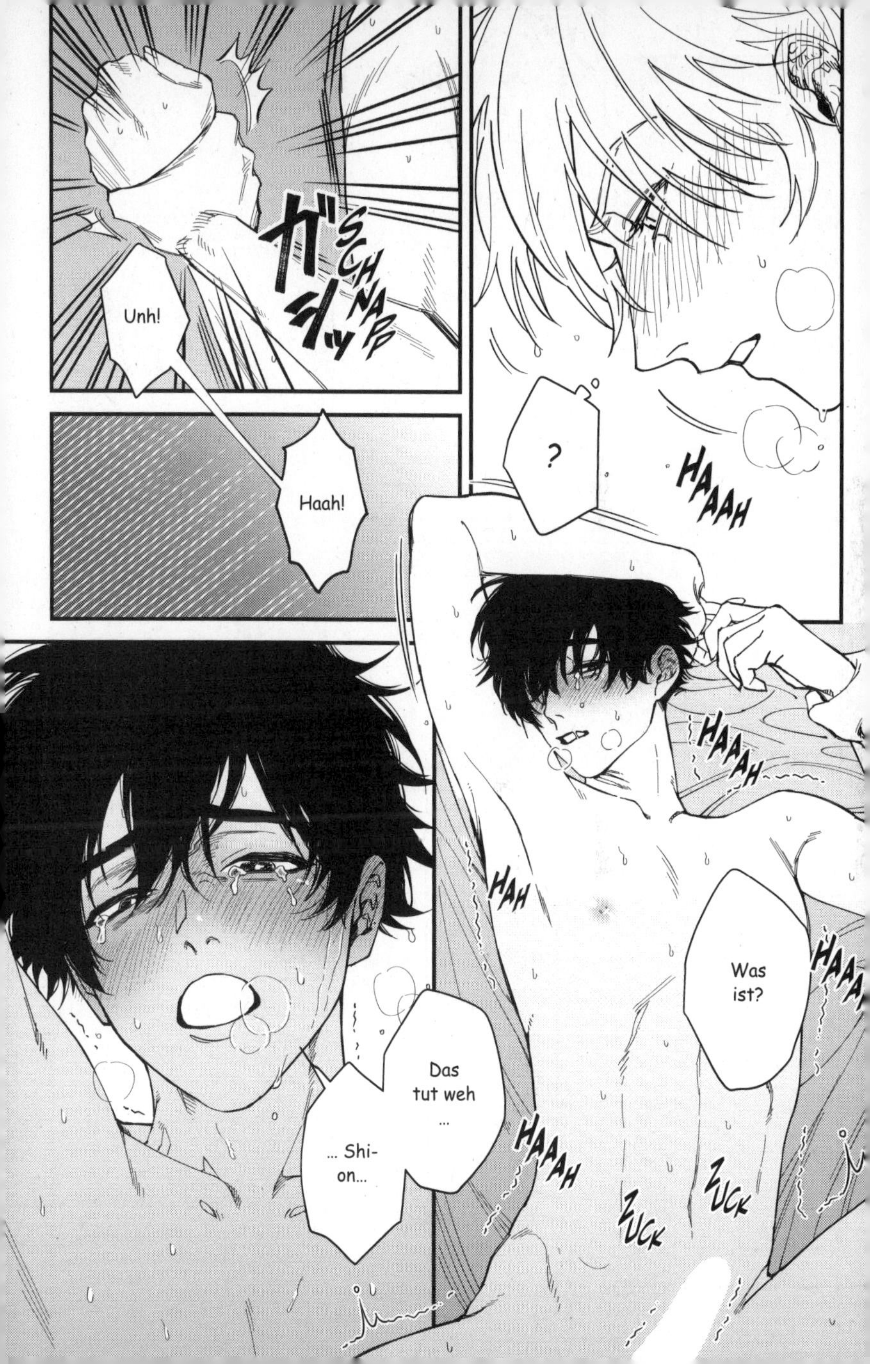
?
HAAAH
ガシッ
SCHNAPP
Unh!
Haah!
HAAAH
HAAAH
HAH
Was ist?
HAAAH
HAAAH
ZUCK
ZUCK
Das tut weh ...
... Shi-on...

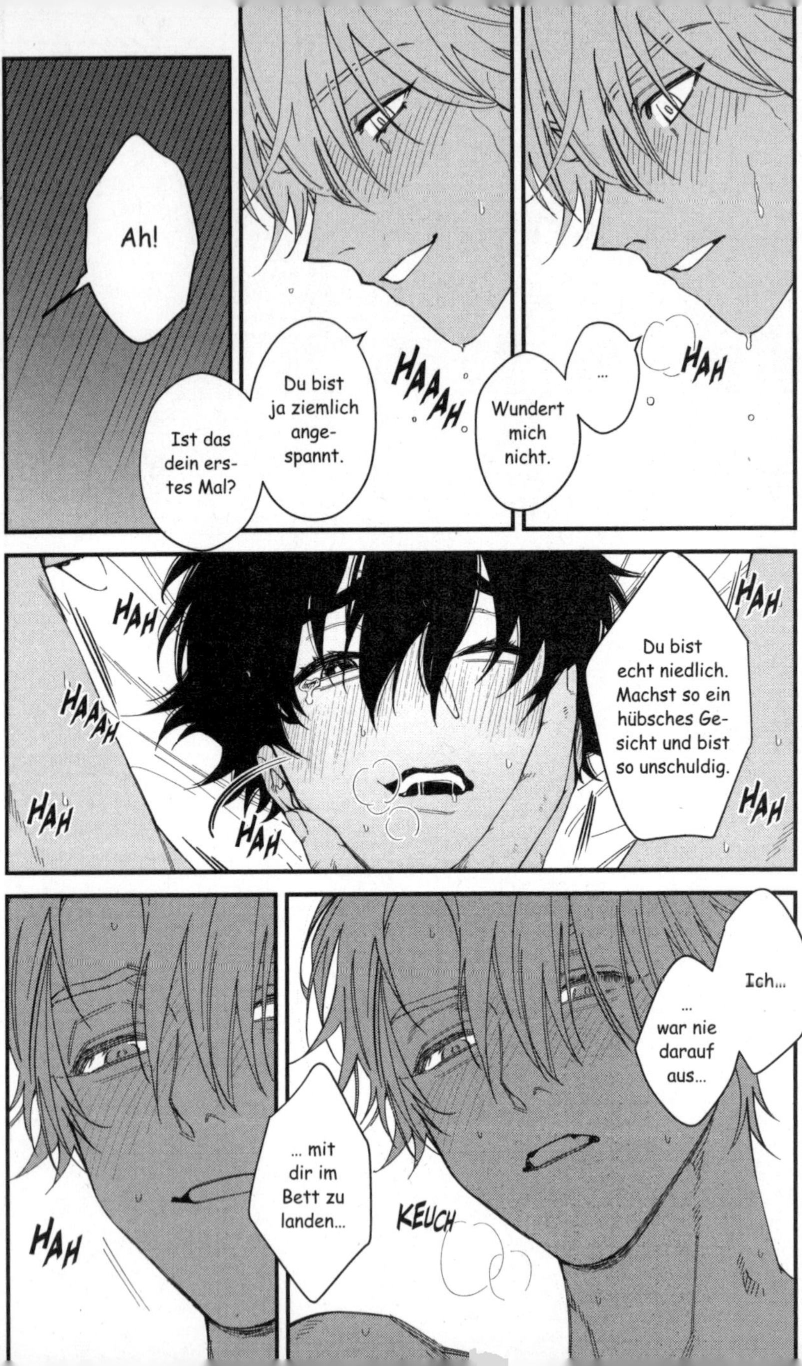

HAH
...
Wundert mich nicht.
HAAAAH
Du bist ja ziemlich angespannt.
Ist das dein erstes Mal?
Ah!
HAH
Du bist echt niedlich. Machst so ein hübsches Gesicht und bist so unschuldig.
HAH
HAH
HAAAAH
HAH
HAH

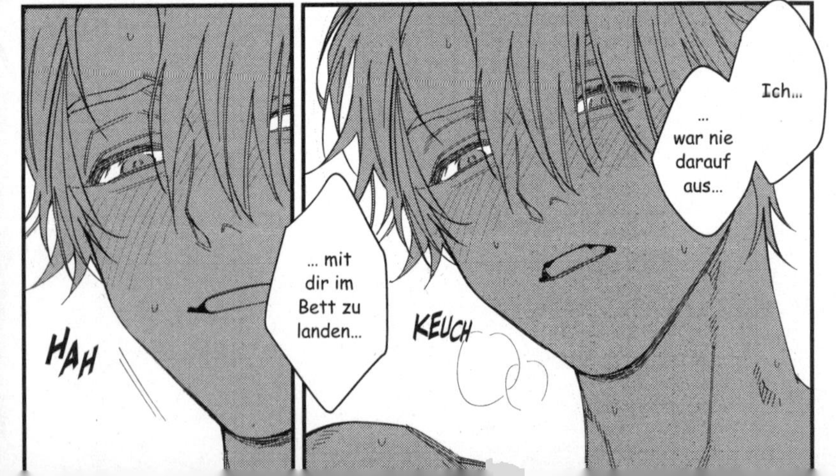

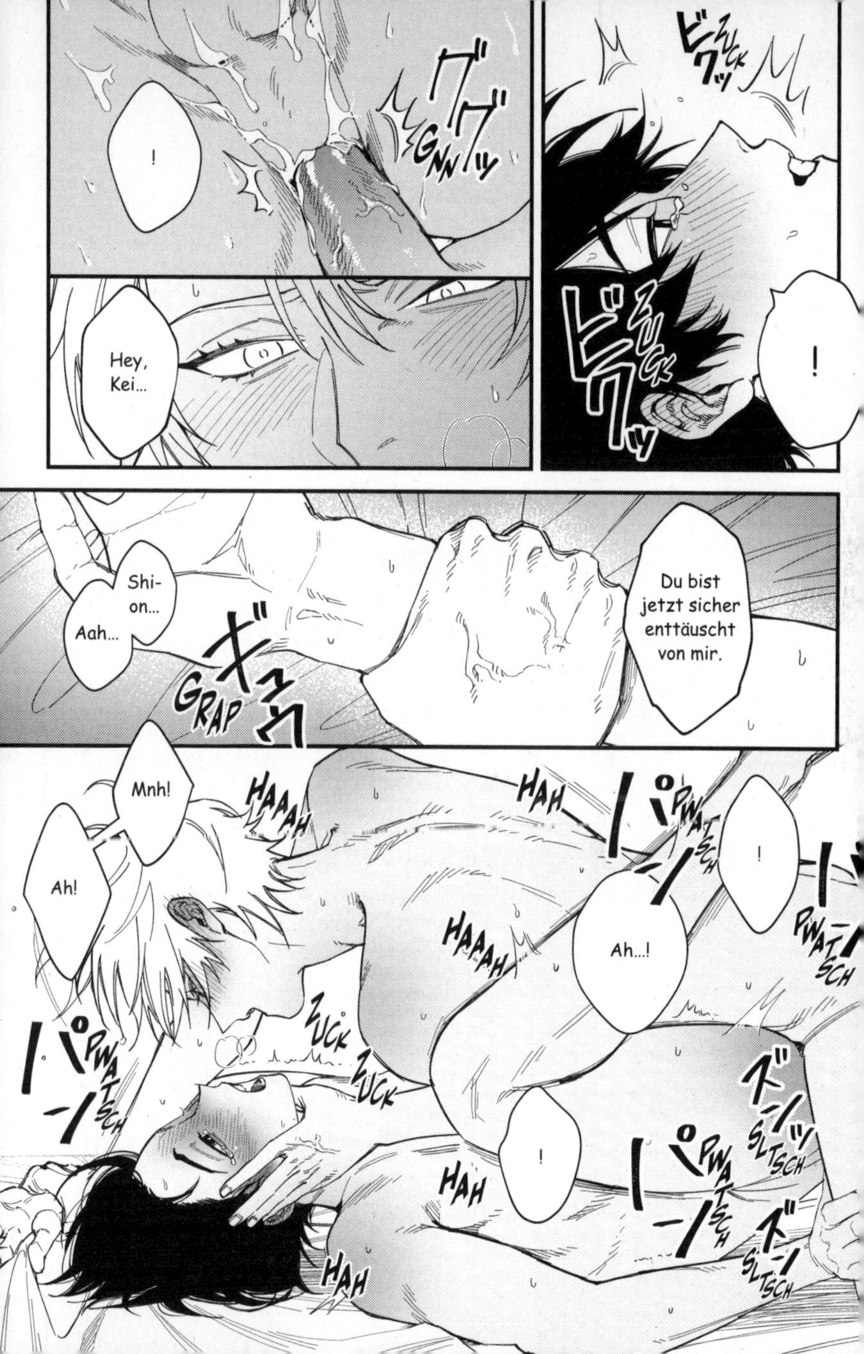

ZUCK
ZUCK
!
GNN
!
Hey, Kei...
Du bist jetzt sicher enttäuscht von mir.
GRAP
Shi-on...
Aah...
!
PWATSCH
PWATSCH
HAH
Mnh!
HAAAH
Ah!
Ah...!
HAAAH
ZUCK
ZUCK
PWATSCH
SLTSCH
SLTSCH
PWATSCH
!
HAH
HAH

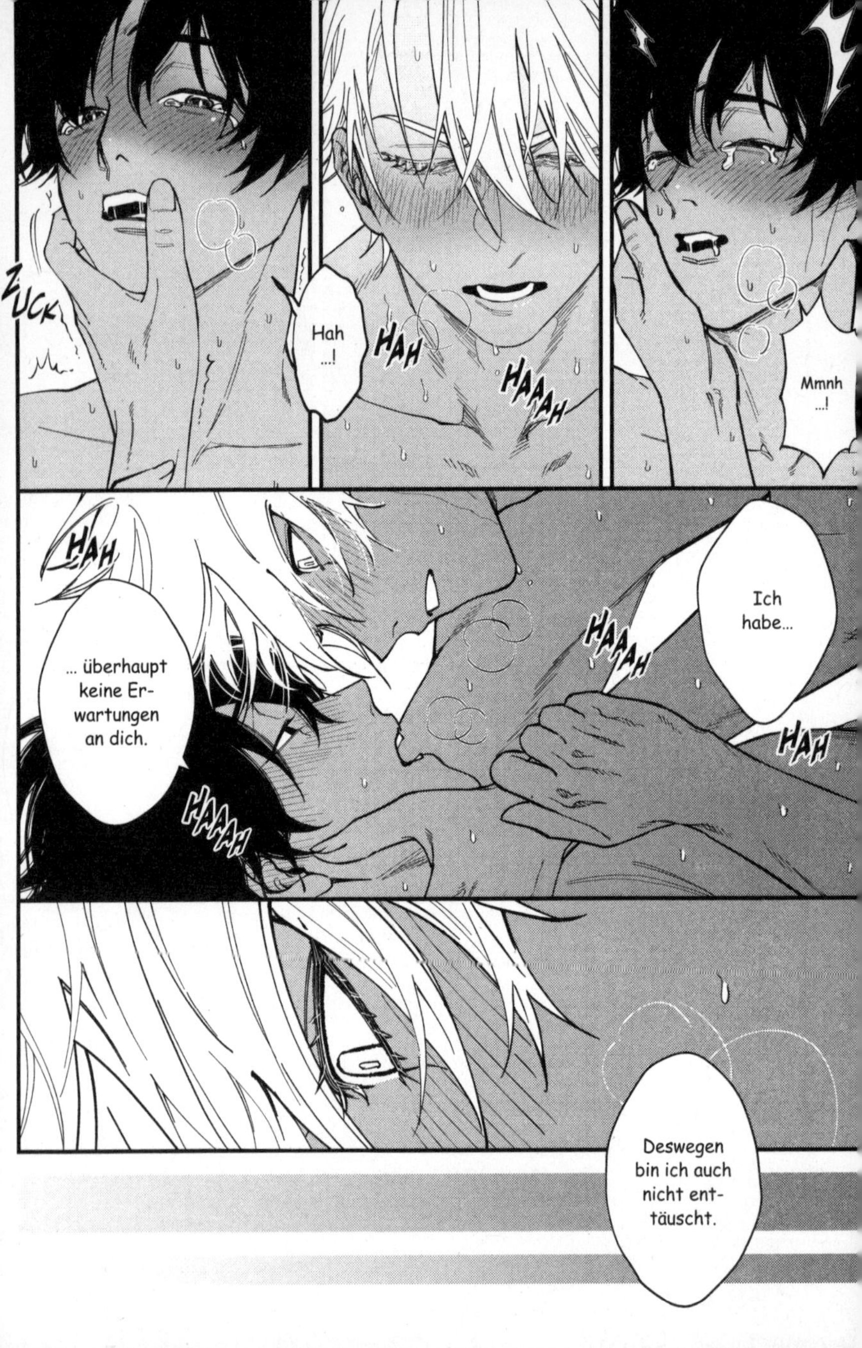

Mmnh ...!
HAAAH
HAH
Hah ...!
ZUCK
Mh..
Ich habe...
HAAAH
HAH
HAH
... überhaupt keine Erwartungen an dich.
HAAAH
Deswegen bin ich auch nicht enttäuscht.

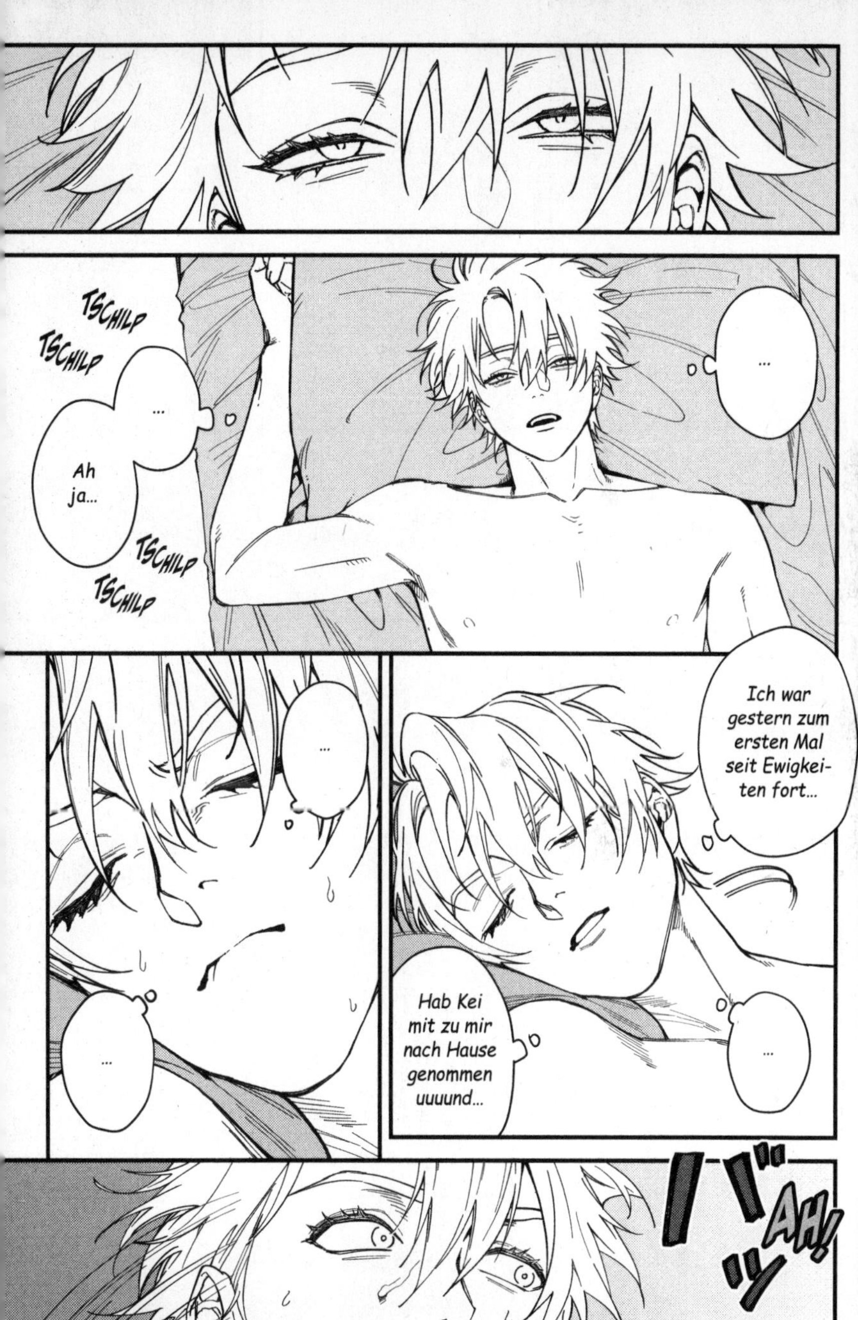

TSCHILP
TSCHILP
...
...
Ah ja...
TSCHILP
TSCHILP
Ich war gestern zum ersten Mal seit Ewigkeiten fort...
...
Hab Kei mit zu mir nach Hause genommen uuuund...
...
...
AH!

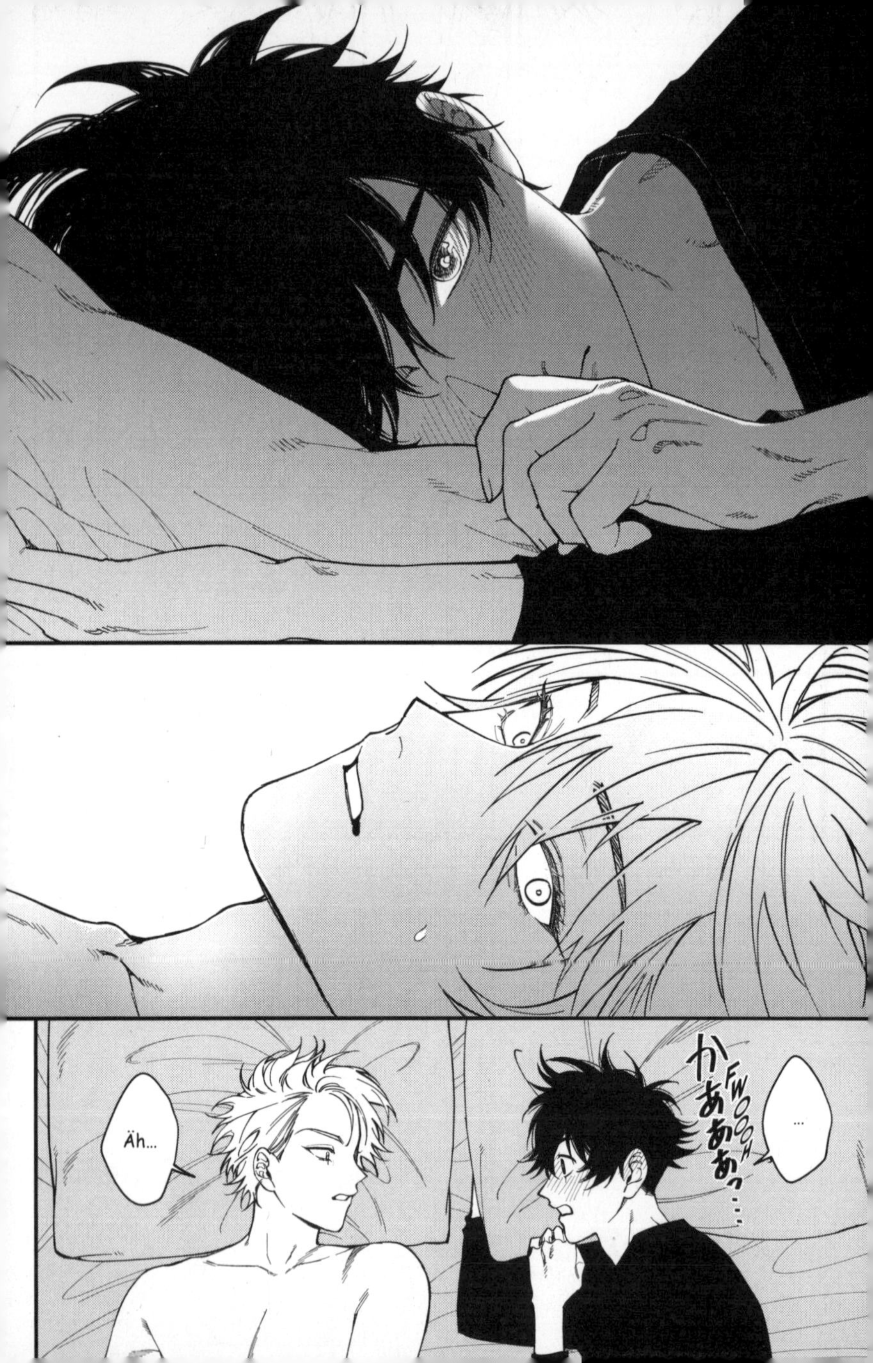
...
かあああっ...
FWOOOH
Äh...

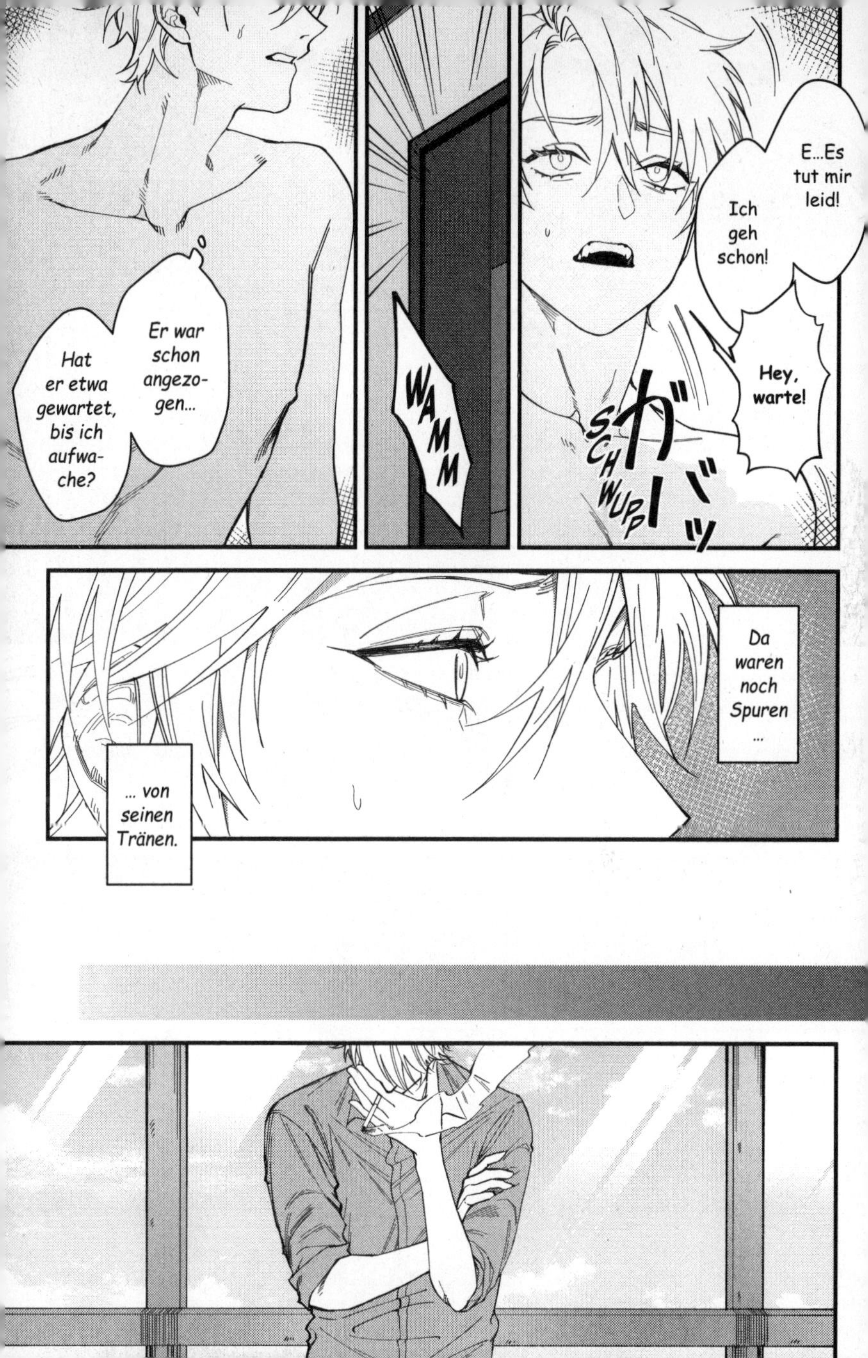
E...Es tut mir leid!
Ich geh schon!
Hey, warte!
SCHWUPP
ガバッ
WAMM
Er war schon angezogen...
Hat er etwa gewartet, bis ich aufwache?
Da waren noch Spuren ...
... von seinen Tränen.

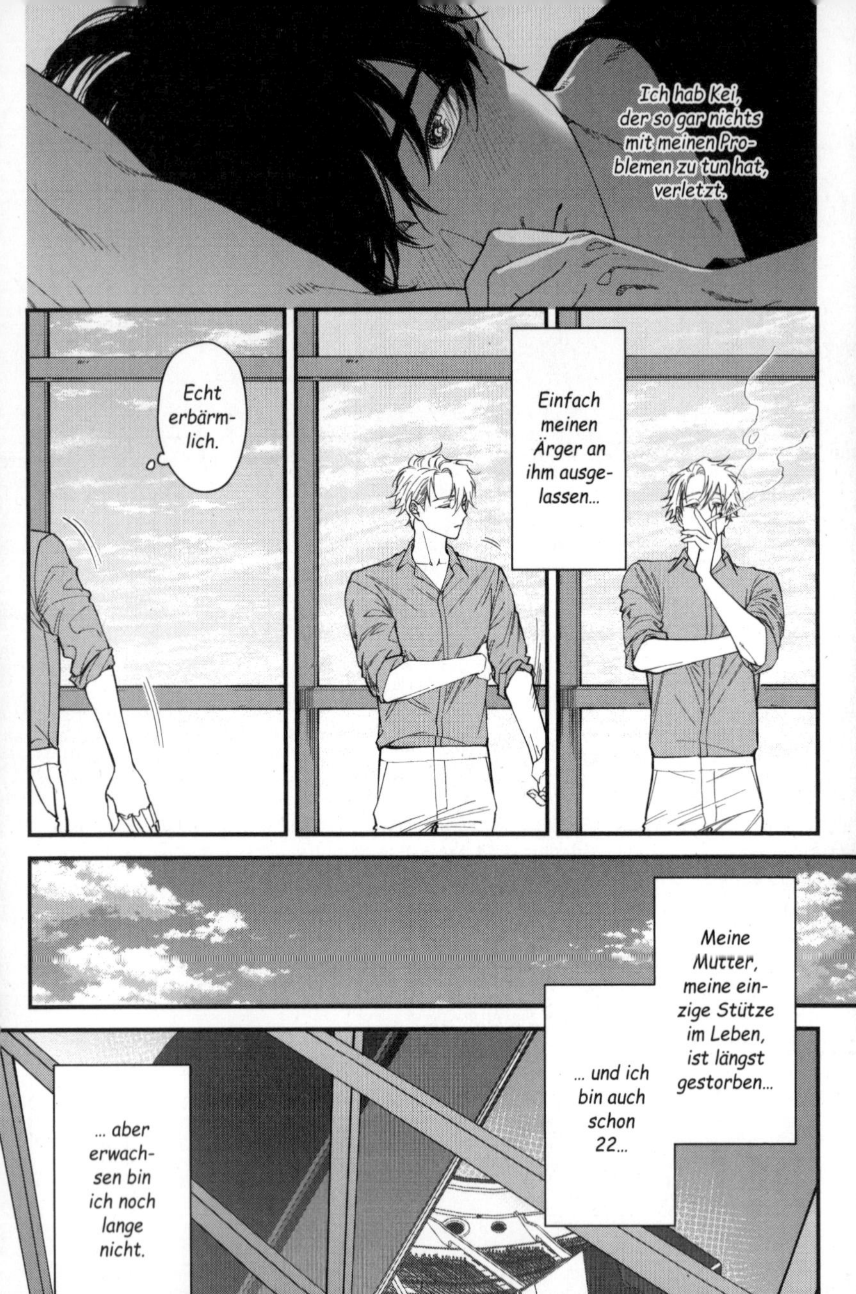
Ich hab Kei, der so gar nichts mit meinen Problemen zu tun hat, verletzt.
Echt erbärmlich.
Einfach meinen Ärger an ihm ausgelassen...
Meine Mutter, meine einzige Stütze im Leben, ist längst gestorben...
... und ich bin auch schon 22...
... aber erwachsen bin ich noch lange nicht.

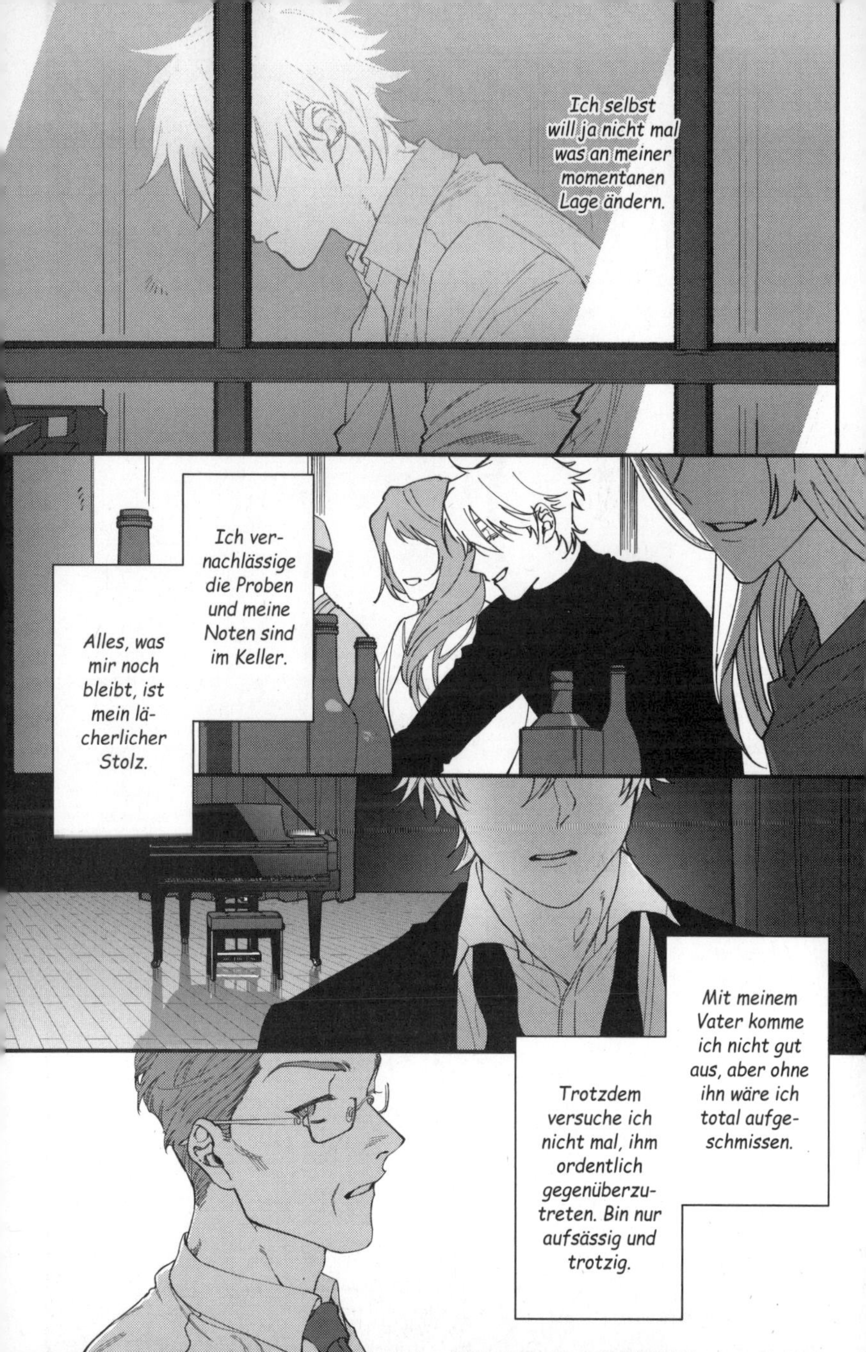
Ich selbst will ja nicht mal was an meiner momentanen Lage ändern.
Ich vernachlässige die Proben und meine Noten sind im Keller.
Alles, was mir noch bleibt, ist mein lächerlicher Stolz.
Mit meinem Vater komme ich nicht gut aus, aber ohne ihn wäre ich total aufgeschmissen.
Trotzdem versuche ich nicht mal, ihm ordentlich gegenüberzutreten. Bin nur aufsässig und trotzig.

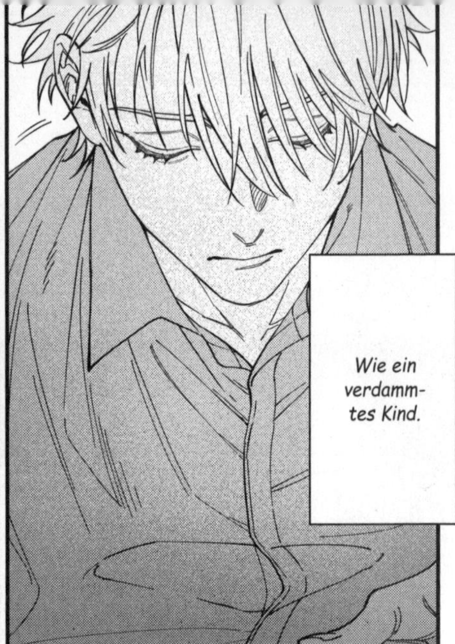
Wie ein verdamm-
tes Kind.

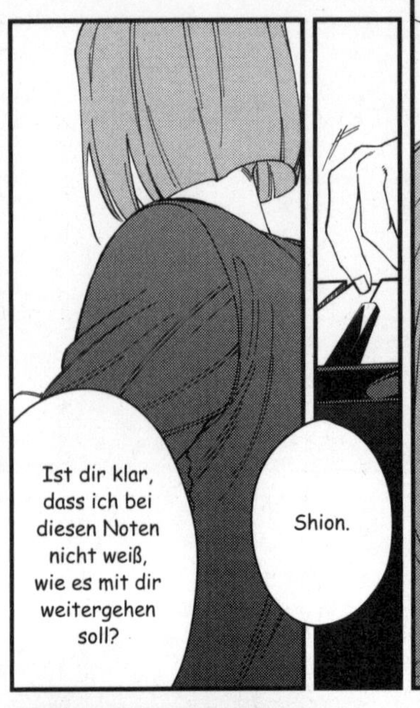
Shion.
Ist dir klar, dass ich bei diesen Noten nicht weiß, wie es mit dir weitergehen soll?

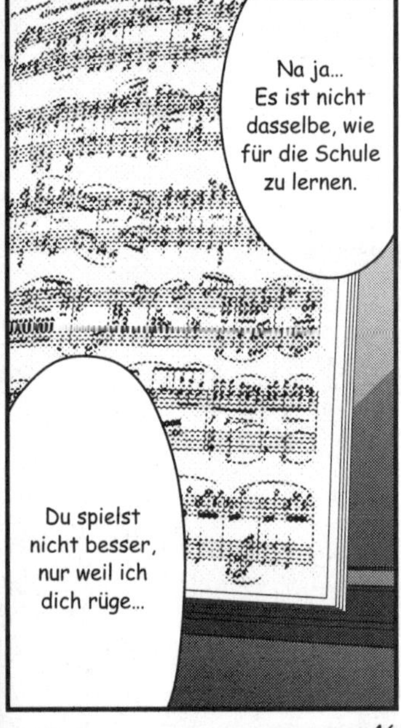
Na ja... Es ist nicht dasselbe, wie für die Schule zu lernen.
Du spielst nicht besser, nur weil ich dich rüge...

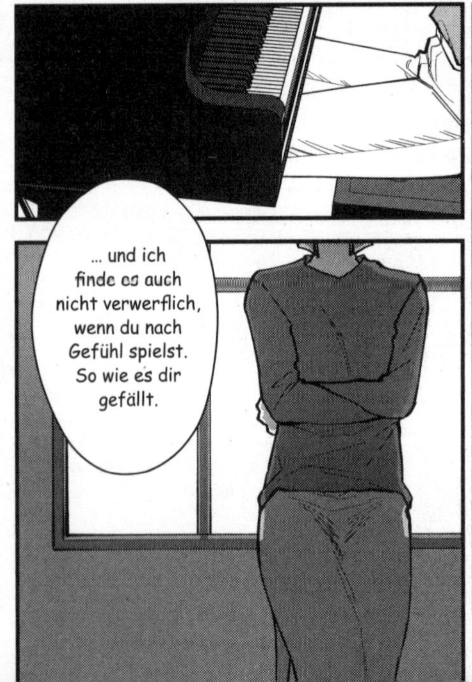
... und ich finde es auch nicht verwerflich, wenn du nach Gefühl spielst. So wie es dir gefällt.

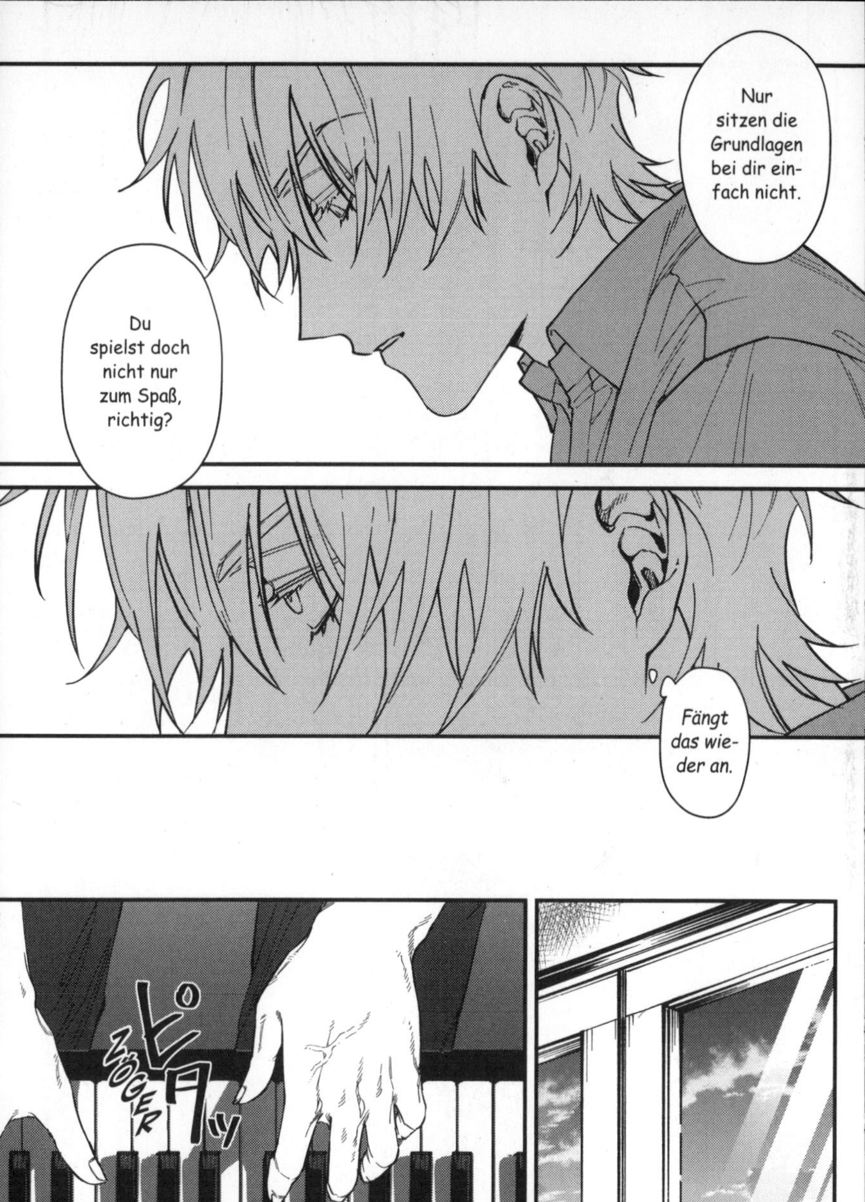
Nur sitzen die Grundlagen bei dir einfach nicht.
Du spielst doch nicht nur zum Spaß, richtig?
Fängt das wieder an.
ZÖGER

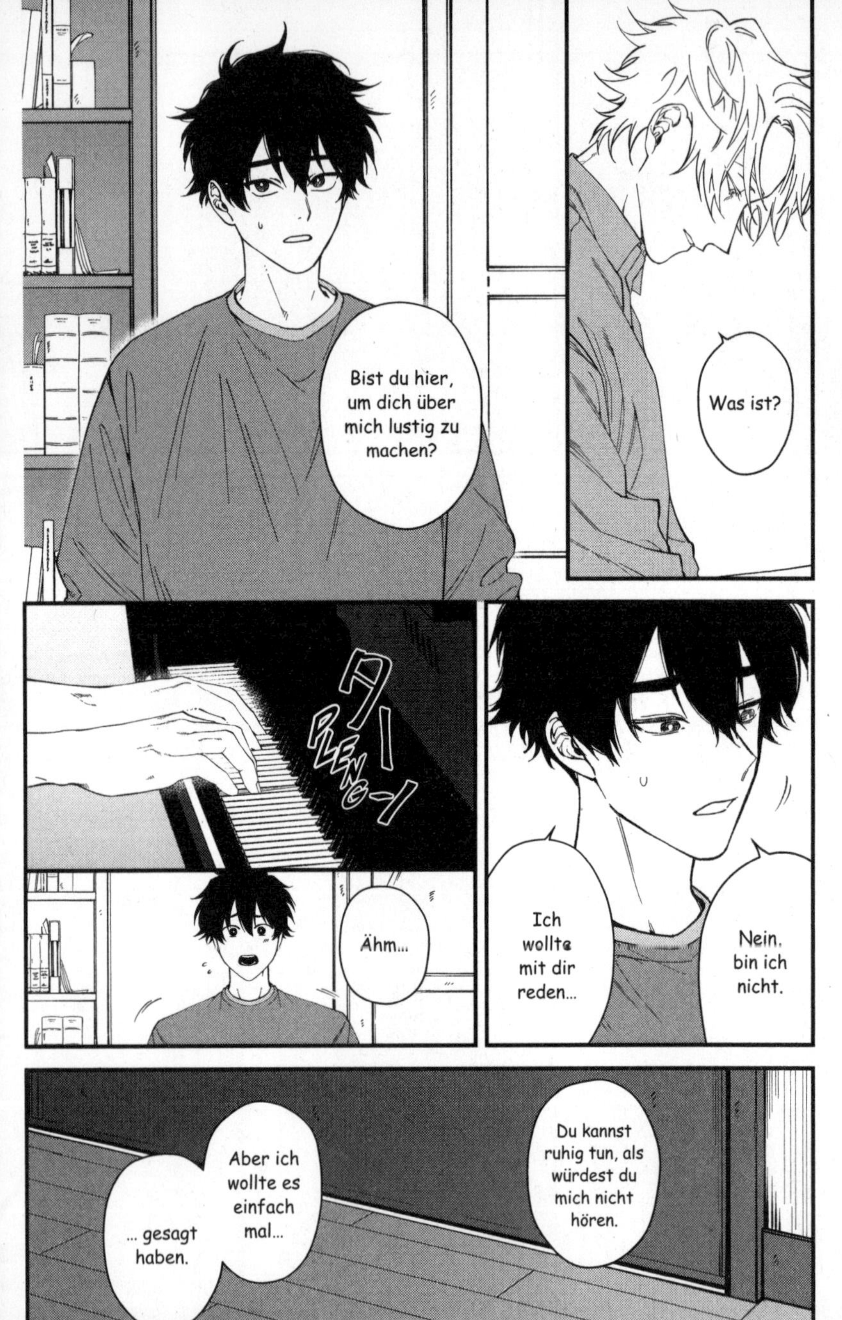

Was ist?
Bist du hier, um dich über mich lustig zu machen?
Nein. bin ich nicht.
Ich wollte mit dir reden...
PLENG-!
Ähm...
Du kannst ruhig tun, als würdest du mich nicht hören.
Aber ich wollte es einfach mal...
... gesagt haben.

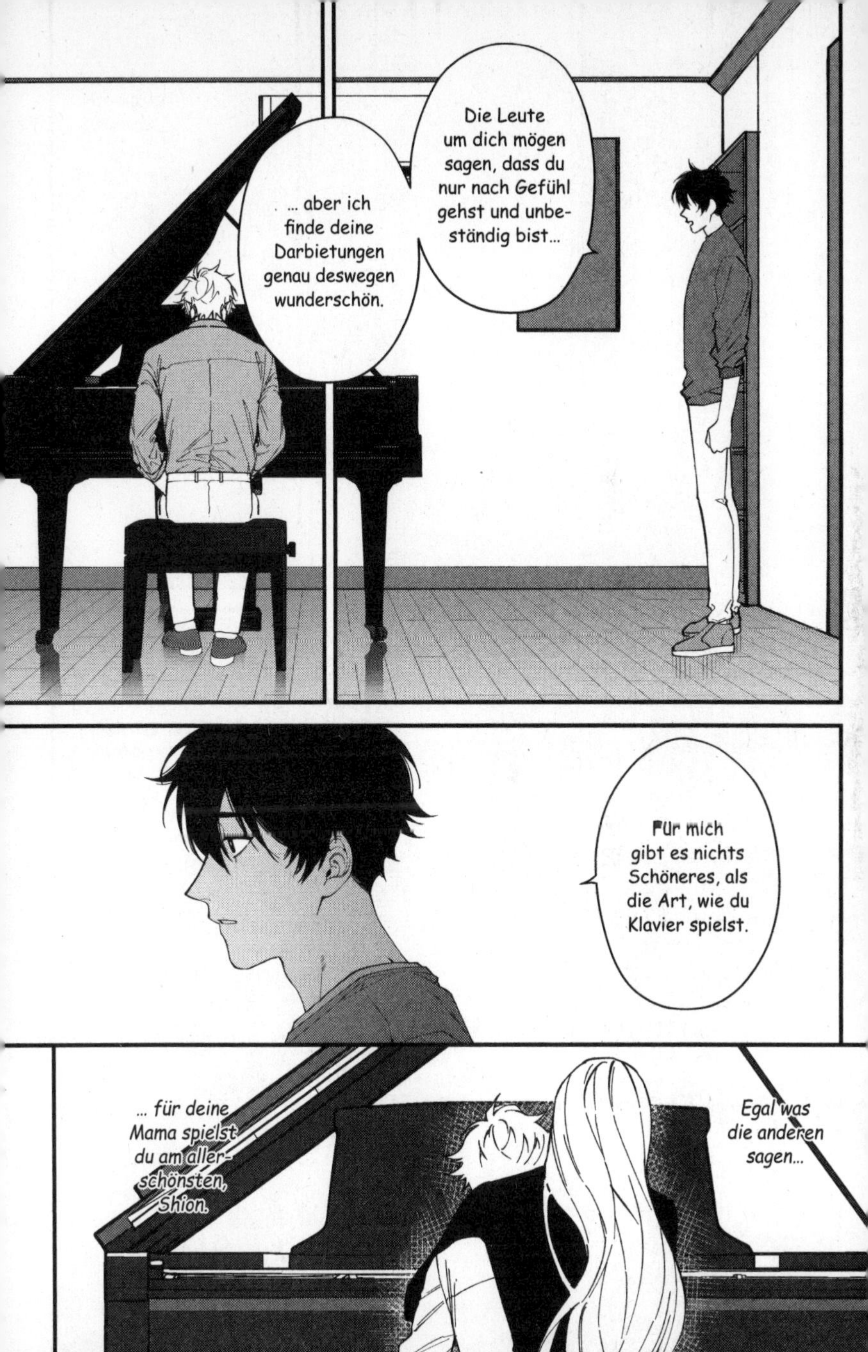
Die Leute um dich mögen sagen, dass du nur nach Gefühl gehst und unbeständig bist...
... aber ich finde deine Darbietungen genau deswegen wunderschön.
Für mich gibt es nichts Schöneres, als die Art, wie du Klavier spielst.
Egal was die anderen sagen...
... für deine Mama spielst du am allerschönsten, Shion.

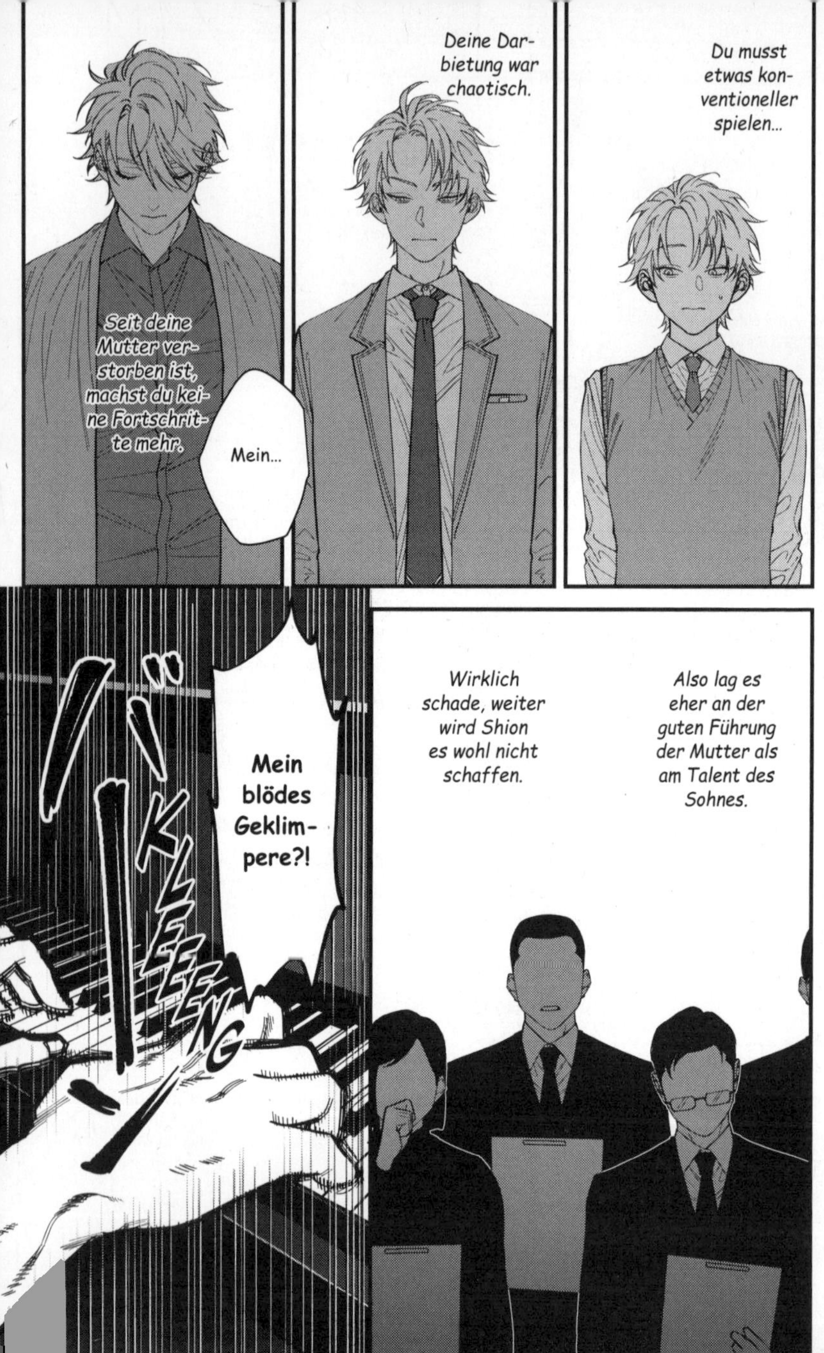

Du musst etwas konventioneller spielen...
Deine Darbietung war chaotisch.
Seit deine Mutter verstorben ist, machst du keine Fortschritte mehr.
Mein...
Also lag es eher an der guten Führung der Mutter als am Talent des Sohnes.
Wirklich schade, weiter wird Shion es wohl nicht schaffen.
Mein blödes Geklimpere?!
KLEEENG

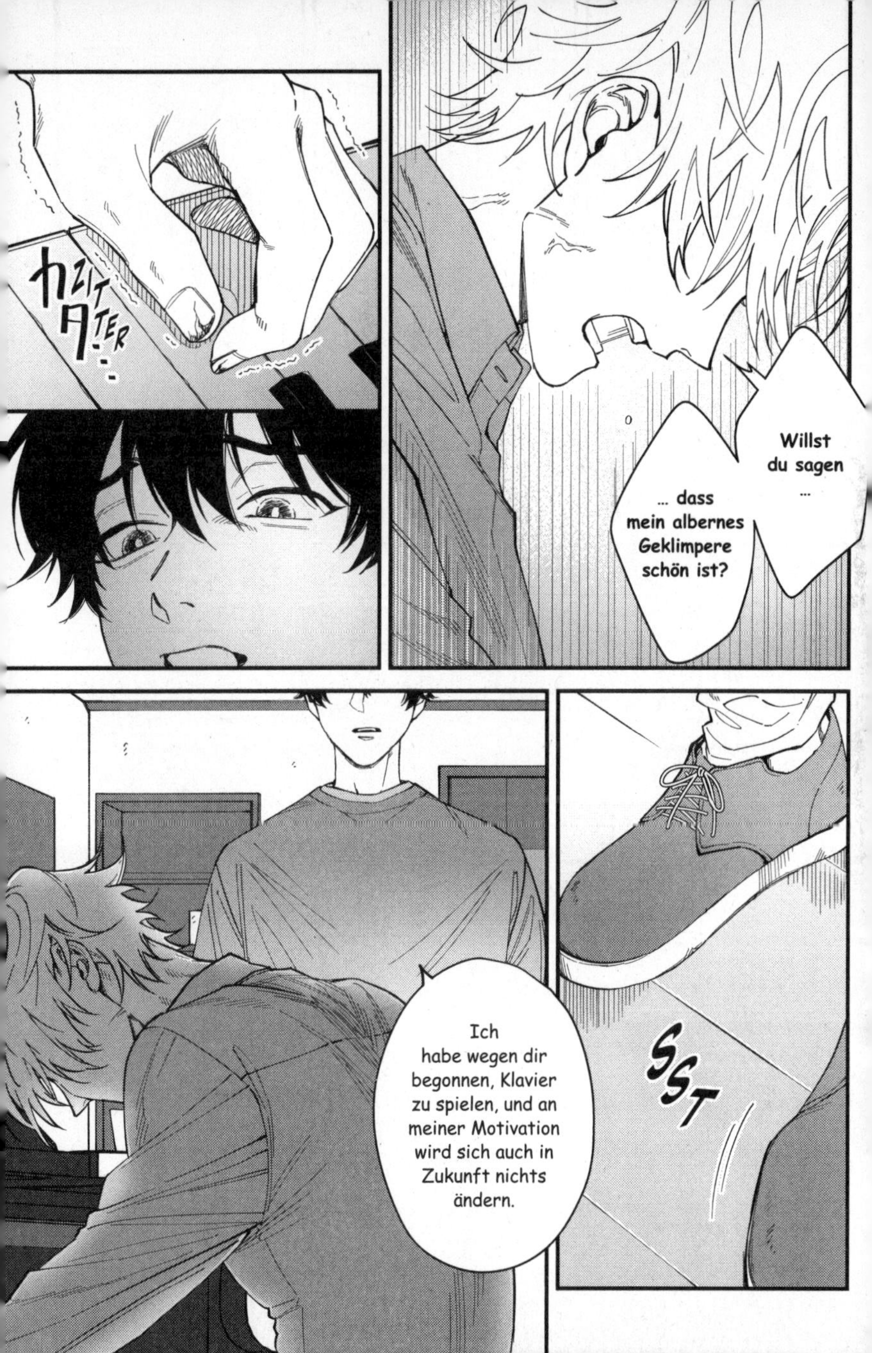
Willst du sagen …
… dass mein albernes Geklimpere schön ist?
ZITTER
SST
Ich habe wegen dir begonnen, Klavier zu spielen, und an meiner Motivation wird sich auch in Zukunft nichts ändern.

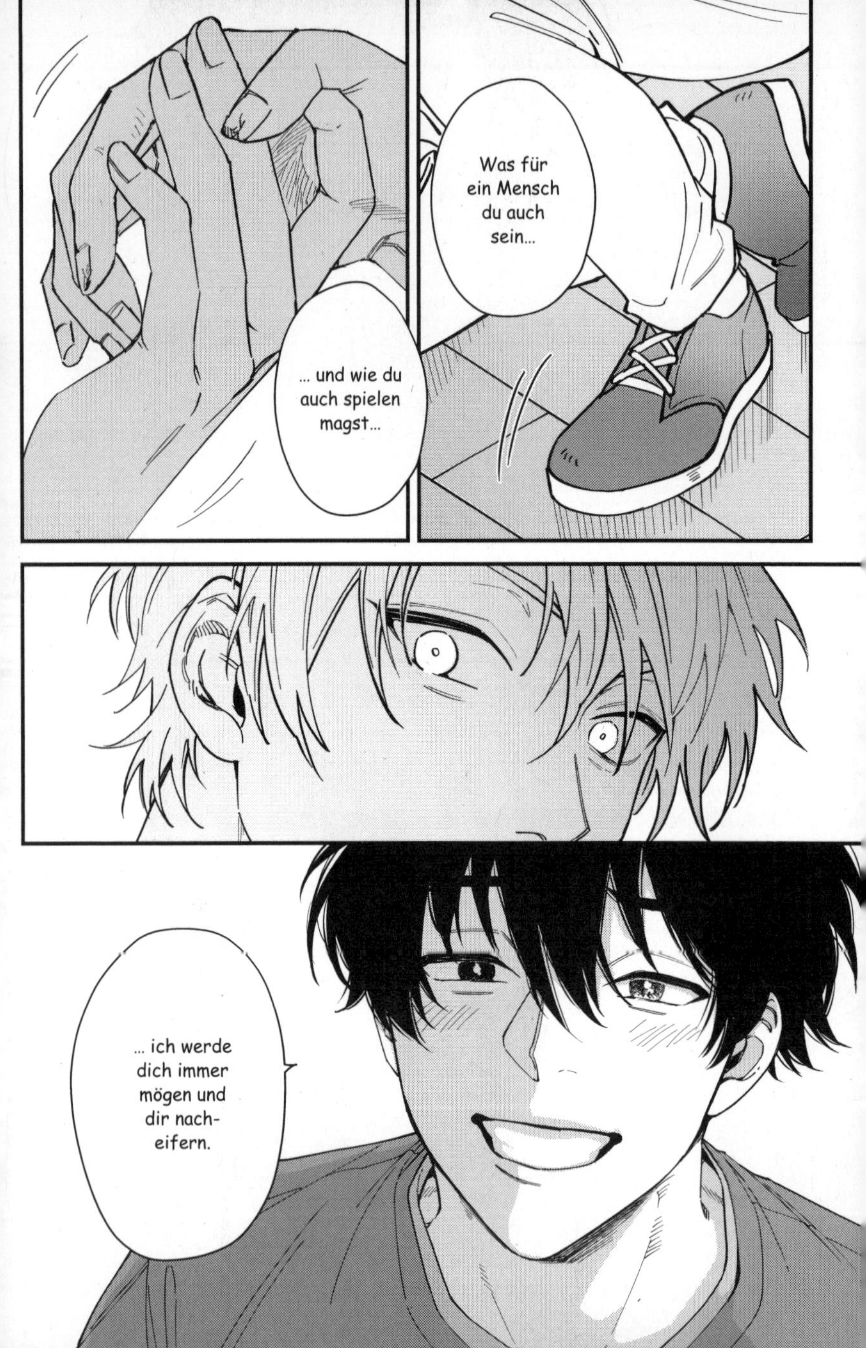
Was für ein Mensch du auch sein...
... und wie du auch spielen magst...
... ich werde dich immer mögen und dir nach-eifern.

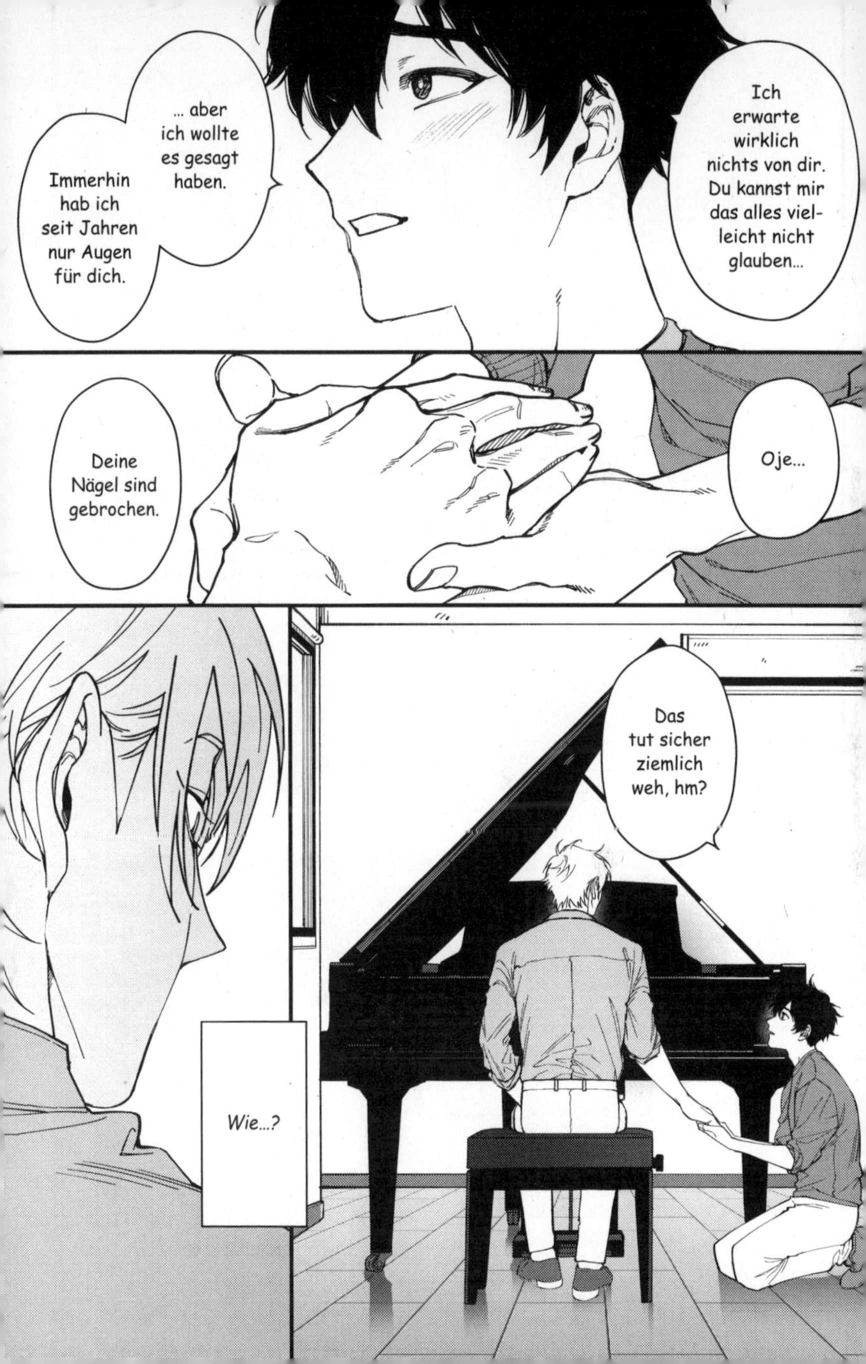
Ich erwarte wirklich nichts von dir. Du kannst mir das alles vielleicht nicht glauben...
... aber ich wollte es gesagt haben.
Immerhin hab ich seit Jahren nur Augen für dich.
Oje...
Deine Nägel sind gebrochen.
Das tut sicher ziemlich weh, hm?
Wie...?

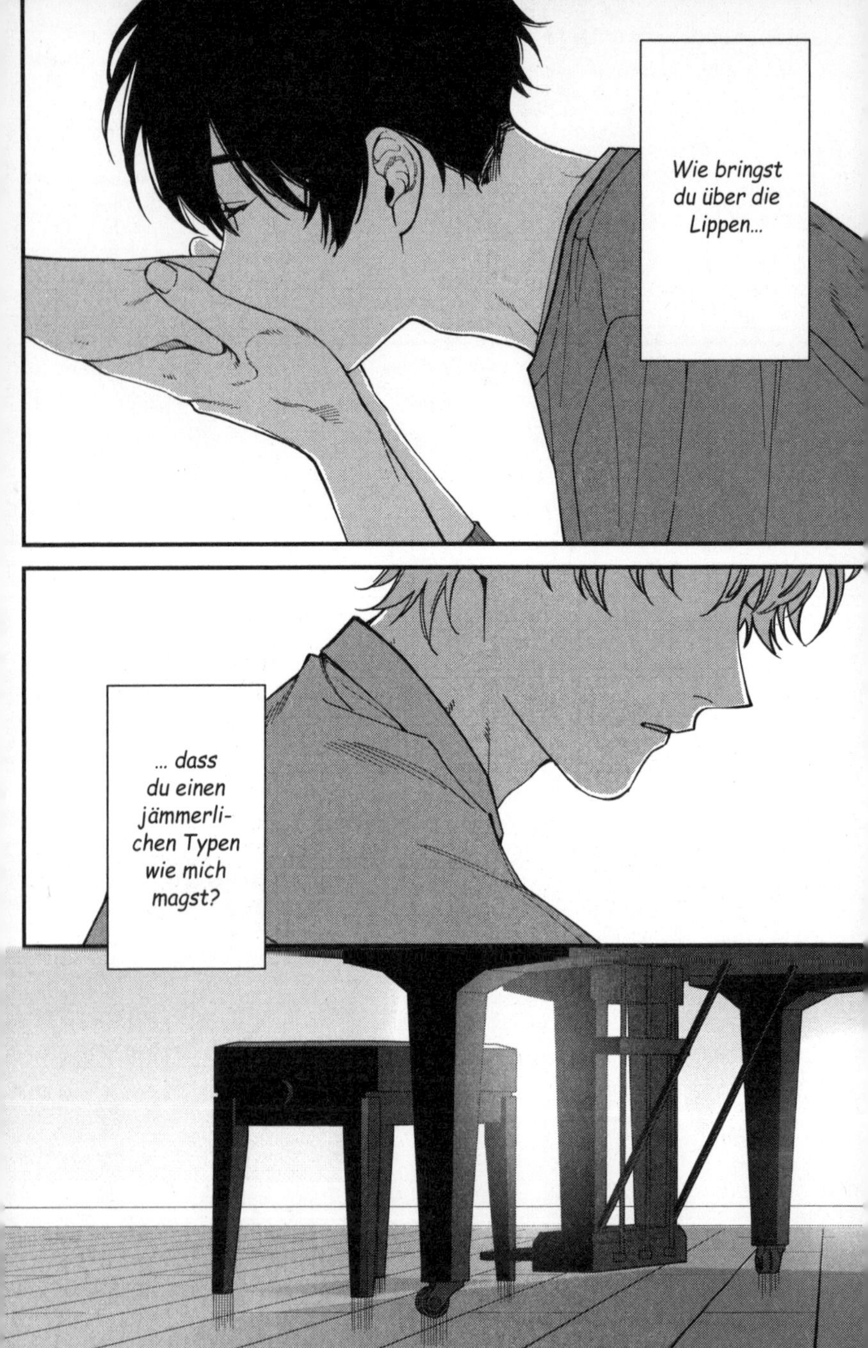
Wie bringst du über die Lippen...
... dass du einen jämmerlichen Typen wie mich magst?

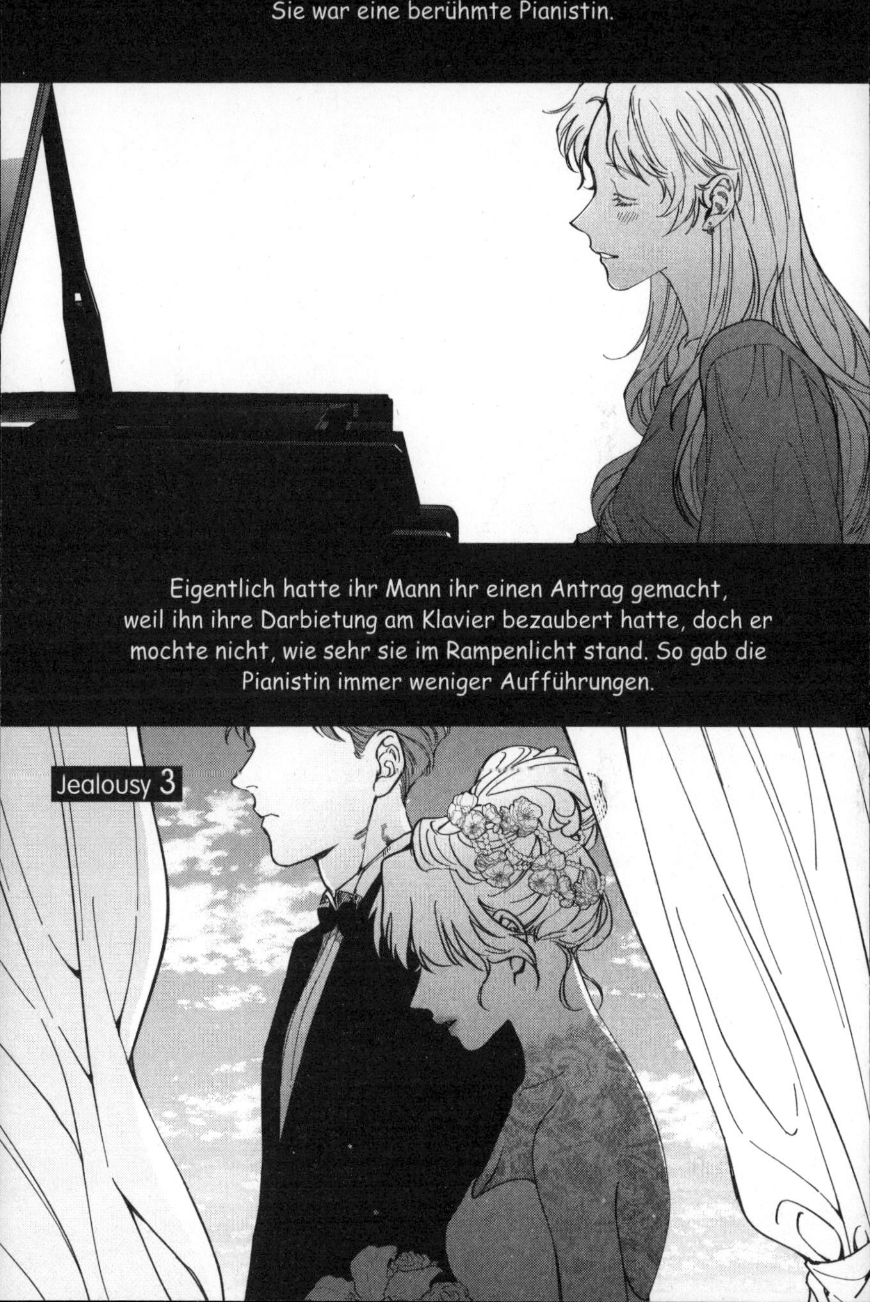
Sie war eine berühmte Pianistin.
Eigentlich hatte ihr Mann ihr einen Antrag gemacht, weil ihn ihre Darbietung am Klavier bezaubert hatte, doch er mochte nicht, wie sehr sie im Rampenlicht stand. So gab die Pianistin immer weniger Aufführungen.
Jealousy 3

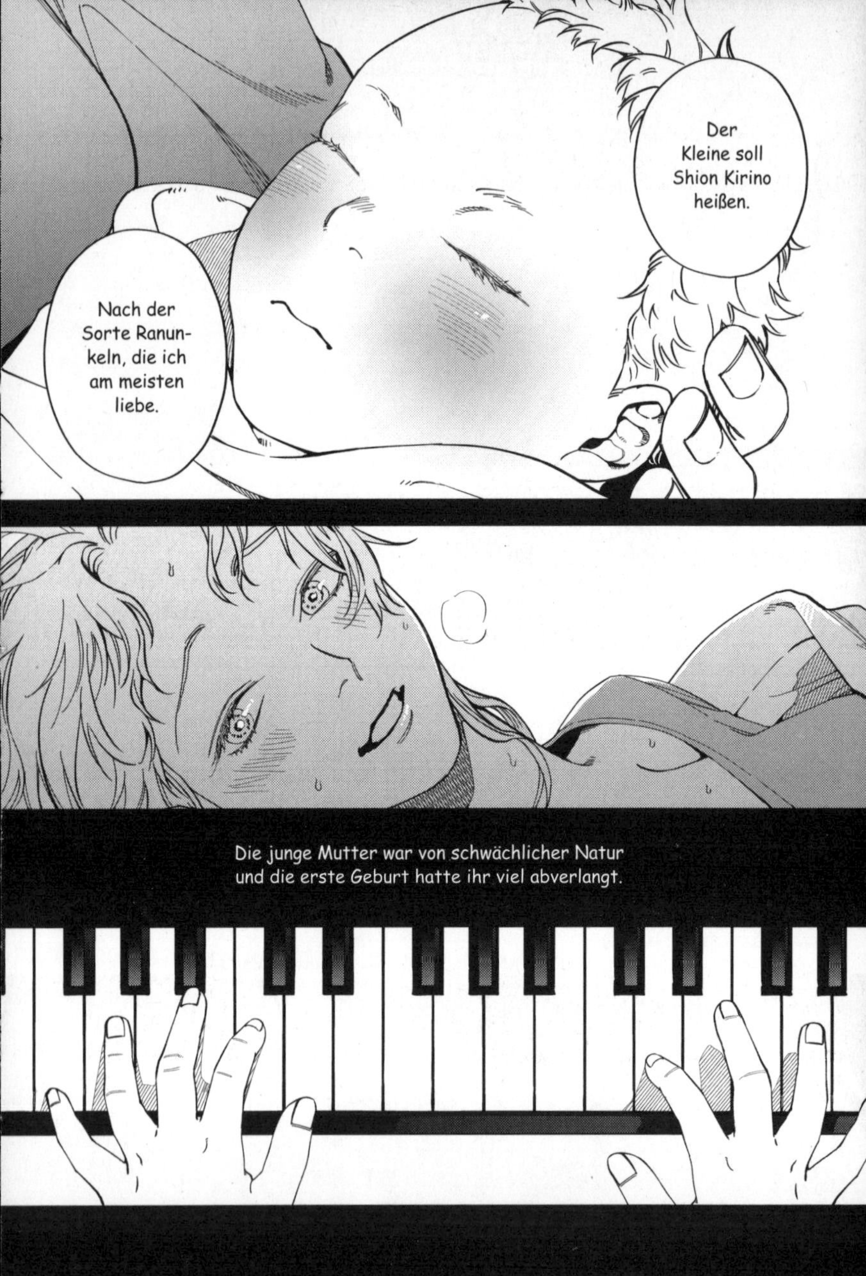
Der Kleine soll Shion Kirino heißen.
Nach der Sorte Ranunkeln, die ich am meisten liebe.
Die junge Mutter war von schwächlicher Natur und die erste Geburt hatte ihr viel abverlangt.

Ihre einzige Freude war, wenn ihr Sohn Shion Klavier spielte.

Shion wiederum hörte als Kind mehr den Klang des Klaviers als den menschlicher Stimmen und das Spiel seiner Mutter beeinflusste ihn.

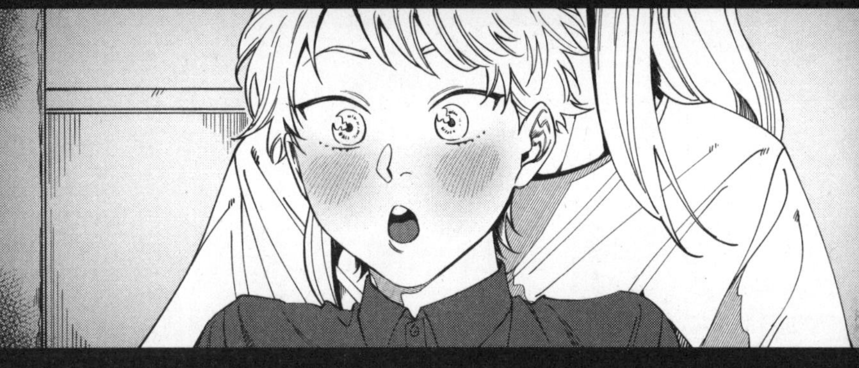

Sie liebte Shion sehr...

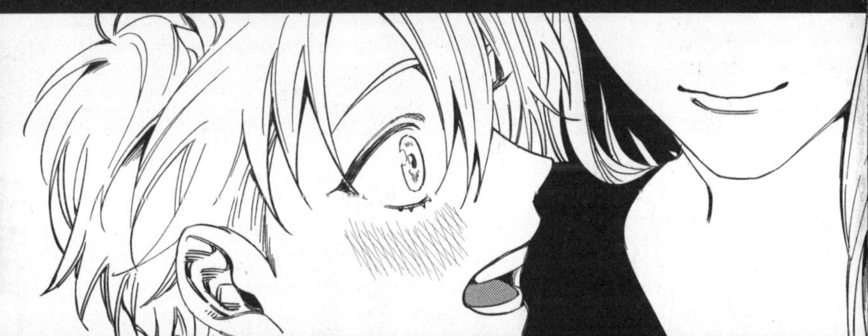

... und Shion wollte den Erwartungen seiner Mutter gerecht werden.

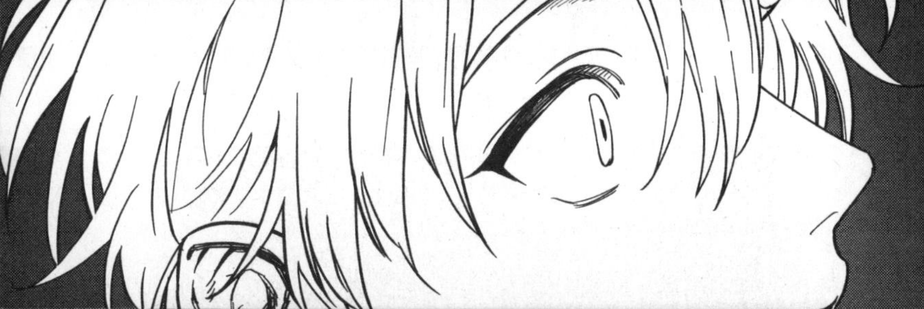

Bei der Geburt ihres zweiten Kindes verstarben
jedoch die Pianistin und das Baby.

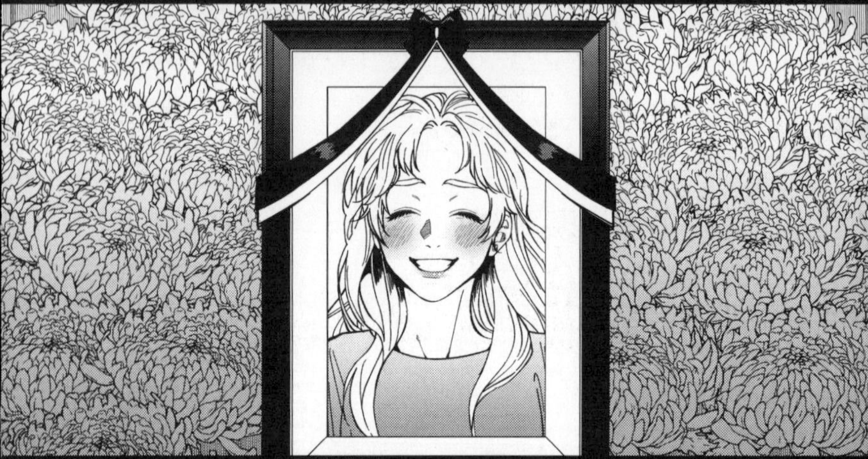

Der junge Shion gab sich die Schuld... Doch das änderte nichts.
Sein Vater heiratete nach dem Tod seiner Mutter schnell wieder.

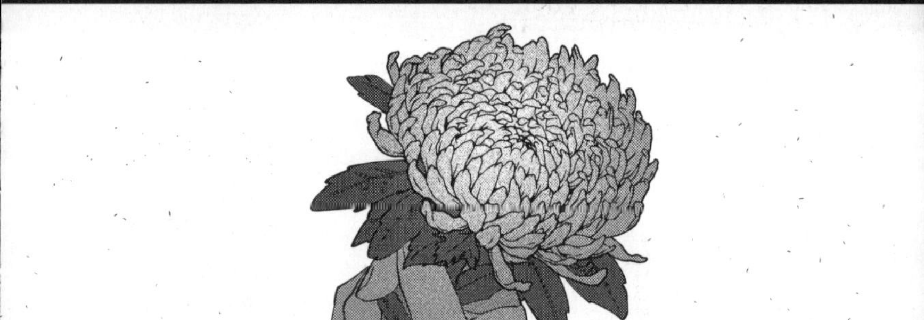

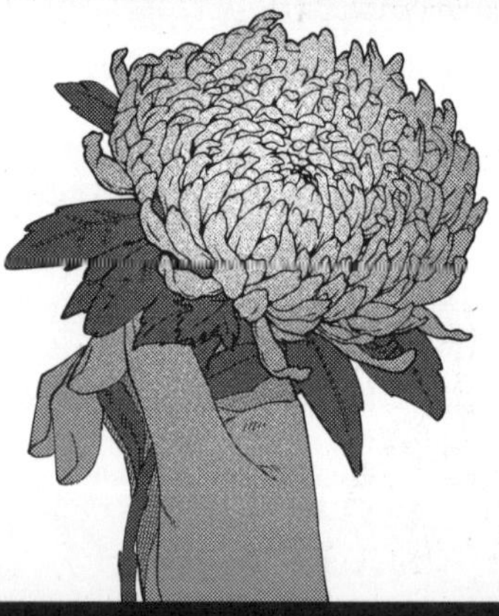

Shion hasste seinen Vater.

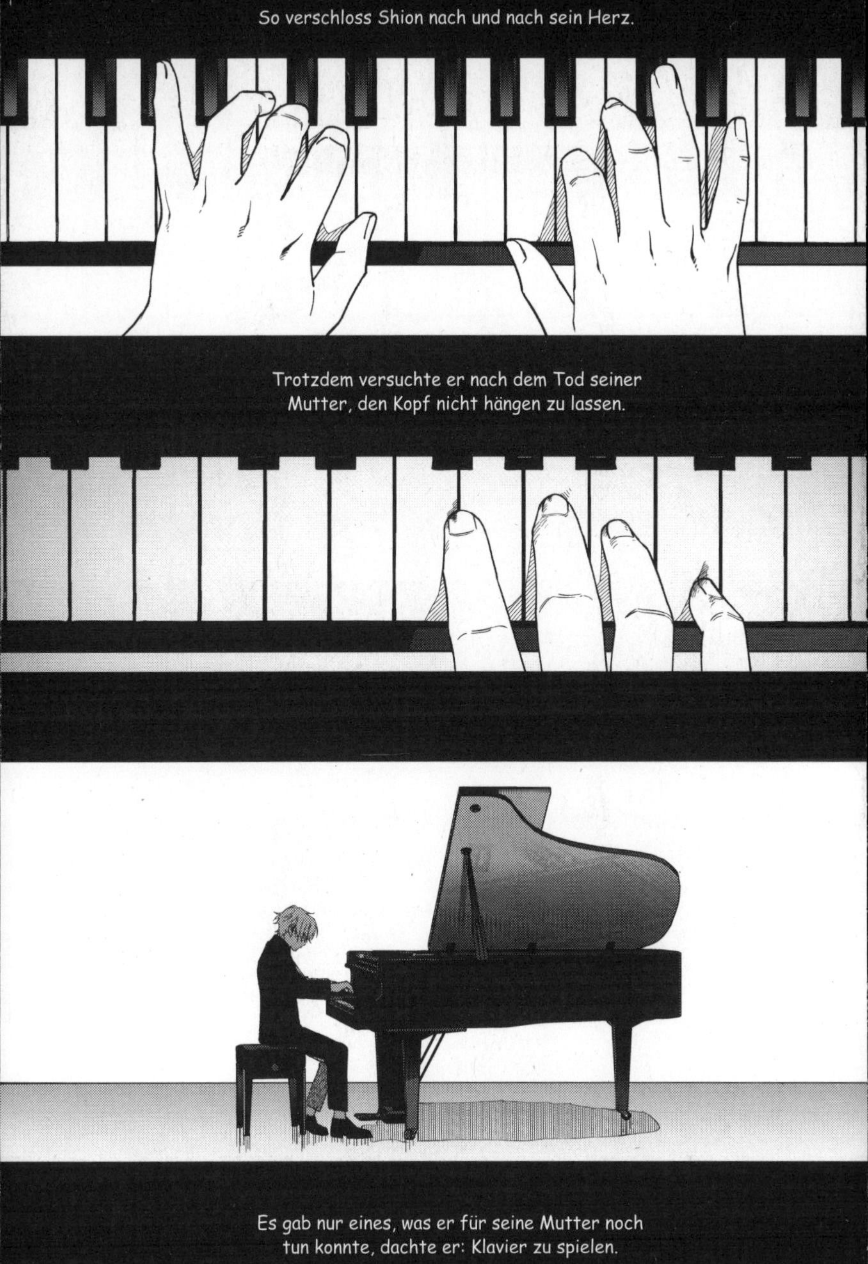

So verschloss Shion nach und nach sein Herz.

Trotzdem versuchte er nach dem Tod seiner Mutter, den Kopf nicht hängen zu lassen.

Es gab nur eines, was er für seine Mutter noch tun konnte, dachte er: Klavier zu spielen.

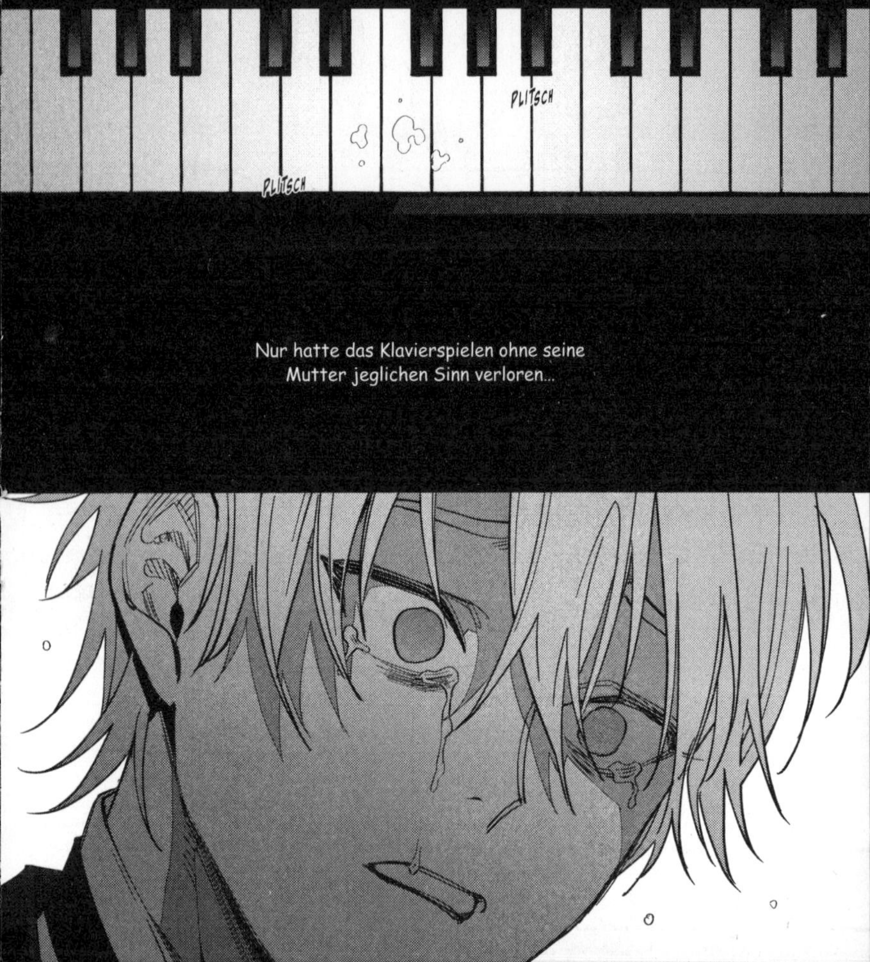
PLITSCH
PLITSCH
Nur hatte das Klavierspielen ohne seine
Mutter jeglichen Sinn verloren...

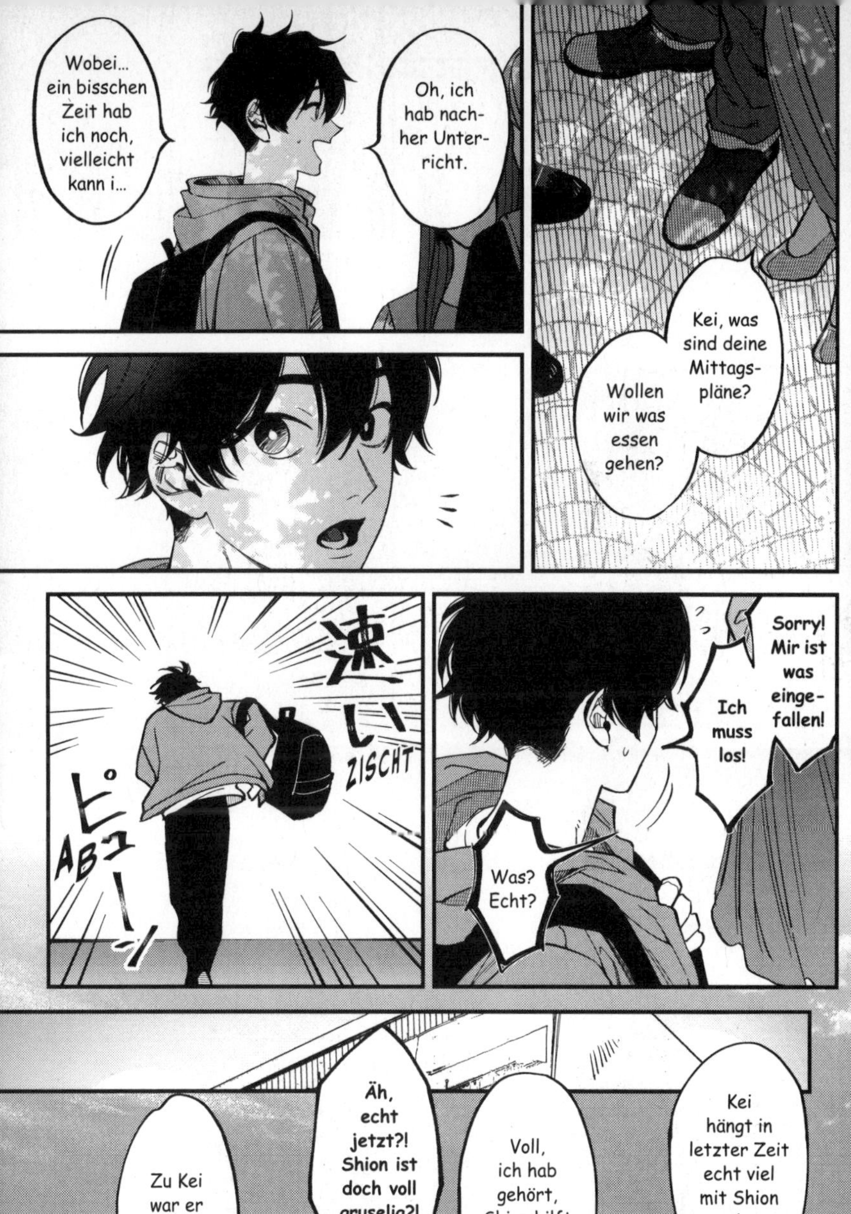
Kei, was sind deine Mittagspläne?
Wollen wir was essen gehen?
Oh, ich hab nachher Unterricht.
Wobei… ein bisschen Zeit hab ich noch, vielleicht kann i…
Sorry! Mir ist was eingefallen!
Ich muss los!
Was? Echt?
速い
ZISCHT
Kei hängt in letzter Zeit echt viel mit Shion ab.
Voll, ich hab gehört, Shion hilft ihm beim Üben.
Äh, echt jetzt?! Shion ist doch voll gruselig?!
Zu Kei war er aber voll lieb!

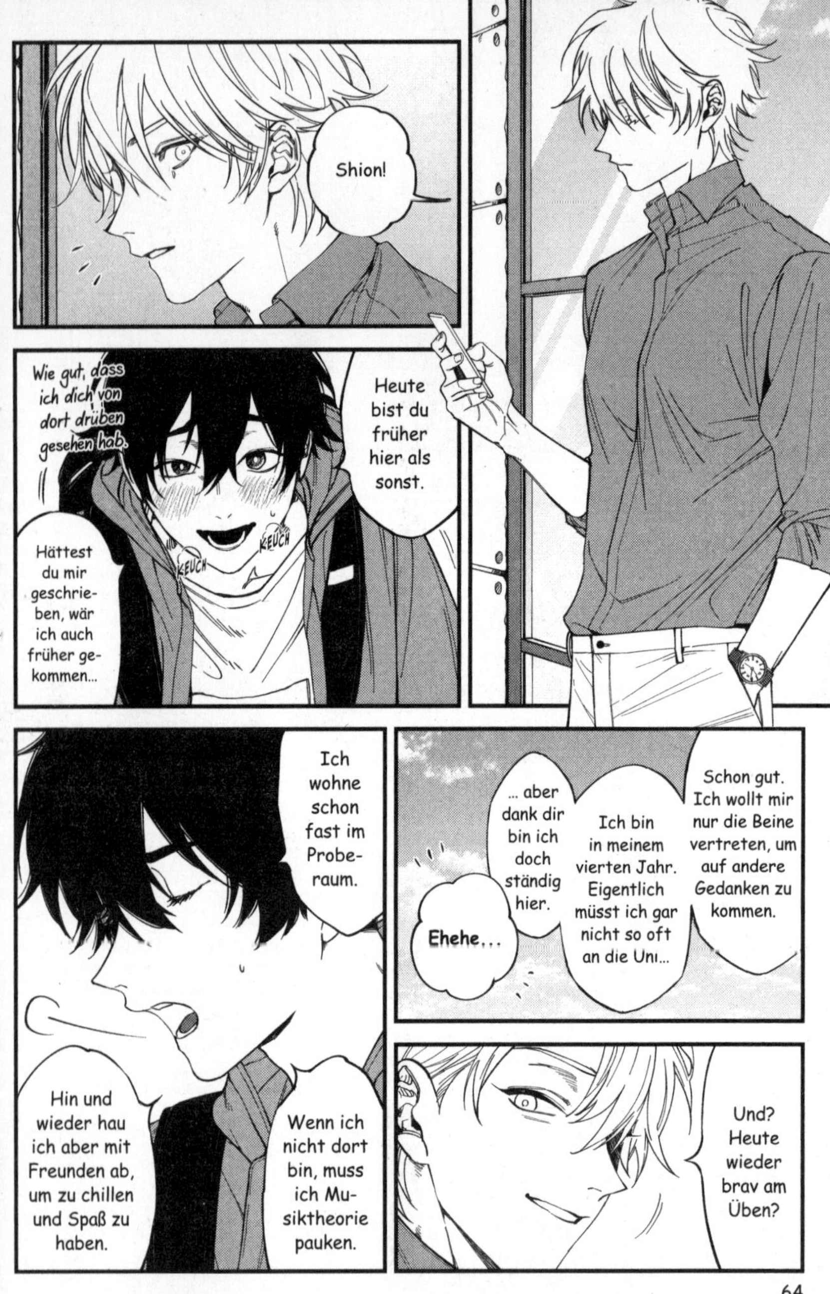
Shion!
Heute bist du früher hier als sonst.
Wie gut, dass ich dich von dort drüben gesehen hab.
KEUCH
KEUCH
Hättest du mir geschrieben, wär ich auch früher gekommen...
Schon gut. Ich wollt mir nur die Beine vertreten, um auf andere Gedanken zu kommen.
Ich bin in meinem vierten Jahr. Eigentlich müsst ich gar nicht so oft an die Uni...
... aber dank dir bin ich doch ständig hier.
Ehehe...
Und? Heute wieder brav am Üben?
Ich wohne schon fast im Probe-raum.
Wenn ich nicht dort bin, muss ich Mu-siktheorie pauken.
Hin und wieder hau ich aber mit Freunden ab, um zu chillen und Spaß zu haben.

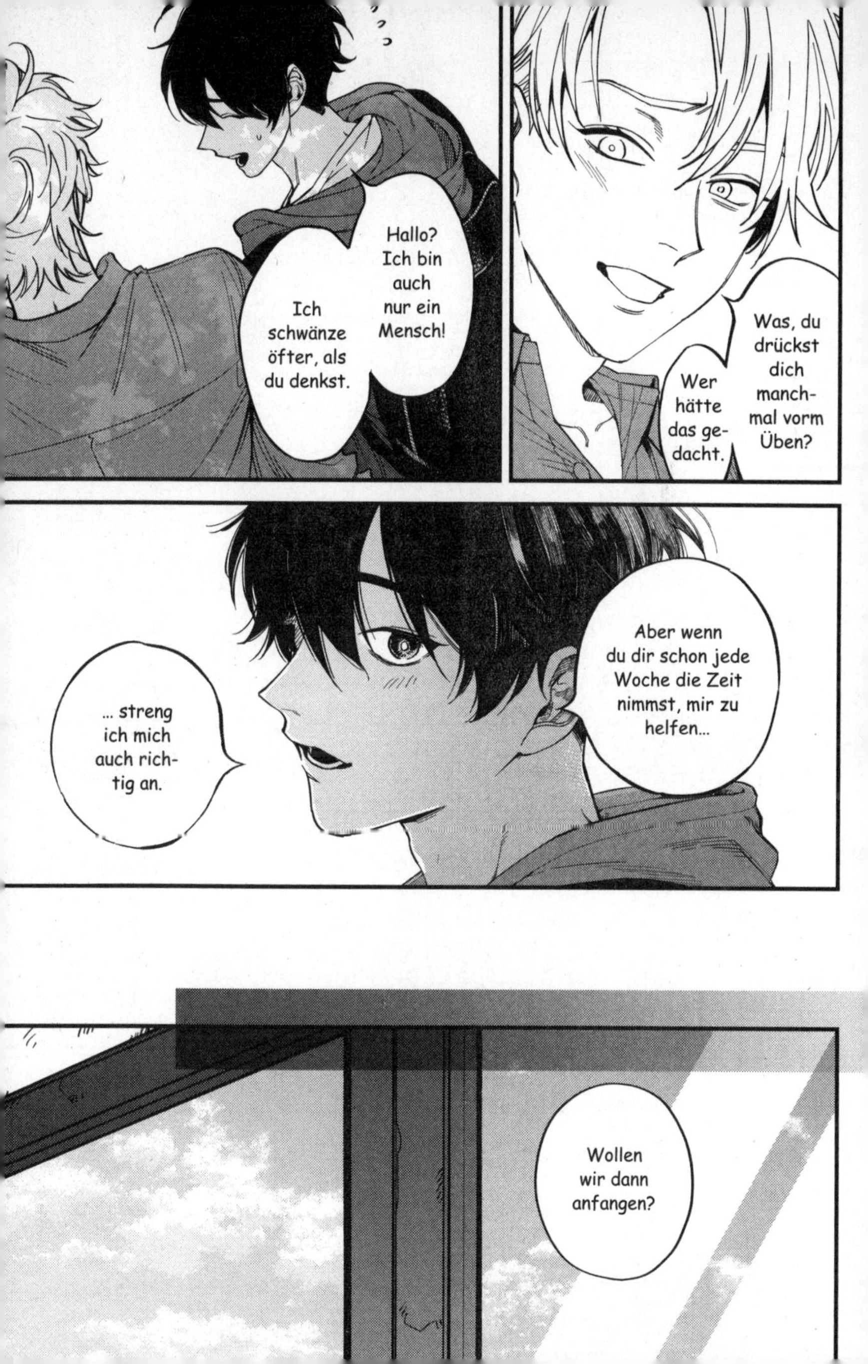

Was, du drückst dich manchmal vorm Üben?

Wer hätte das gedacht.

Hallo? Ich bin auch nur ein Mensch!

Ich schwänze öfter, als du denkst.

Aber wenn du dir schon jede Woche die Zeit nimmst, mir zu helfen…

… streng ich mich auch richtig an.

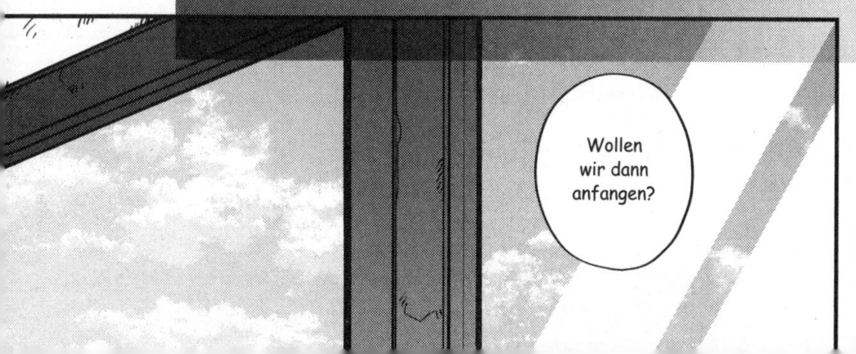

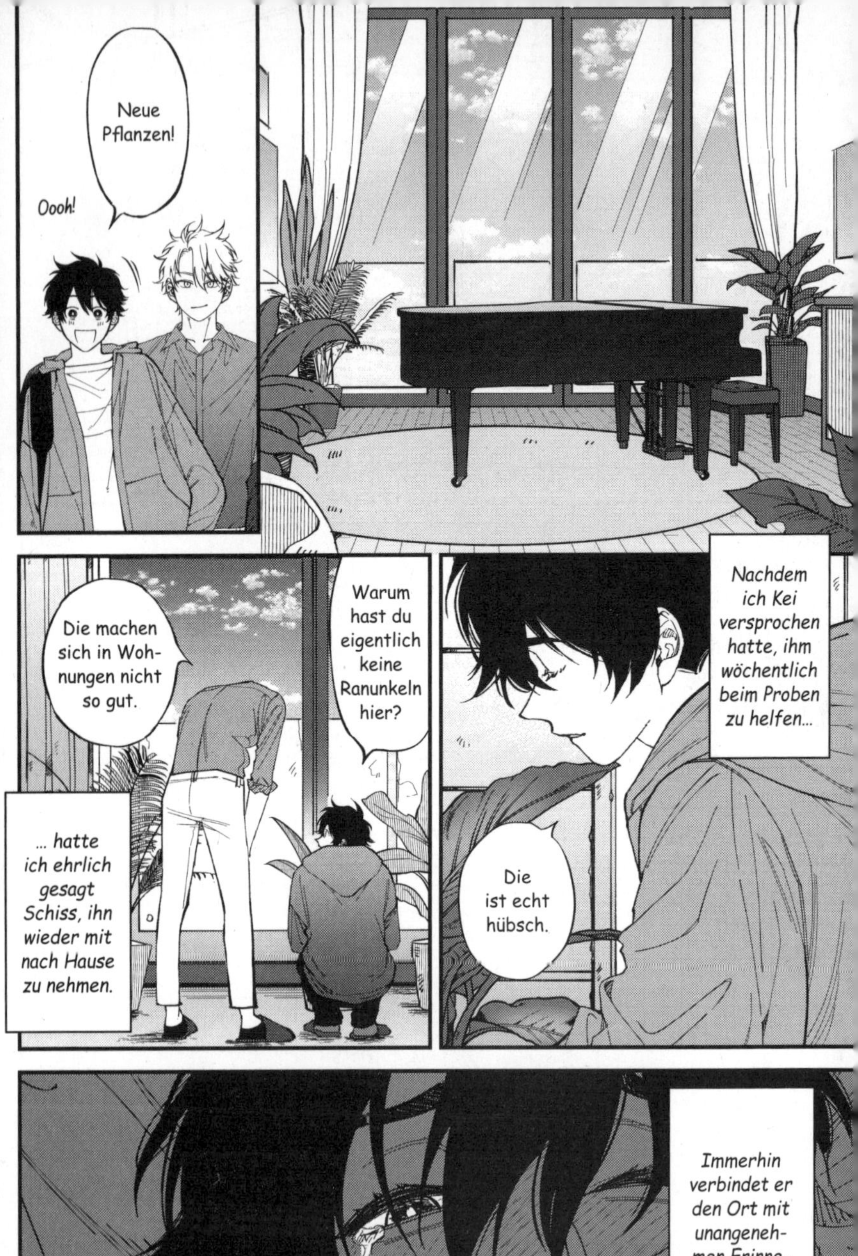

Neue Pflanzen!
Oooh!
Nachdem ich Kei versprochen hatte, ihm wöchentlich beim Proben zu helfen...
Die ist echt hübsch.
Warum hast du eigentlich keine Ranunkeln hier?
Die machen sich in Wohnungen nicht so gut.
... hatte ich ehrlich gesagt Schiss, ihn wieder mit nach Hause zu nehmen.
Immerhin verbindet er den Ort mit unangenehmen Erinnerungen.

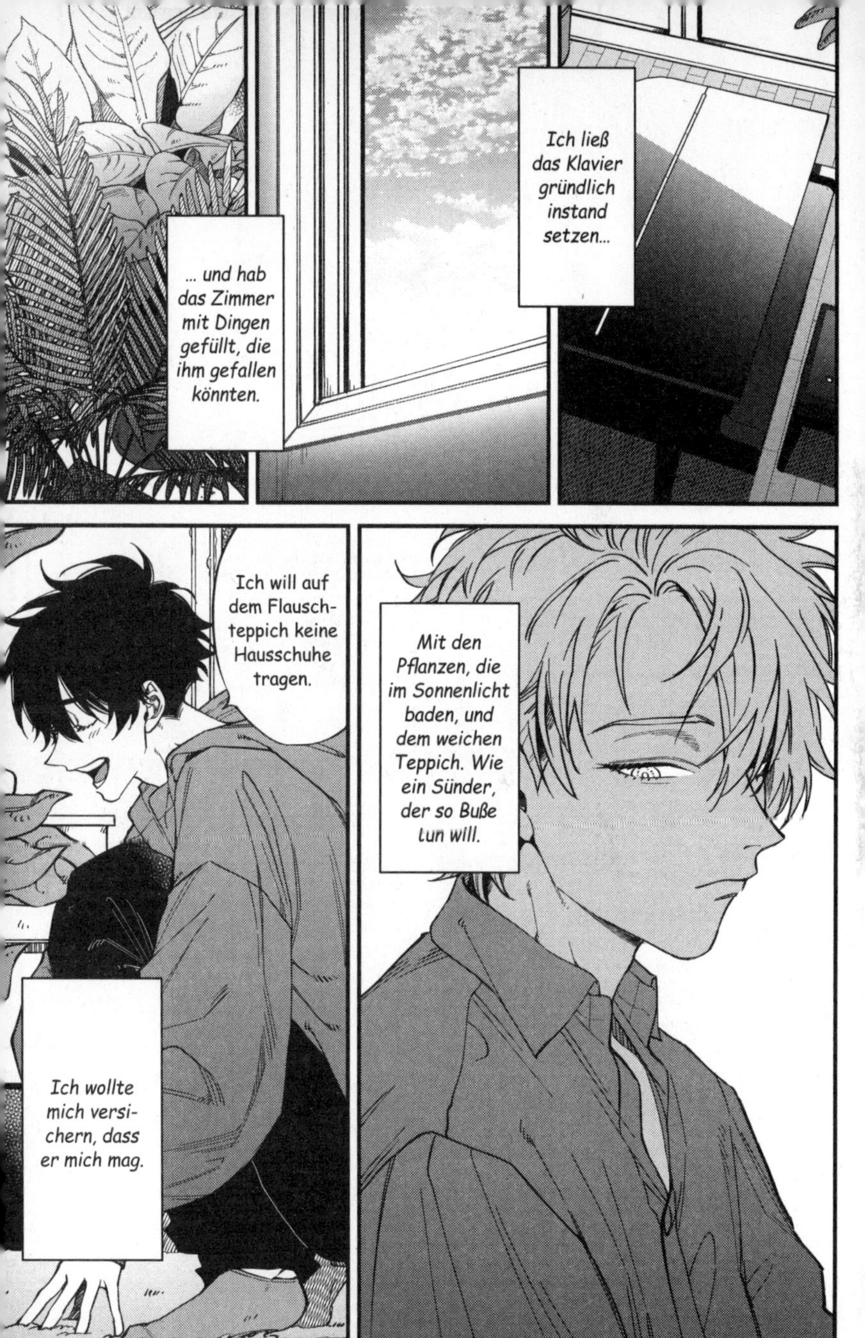

Ich ließ das Klavier gründlich instand setzen...
... und hab das Zimmer mit Dingen gefüllt, die ihm gefallen könnten.
Mit den Pflanzen, die im Sonnenlicht baden, und dem weichen Teppich. Wie ein Sünder, der so Buße tun will.
Ich will auf dem Flauschteppich keine Hausschuhe tragen.
Ich wollte mich versichern, dass er mich mag.

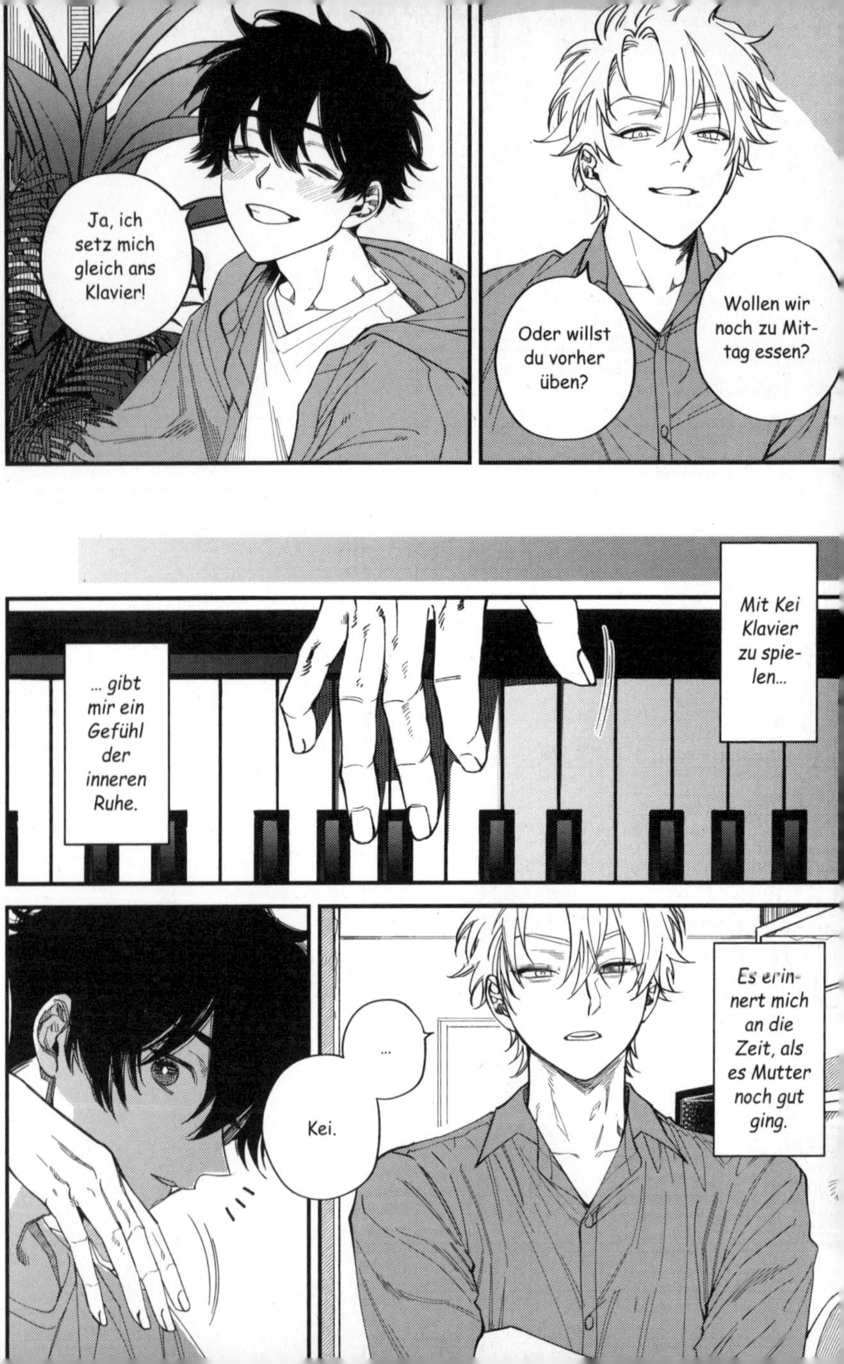

Wollen wir noch zu Mittag essen?

Oder willst du vorher üben?

Ja, ich setz mich gleich ans Klavier!

Mit Kei Klavier zu spielen...

... gibt mir ein Gefühl der inneren Ruhe.

Es erinnert mich an die Zeit, als es Mutter noch gut ging.

...

Kei.

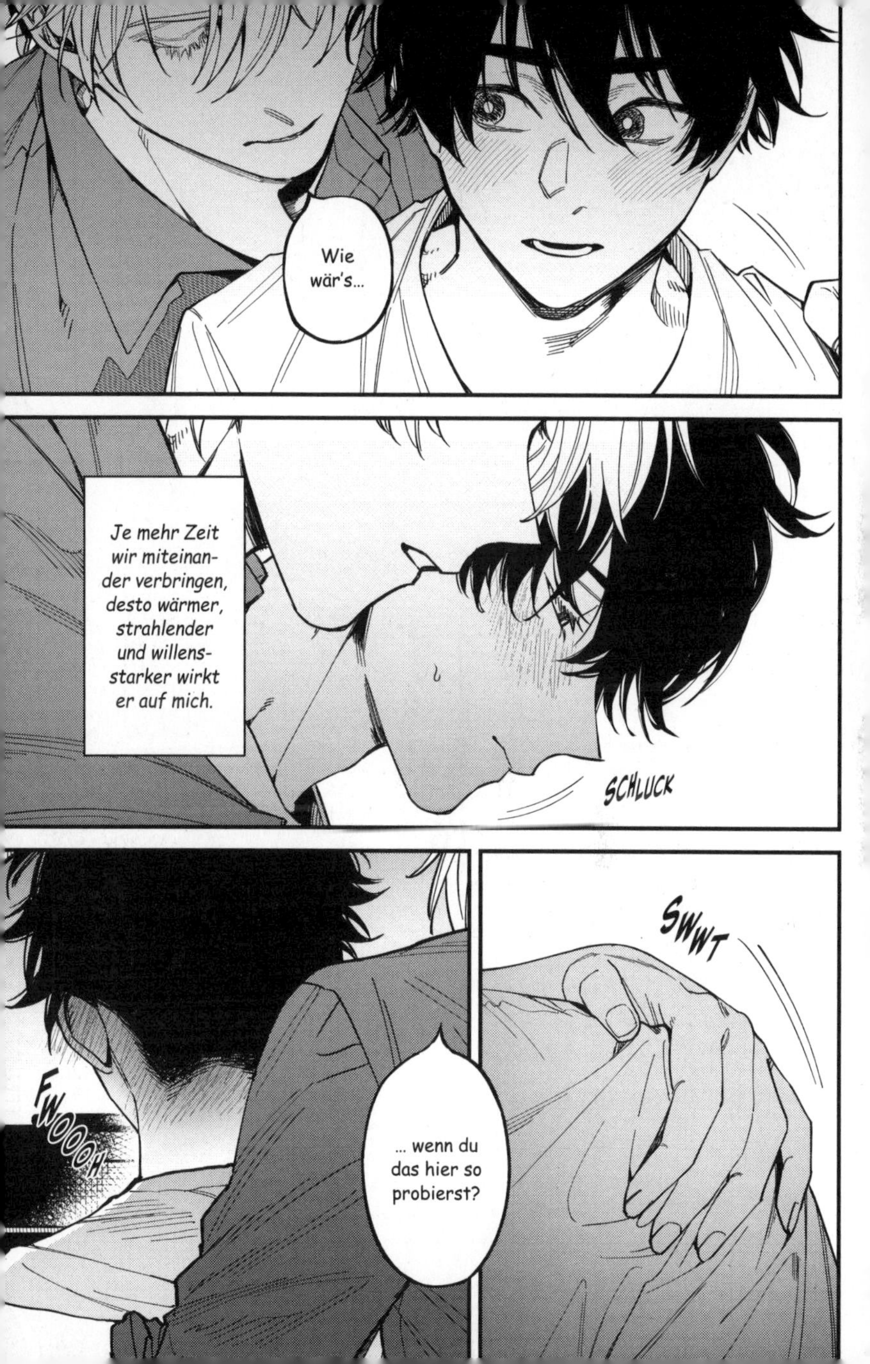

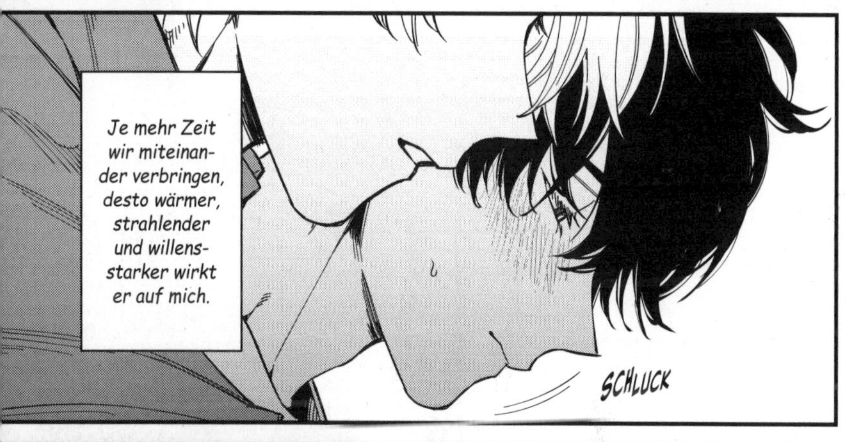
Wie wär's...
Je mehr Zeit wir miteinander verbringen, desto wärmer, strahlender und willensstarker wirkt er auf mich.
SCHLUCK
SWWT
... wenn du das hier so probierst?
FWOOOH

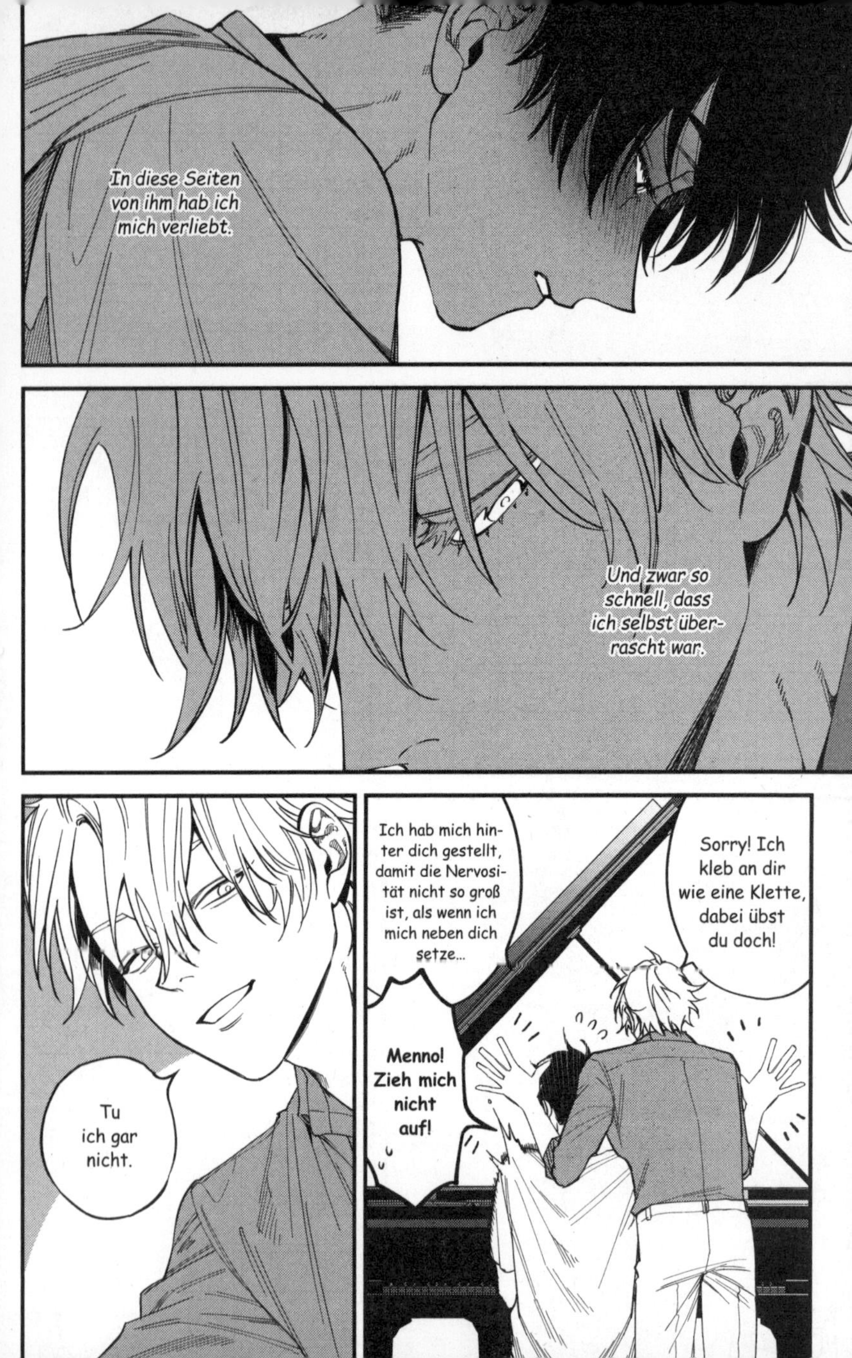
In diese Seiten von ihm hab ich mich verliebt.
Und zwar so schnell, dass ich selbst überrascht war.
Sorry! Ich kleb an dir wie eine Klette, dabei übst du doch!
Ich hab mich hinter dich gestellt, damit die Nervosität nicht so groß ist, als wenn ich mich neben dich setze...
Menno! Zieh mich nicht auf!
Tu ich gar nicht.

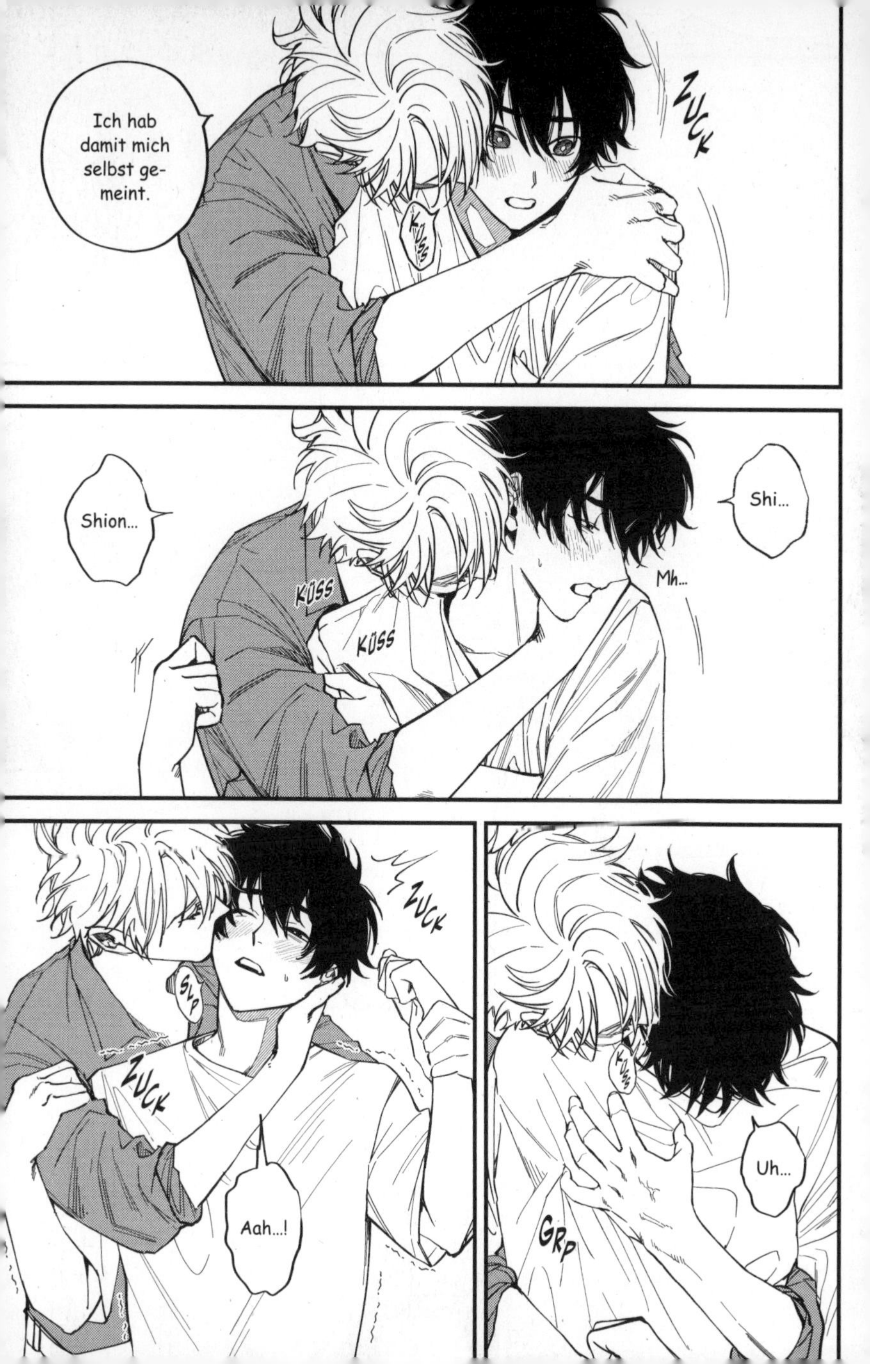

ZUCK
KÜSS
Ich hab damit mich selbst ge-meint.

Shi...
Mh...
KÜSS
KÜSS
Shion...

KÜSS
Uh...
GRP

ZUCK
SLP
ZUCK
Aah...!

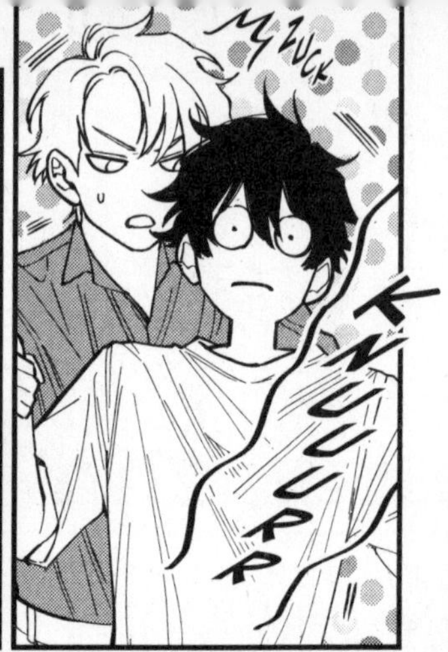
ZUCK
KNUUURR

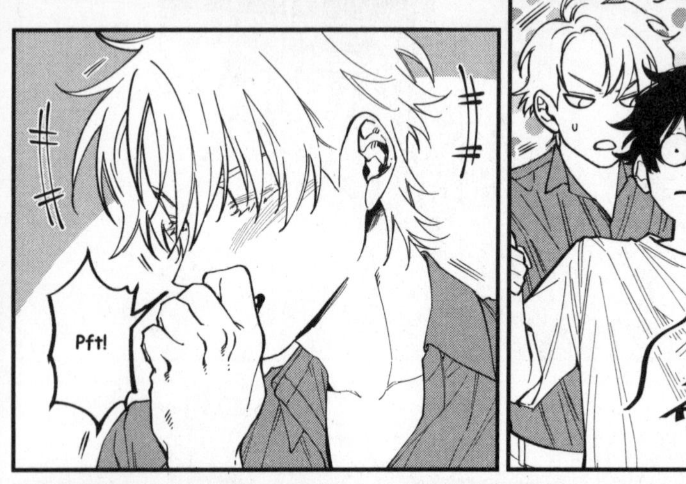
Pft!

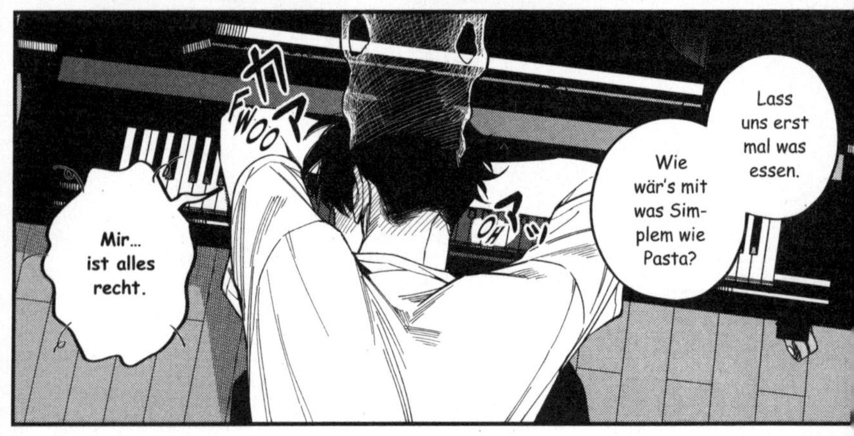
Lass uns erst mal was essen.
Wie wär's mit was Simplem wie Pasta?
OH
FWOO
Mir... ist alles recht.

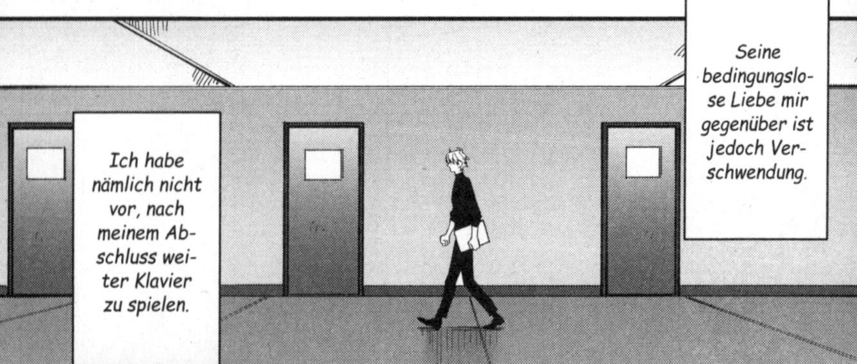
Seine bedingungslose Liebe mir gegenüber ist jedoch Verschwendung.
Ich habe nämlich nicht vor, nach meinem Abschluss weiter Klavier zu spielen.

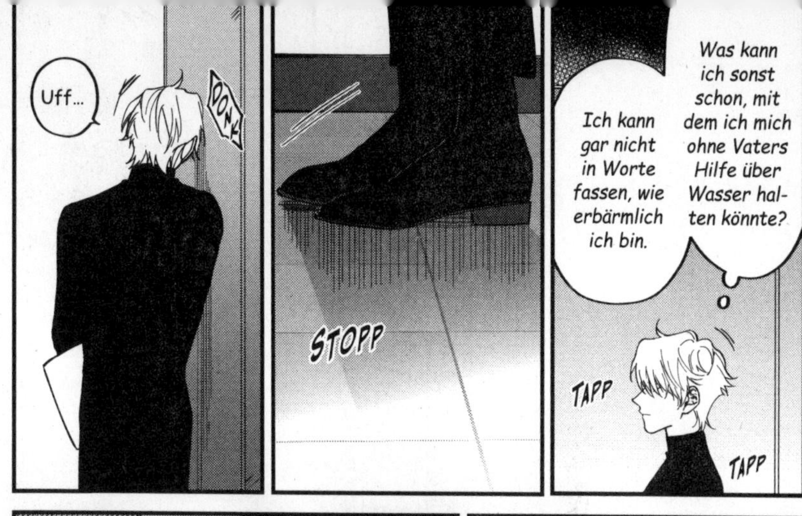
Was kann ich sonst schon, mit dem ich mich ohne Vaters Hilfe über Wasser halten könnte?
Ich kann gar nicht in Worte fassen, wie erbärmlich ich bin.
TAPP
TAPP
STOPP
DONK
Uff...

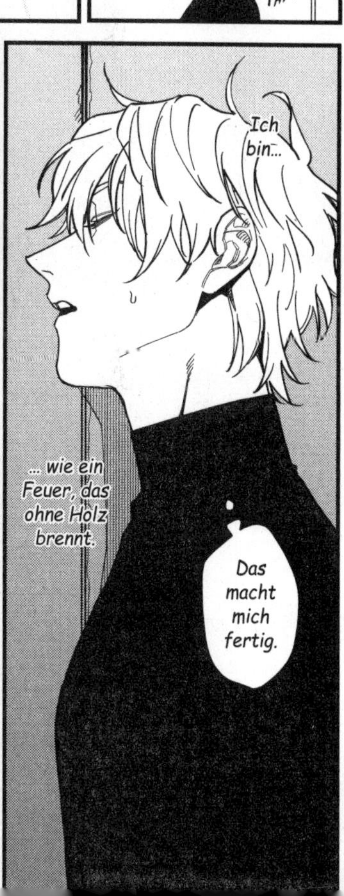
Ich bin...
... wie ein Feuer, das ohne Holz brennt.
Das macht mich fertig.

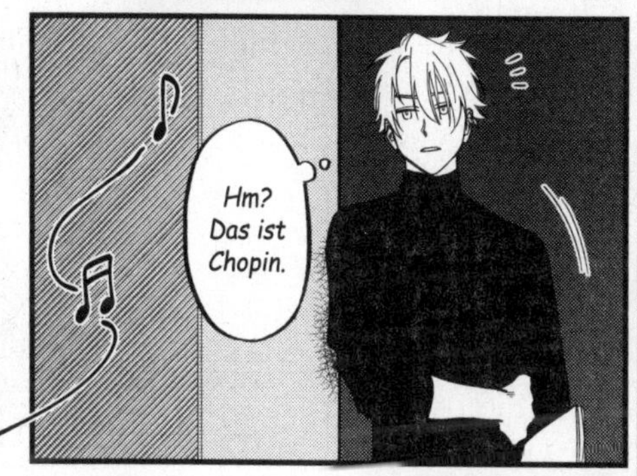
Hm? Das ist Chopin.

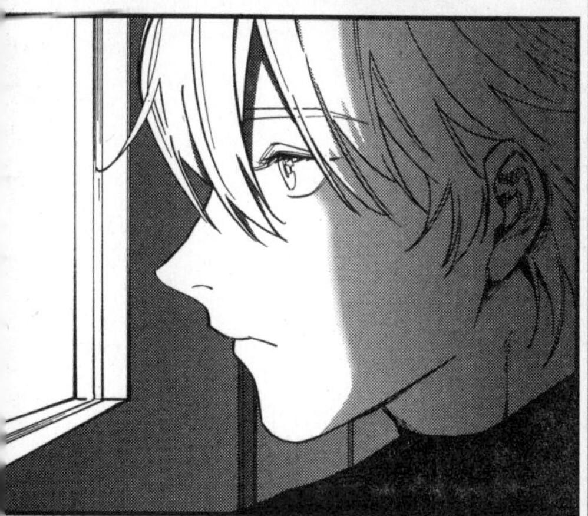

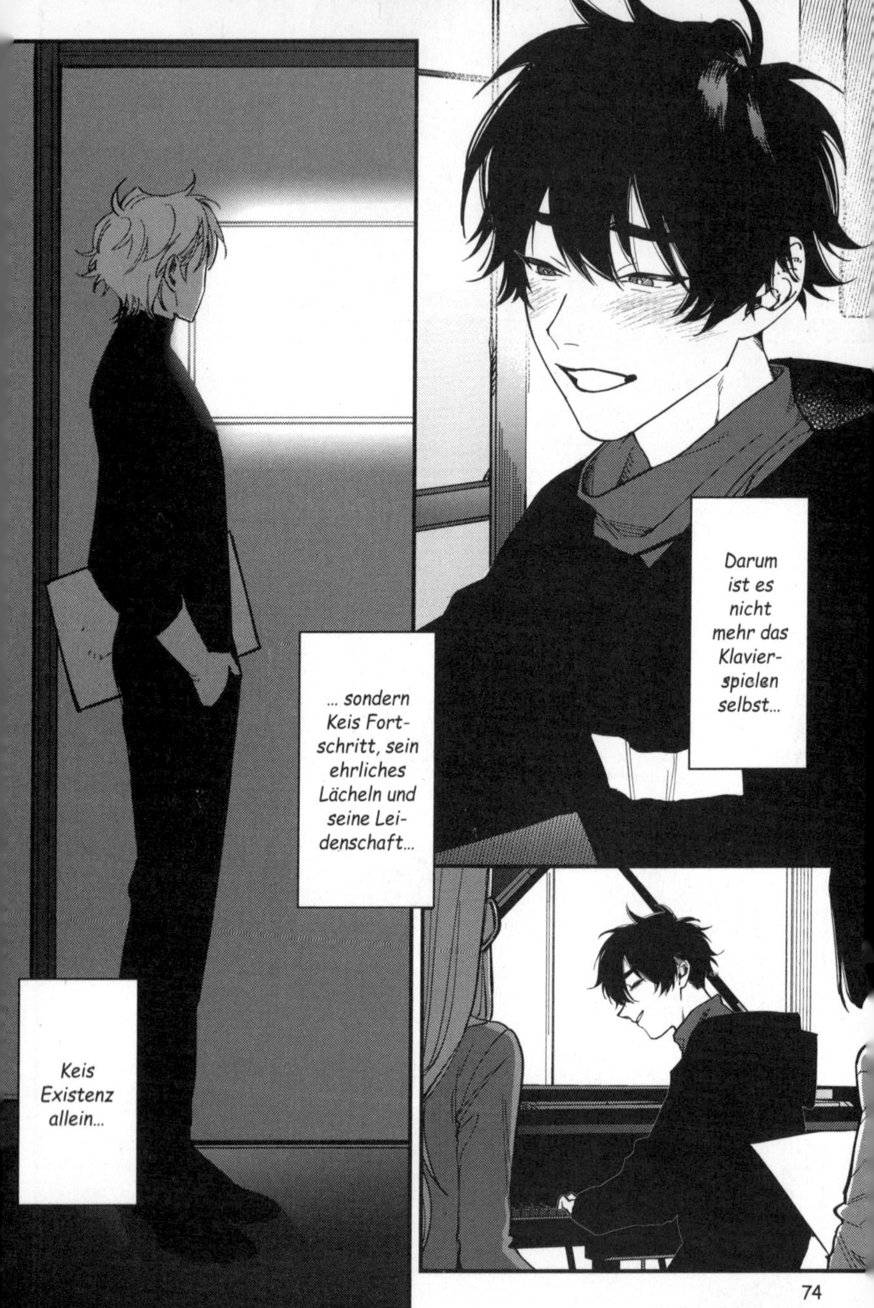
Darum ist es nicht mehr das Klavierspielen selbst...
... sondern Keis Fortschritt, sein ehrliches Lächeln und seine Leidenschaft...
Keis Existenz allein...

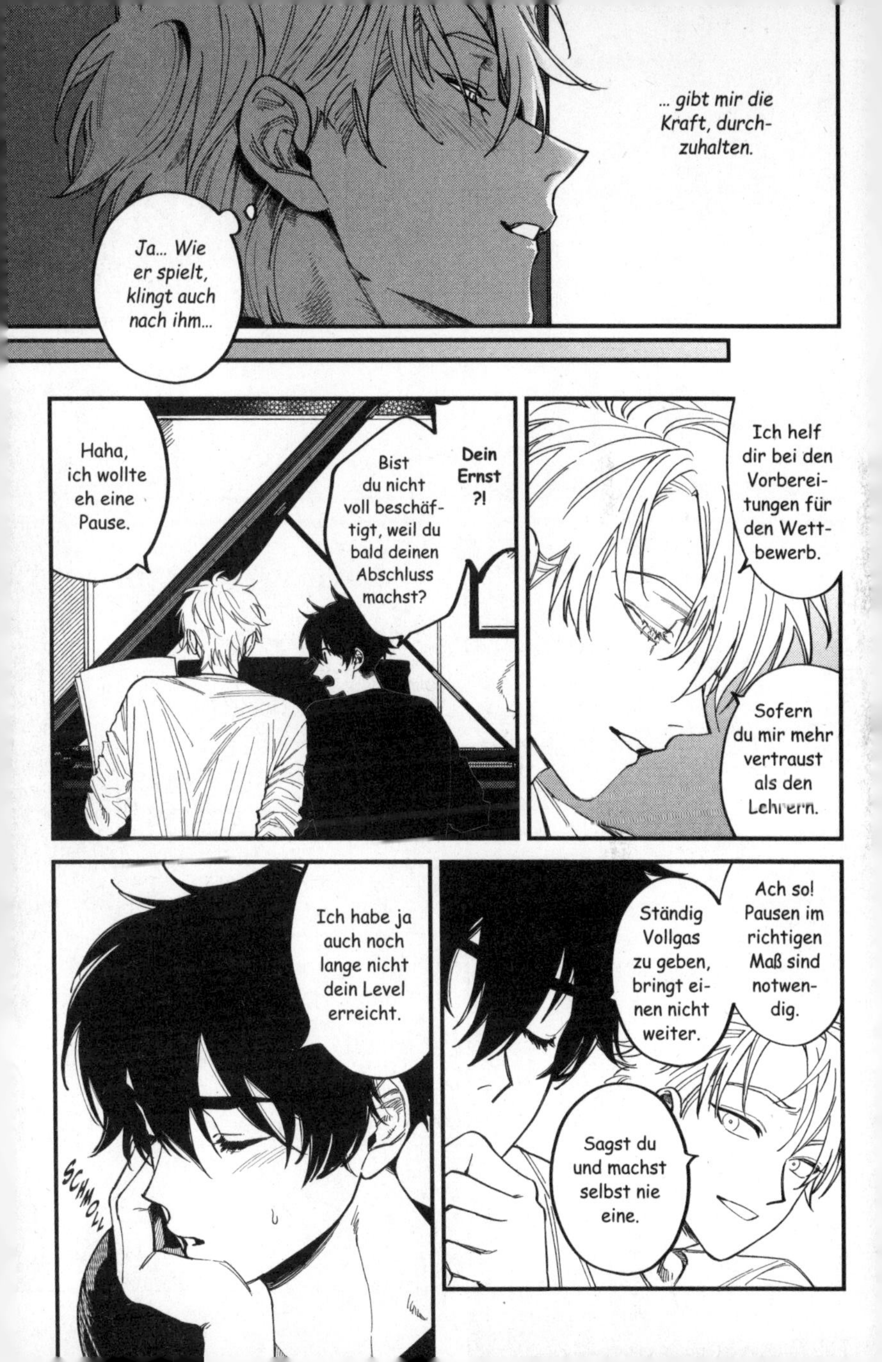

... gibt mir die Kraft, durchzuhalten.

Ja... Wie er spielt, klingt auch nach ihm...

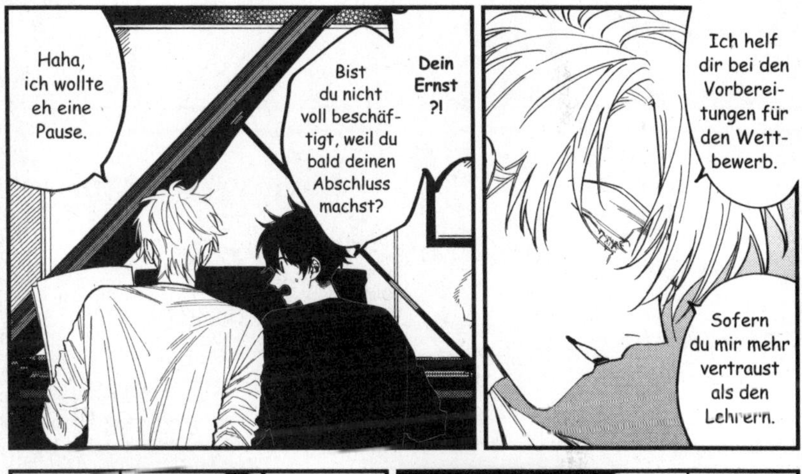

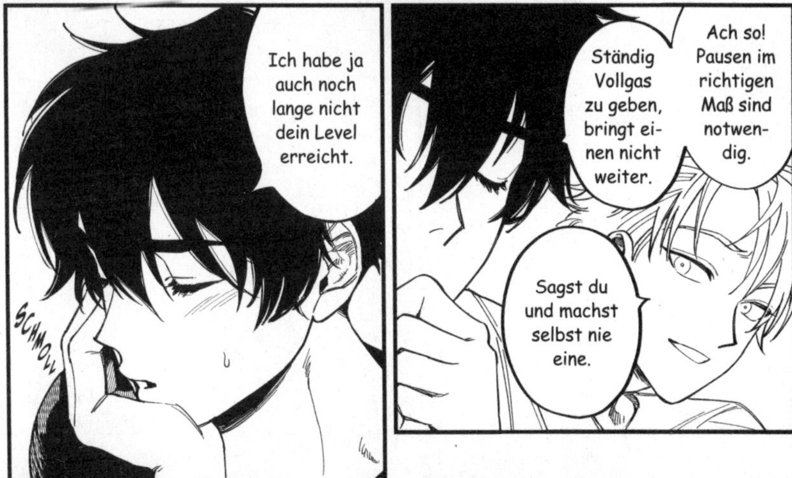

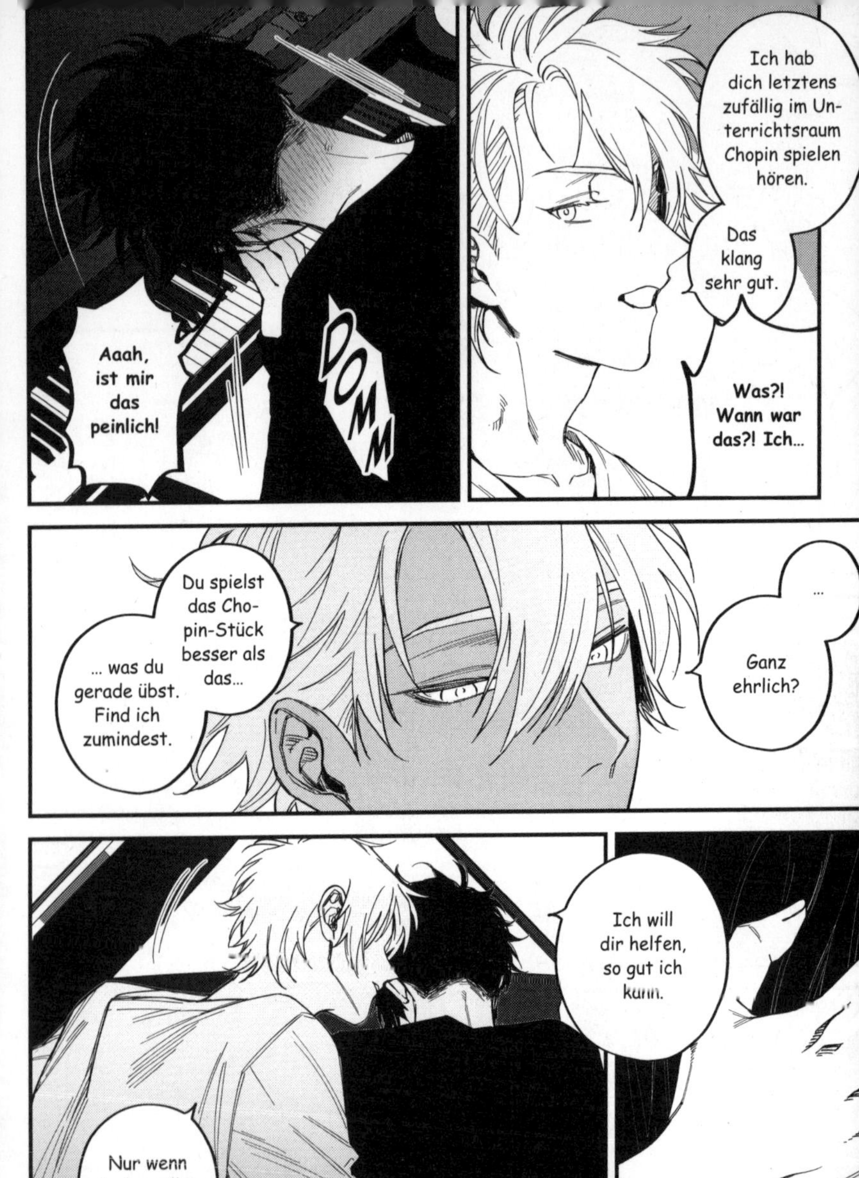
Ich hab dich letztens zufällig im Unterrichtsraum Chopin spielen hören.
Das klang sehr gut.
Was?! Wann war das?! Ich...
DOMM
Aaah, ist mir das peinlich!
...
Ganz ehrlich?
Du spielst das Chopin-Stück besser als das...
... was du gerade übst. Find ich zumindest.
Ich will dir helfen, so gut ich kunn.
Nur wenn du das willst, natürlich.
SWT

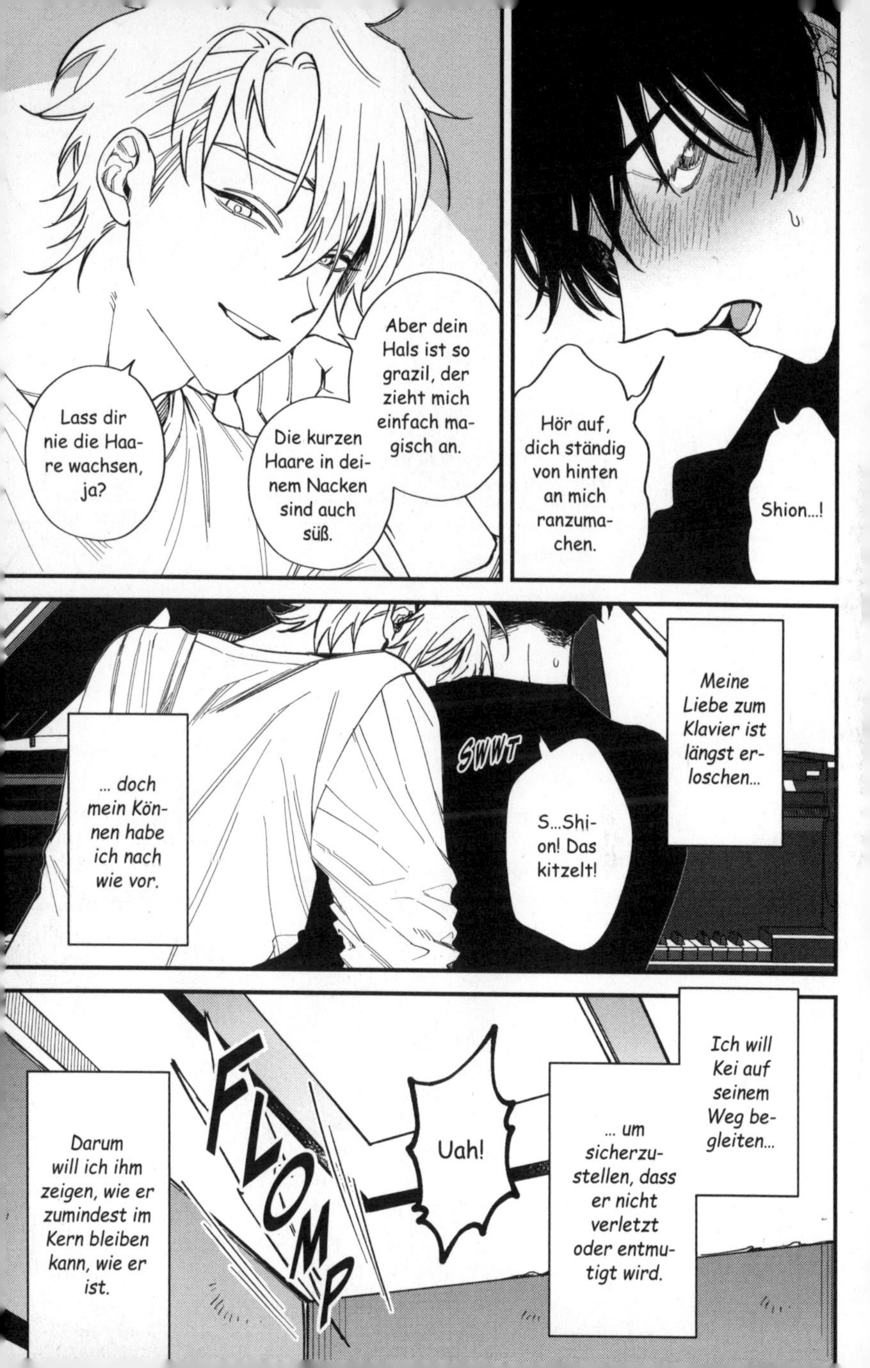

Shion...!
Hör auf, dich ständig von hinten an mich ranzumachen.
Aber dein Hals ist so grazil, der zieht mich einfach magisch an.
Die kurzen Haare in deinem Nacken sind auch süß.
Lass dir nie die Haare wachsen, ja?

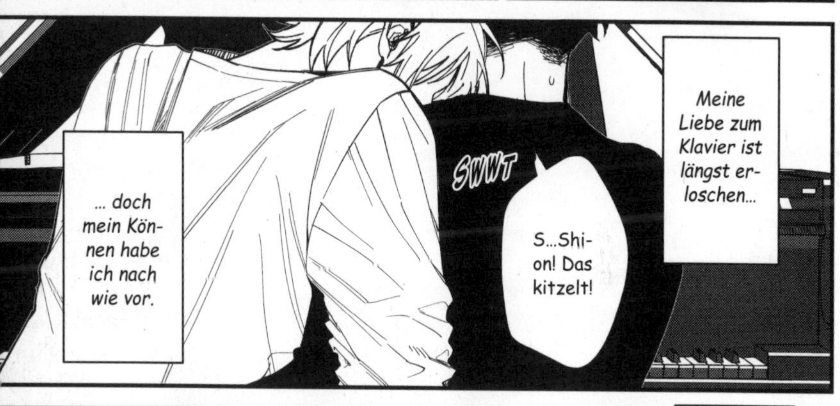

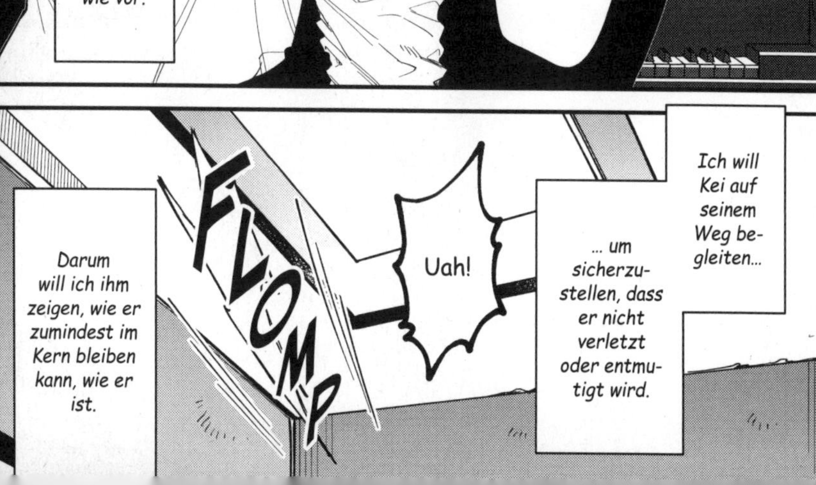

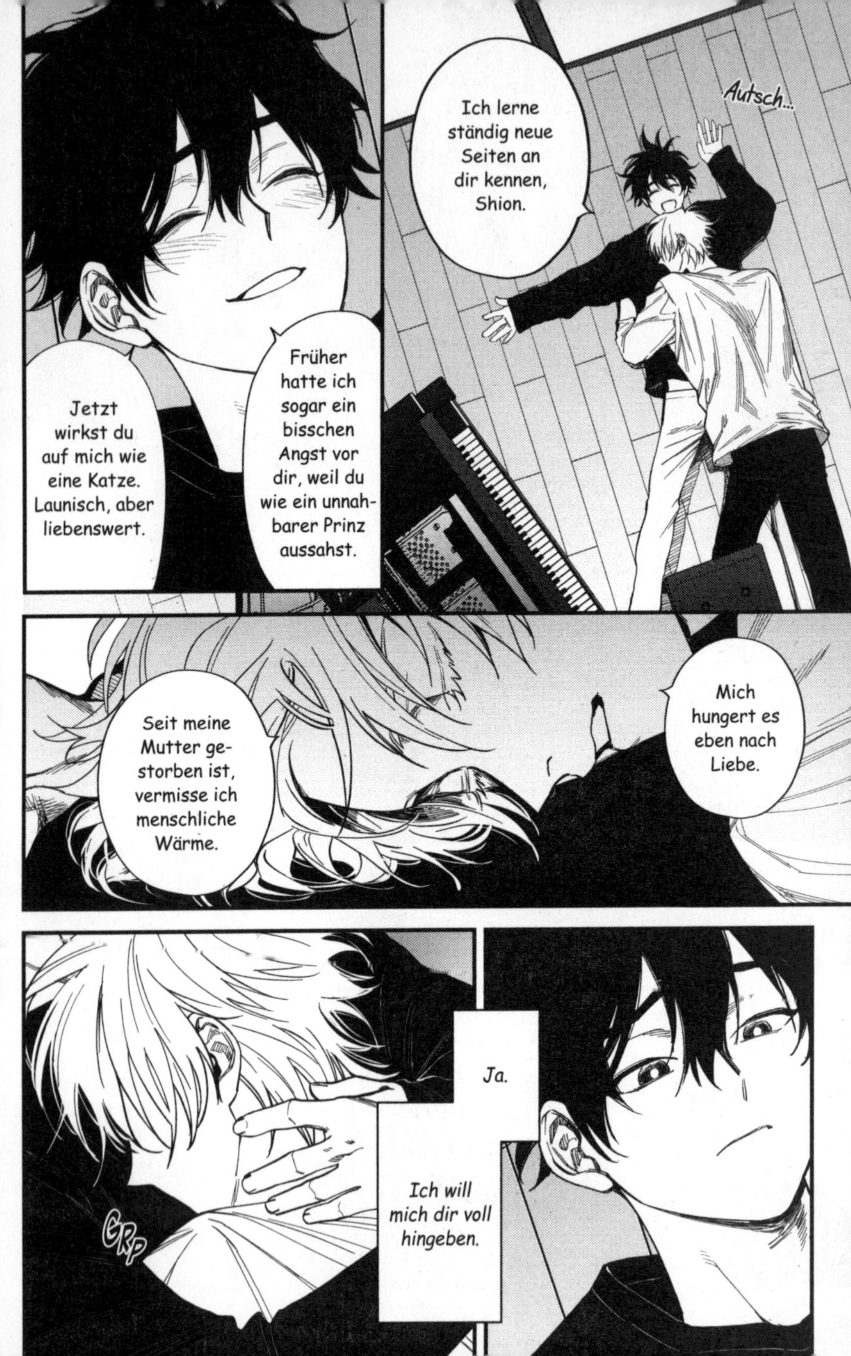
Autsch...
Ich lerne ständig neue Seiten an dir kennen, Shion.
Früher hatte ich sogar ein bisschen Angst vor dir, weil du wie ein unnahbarer Prinz aussahst.
Jetzt wirkst du auf mich wie eine Katze. Launisch, aber liebenswert.
Mich hungert es eben nach Liebe.
Seit meine Mutter gestorben ist, vermisse ich menschliche Wärme.
Ja.
Ich will mich dir voll hingeben.
GRP

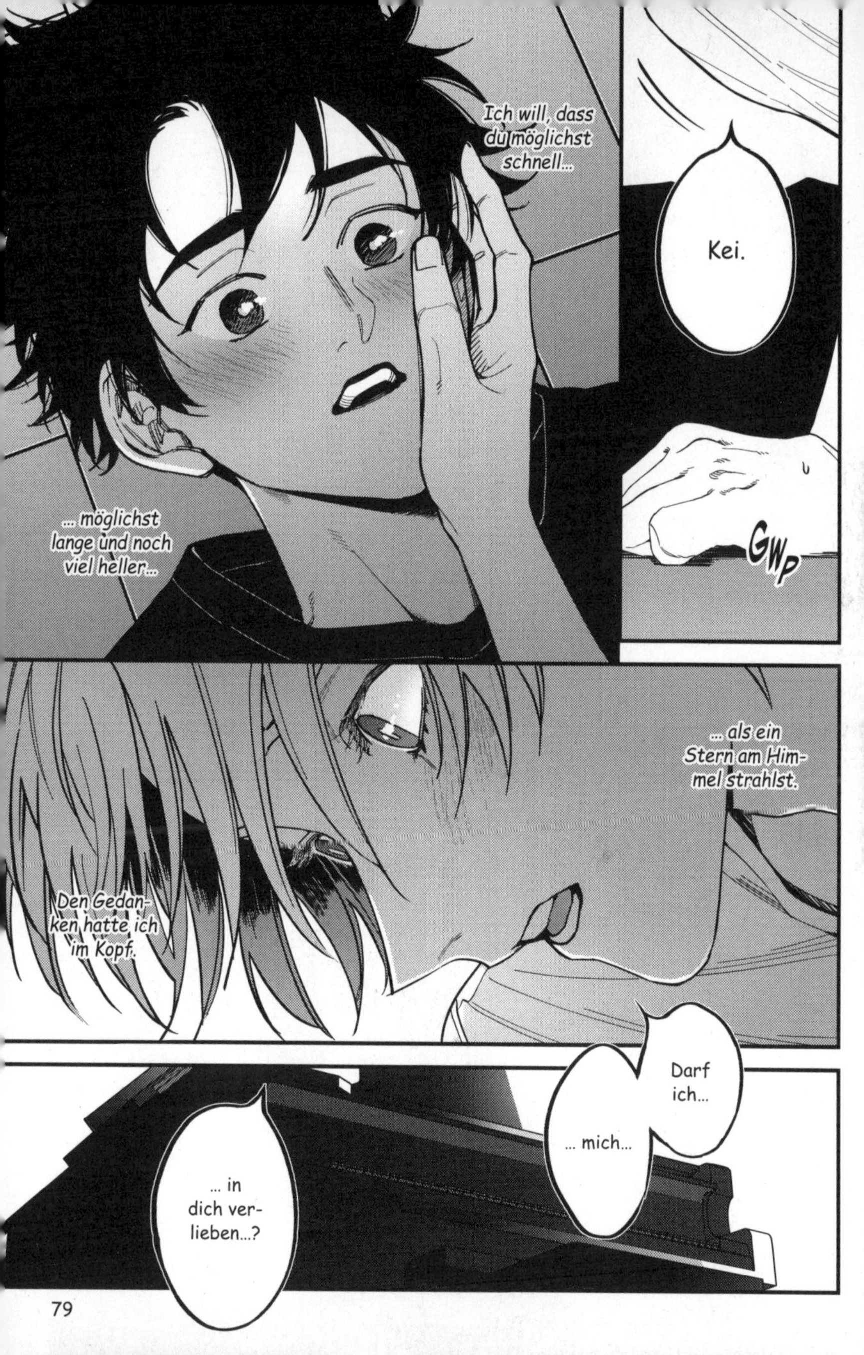
Kei.
GWP
Ich will, dass du möglichst schnell...
... möglichst lange und noch viel heller...
... als ein Stern am Himmel strahlst.
Den Gedanken hatte ich im Kopf.
Darf ich...
... mich...
... in dich verlieben...?

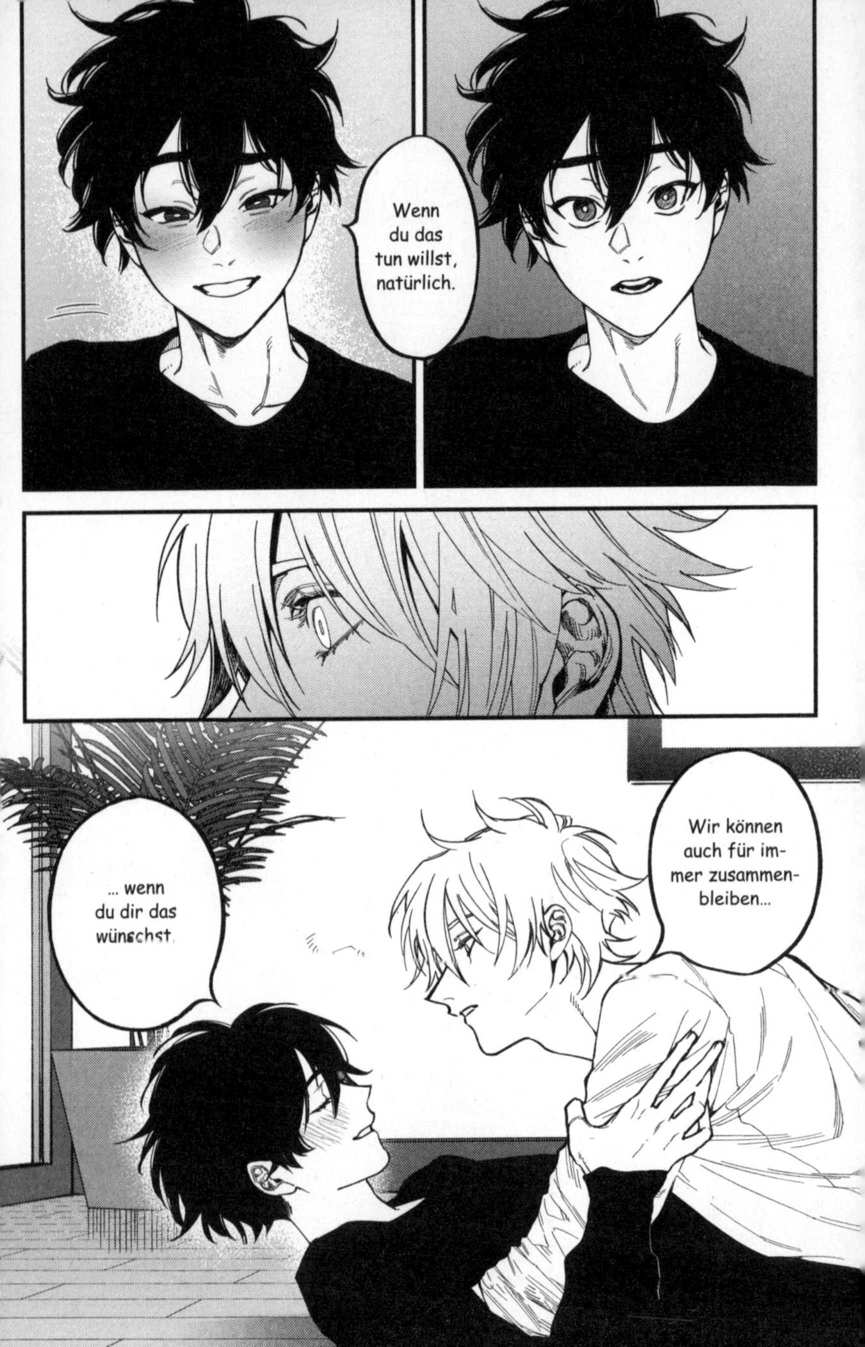
Wenn du das tun willst, natürlich.
Wir können auch für immer zusammenbleiben...
... wenn du dir das wünschst.

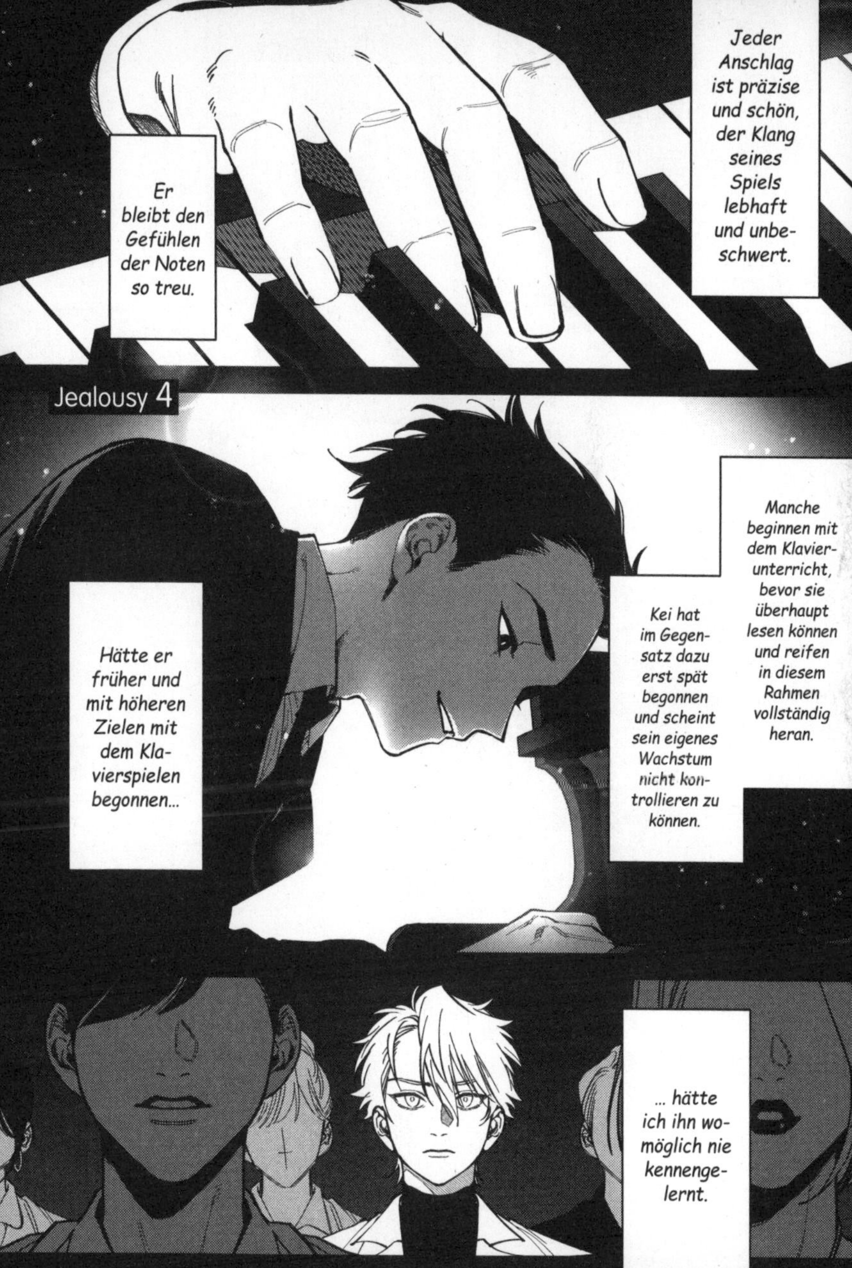
Jeder Anschlag ist präzise und schön, der Klang seines Spiels lebhaft und unbeschwert.
Er bleibt den Gefühlen der Noten so treu.
Jealousy 4
Manche beginnen mit dem Klavierunterricht, bevor sie überhaupt lesen können und reifen in diesem Rahmen vollständig heran.
Kei hat im Gegensatz dazu erst spät begonnen und scheint sein eigenes Wachstum nicht kontrollieren zu können.
Hätte er früher und mit höheren Zielen mit dem Klavierspielen begonnen...
... hätte ich ihn womöglich nie kennengelernt.

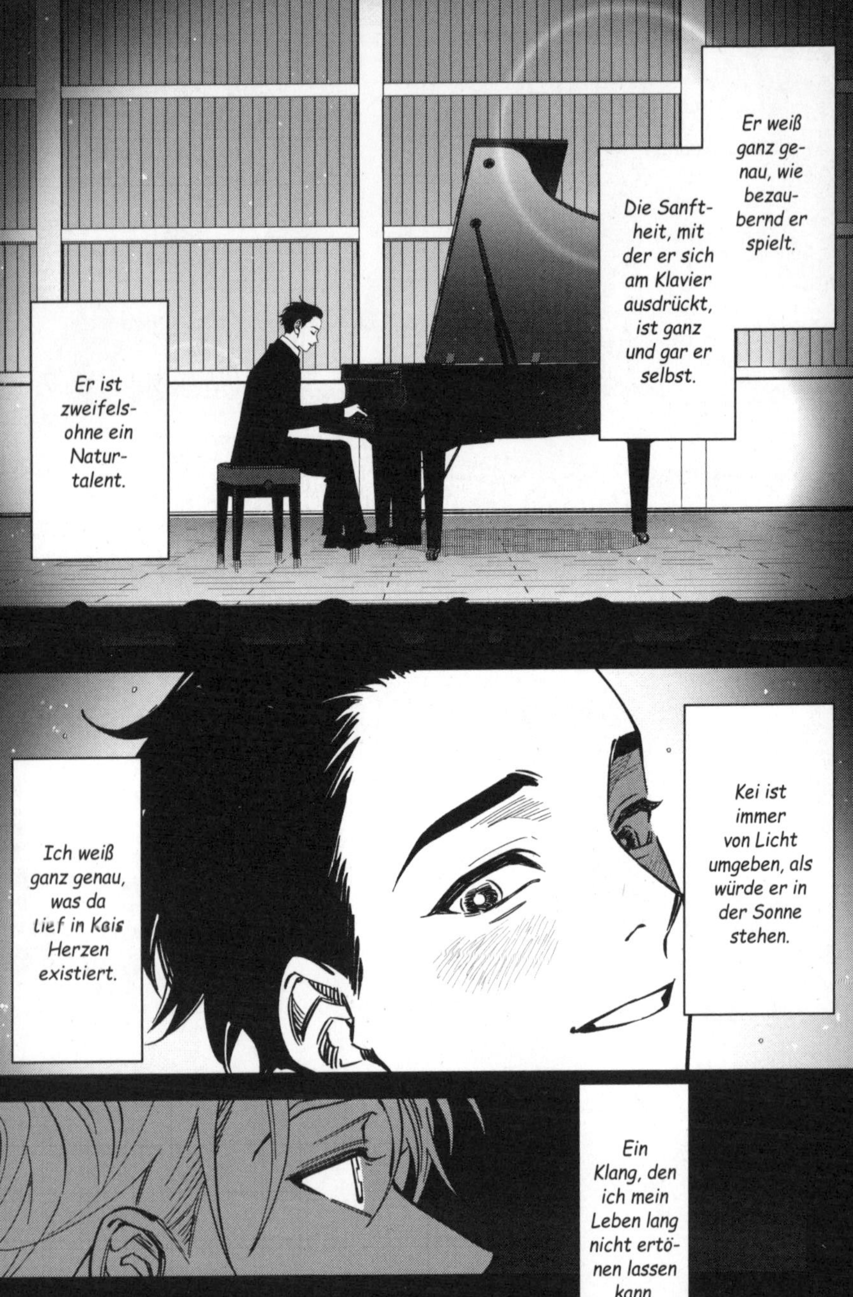

Er weiß ganz genau, wie bezaubernd er spielt.
Die Sanftheit, mit der er sich am Klavier ausdrückt, ist ganz und gar er selbst.
Er ist zweifelsohne ein Naturtalent.
Kei ist immer von Licht umgeben, als würde er in der Sonne stehen.
Ich weiß ganz genau, was da tief in Keis Herzen existiert.
Ein Klang, den ich mein Leben lang nicht ertönen lassen kann.

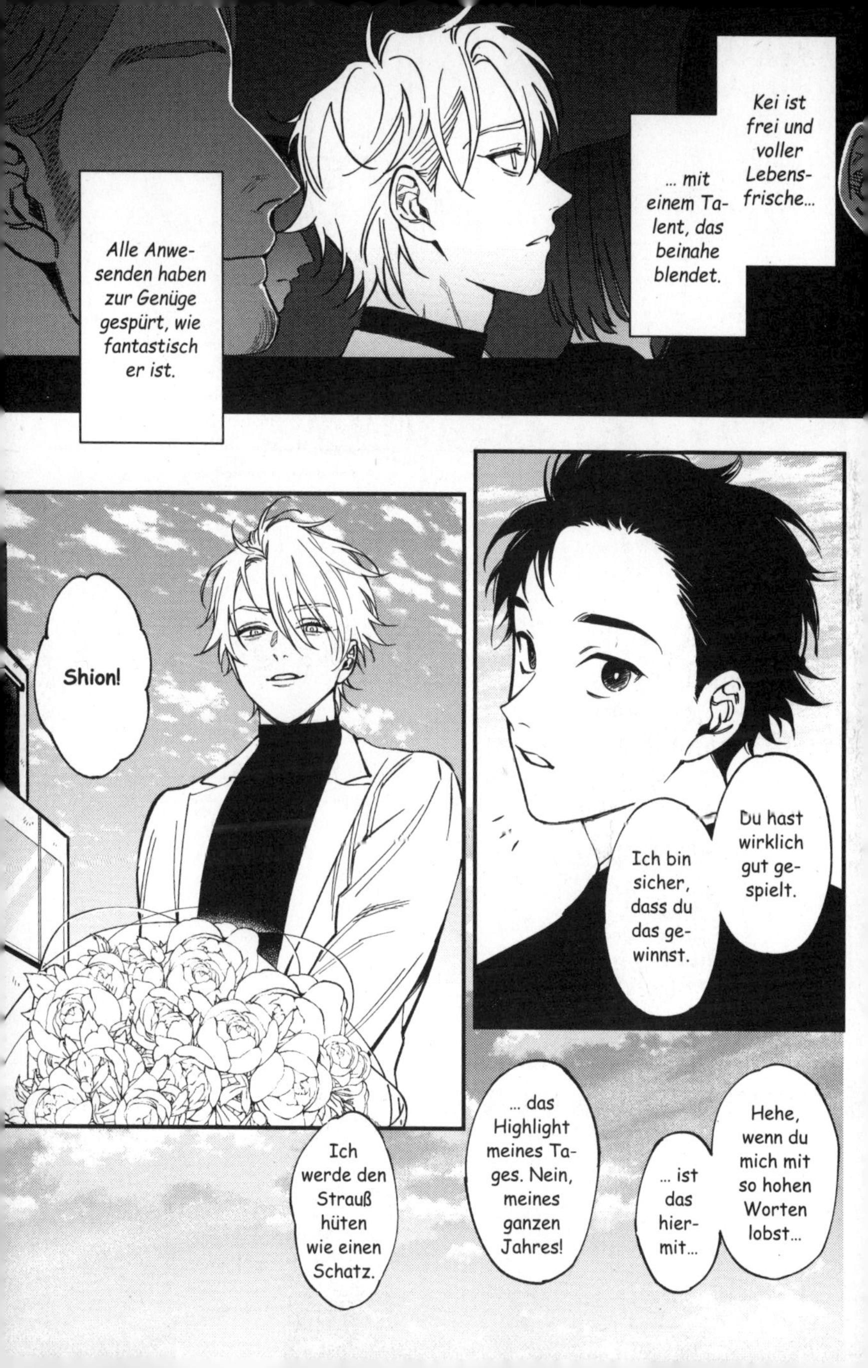

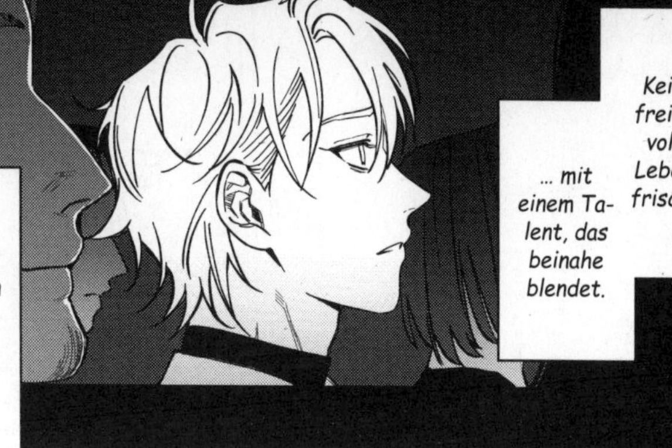
Kei ist frei und voller Lebensfrische…
… mit einem Talent, das beinahe blendet.
Alle Anwesenden haben zur Genüge gespürt, wie fantastisch er ist.

Du hast wirklich gut gespielt.
Ich bin sicher, dass du das gewinnst.
Shion!
Hehe, wenn du mich mit so hohen Worten lobst…
… ist das hiermit…
… das Highlight meines Tages. Nein, meines ganzen Jahres!
Ich werde den Strauß hüten wie einen Schatz.

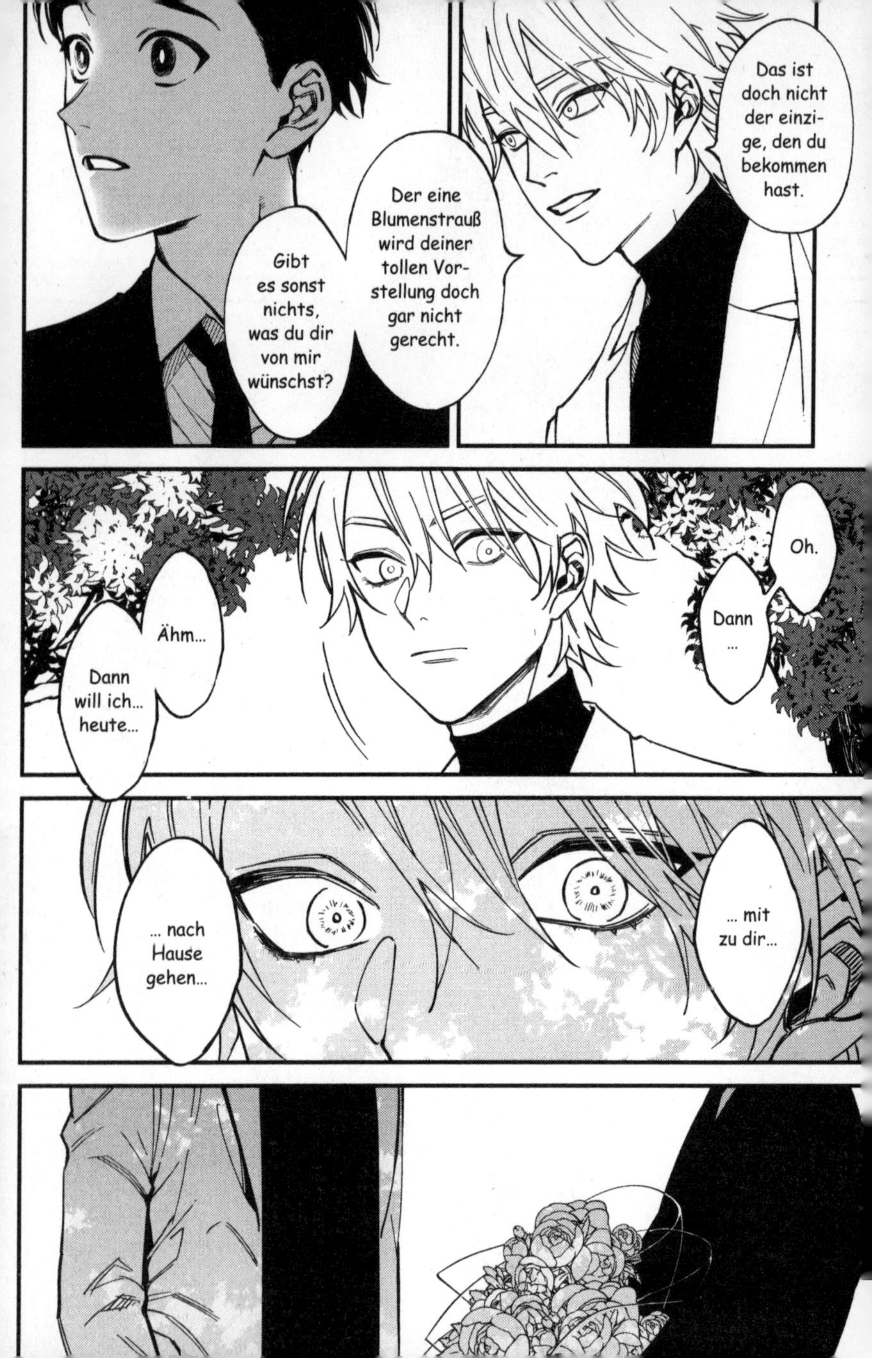
Das ist doch nicht der einzige, den du bekommen hast.
Der eine Blumenstrauß wird deiner tollen Vorstellung doch gar nicht gerecht.
Gibt es sonst nichts, was du dir von mir wünschst?
Oh.
Dann ...
Ähm...
Dann will ich... heute...
... mit zu dir...
... nach Hause gehen...

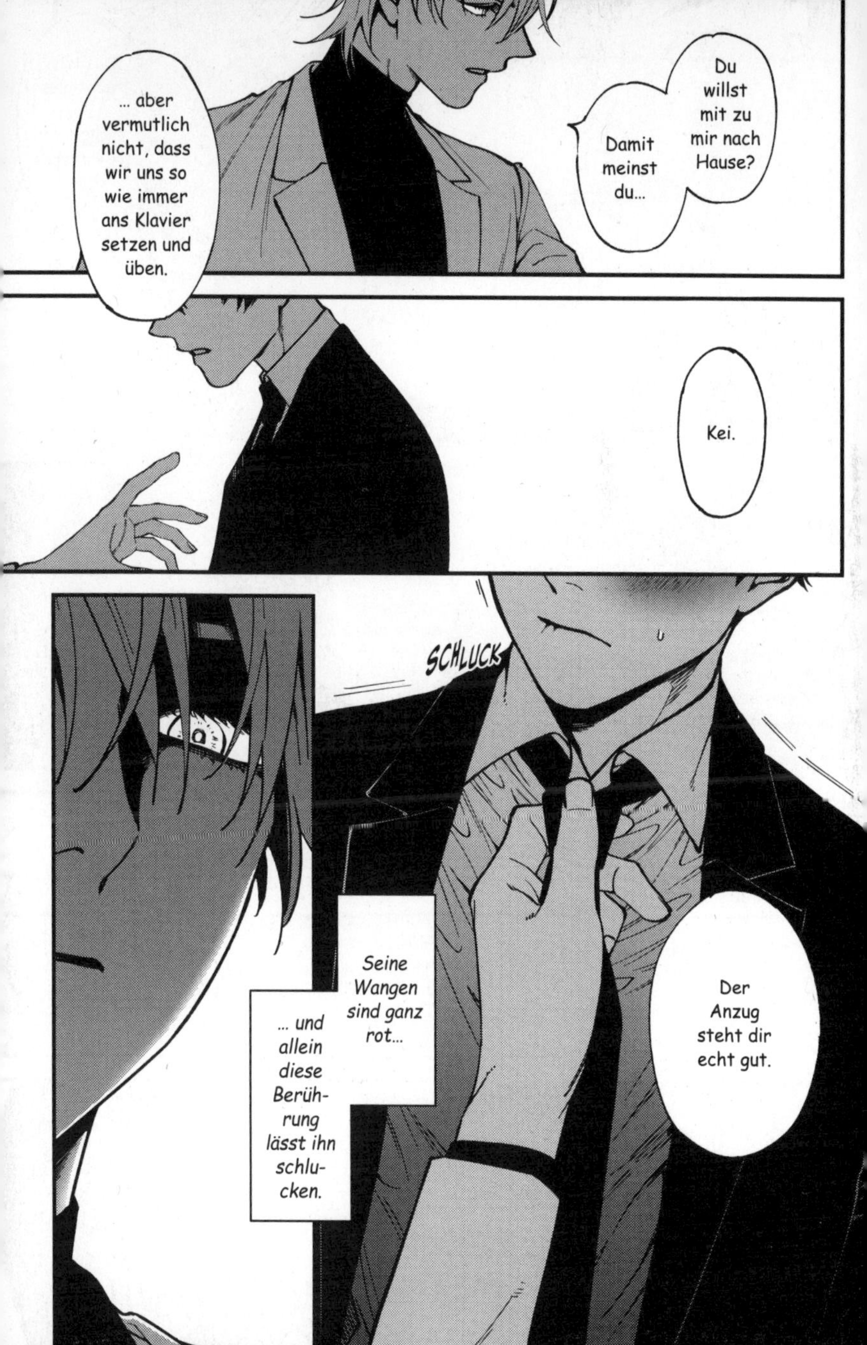
Du willst mit zu mir nach Hause?
Damit meinst du...
... aber vermutlich nicht, dass wir uns so wie immer ans Klavier setzen und üben.
Kei.
SCHLUCK
Der Anzug steht dir echt gut.
Seine Wangen sind ganz rot...
... und allein diese Berührung lässt ihn schlucken.

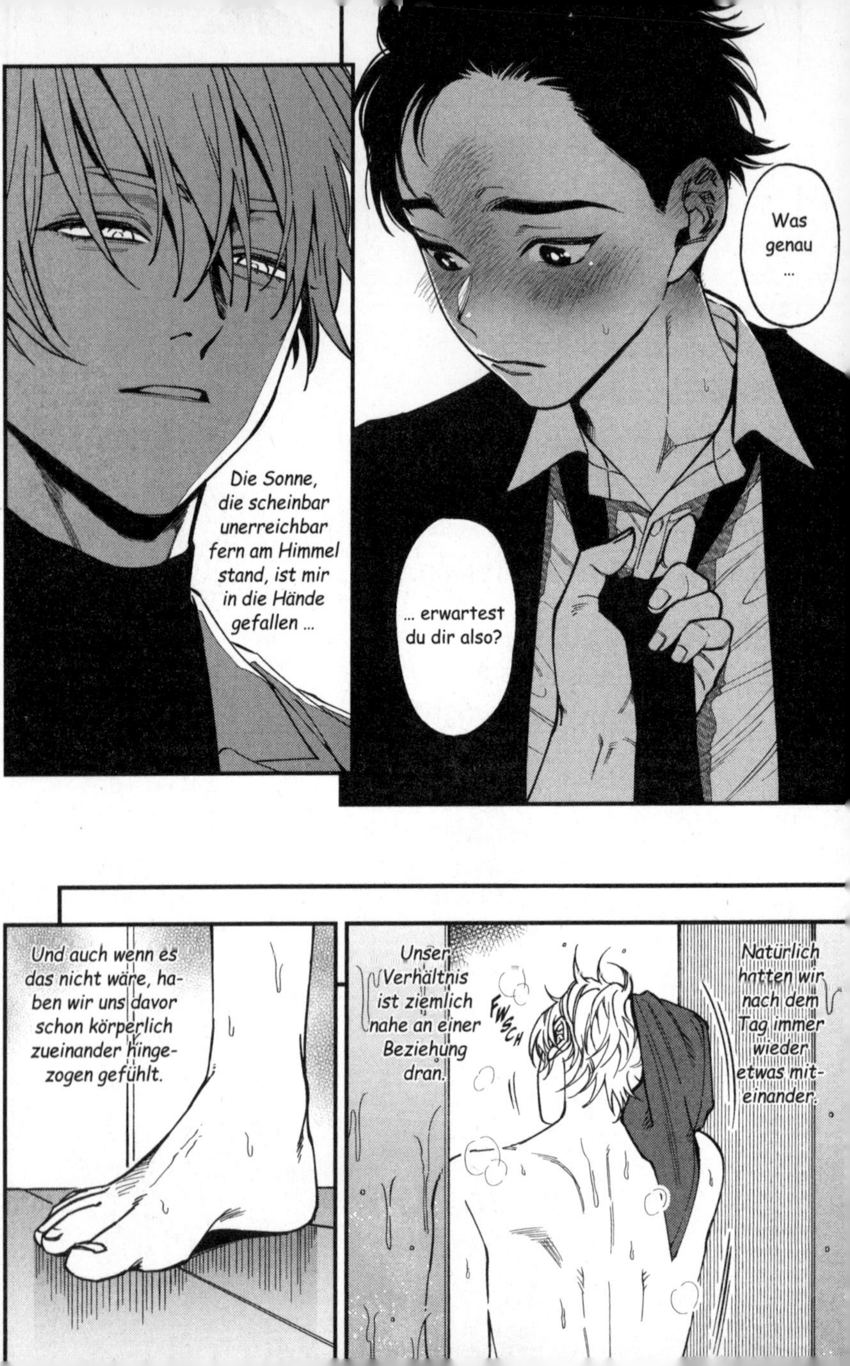

Was genau ...

... erwartest du dir also?

Die Sonne, die scheinbar unerreichbar fern am Himmel stand, ist mir in die Hände gefallen ...

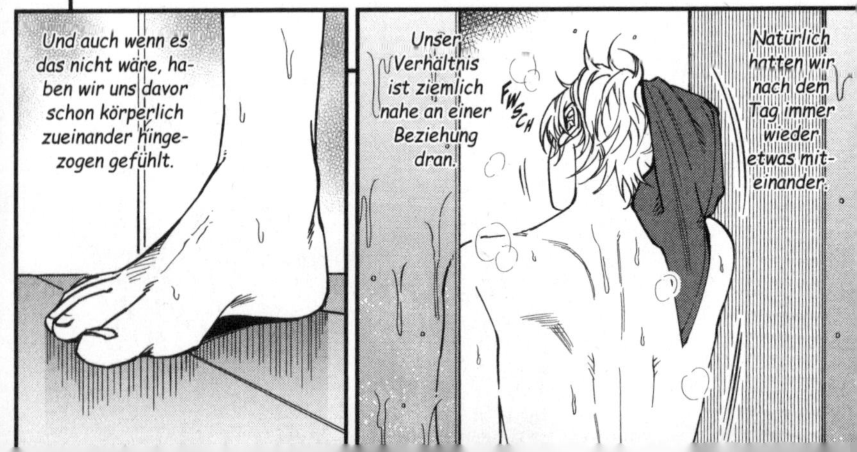

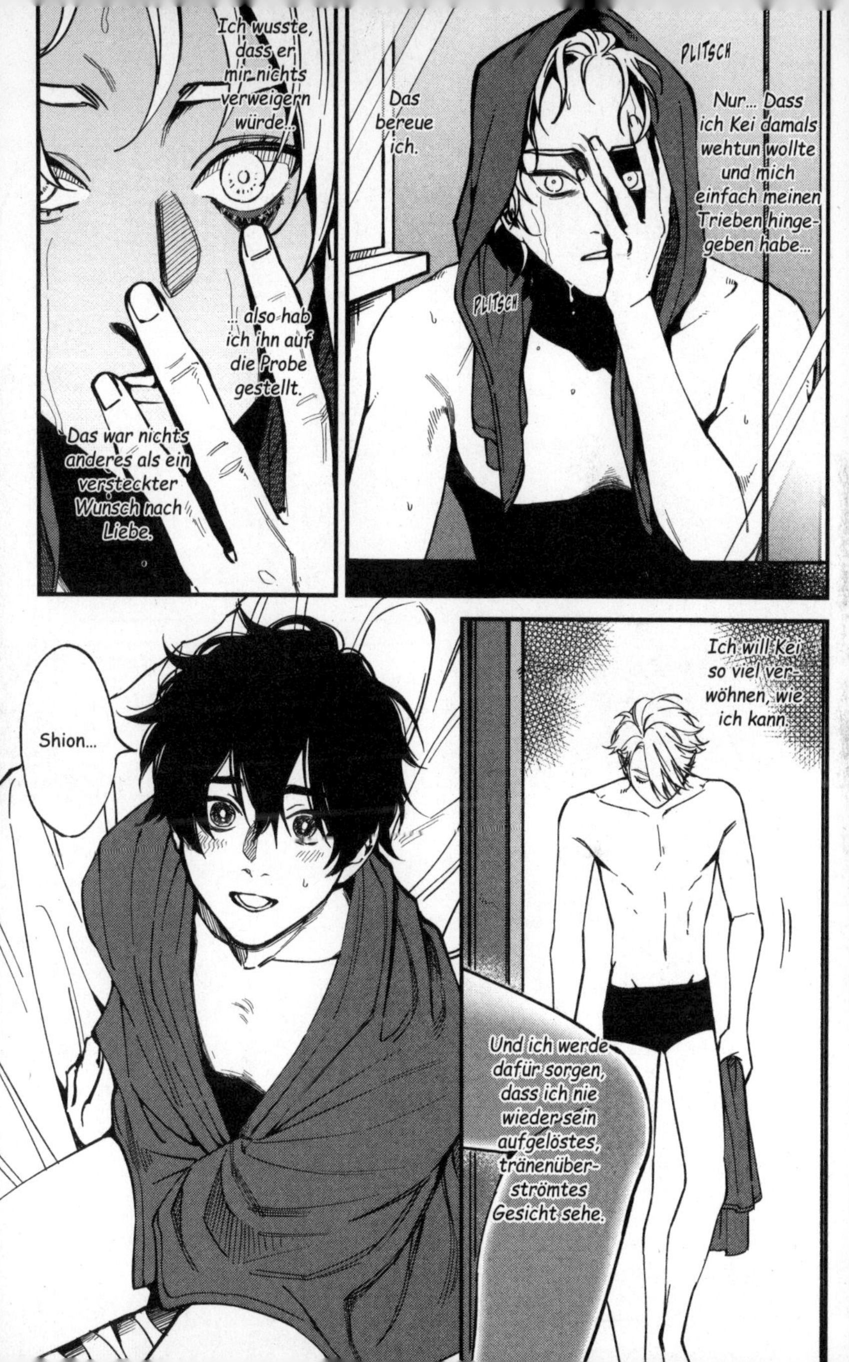
PLITSCH
Nur... Dass ich Kei damals wehtun wollte und mich einfach meinen Trieben hingegeben habe...
PLITSCH
Das bereue ich.
Ich wusste, dass er mir nichts verweigern würde...
... also hab ich ihn auf die Probe gestellt.
Das war nichts anderes als ein versteckter Wunsch nach Liebe.
Ich will Kei so viel verwöhnen, wie ich kann.
Und ich werde dafür sorgen, dass ich nie wieder sein aufgelöstes, tränenüberströmtes Gesicht sehe.
Shion...

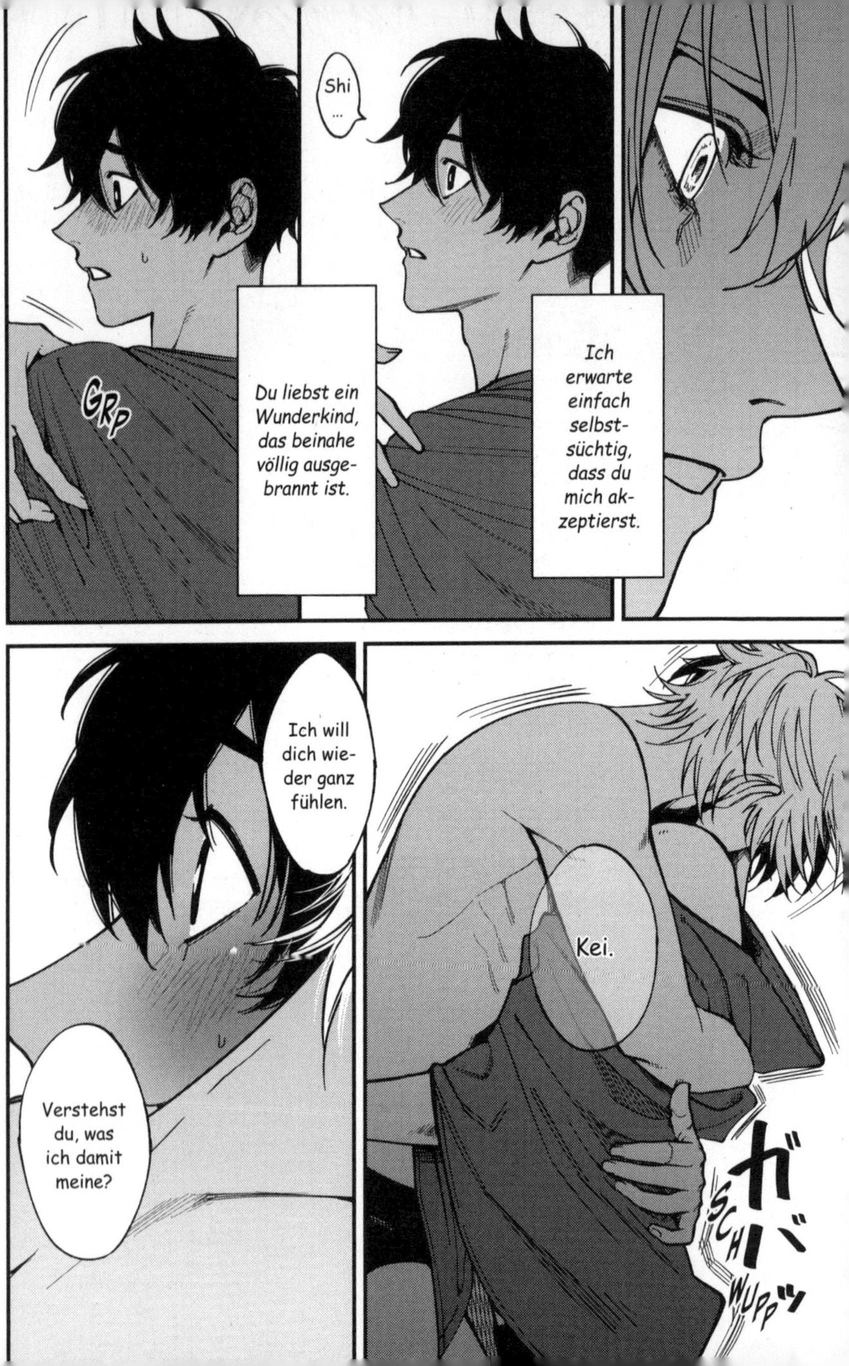

Ich erwarte einfach selbstsüchtig, dass du mich akzeptierst.

Shi ...

Du liebst ein Wunderkind, das beinahe völlig ausgebrannt ist.

GRP

Kei.

ガバッ

SCHWUPP

Ich will dich wieder ganz fühlen.

Verstehst du, was ich damit meine?

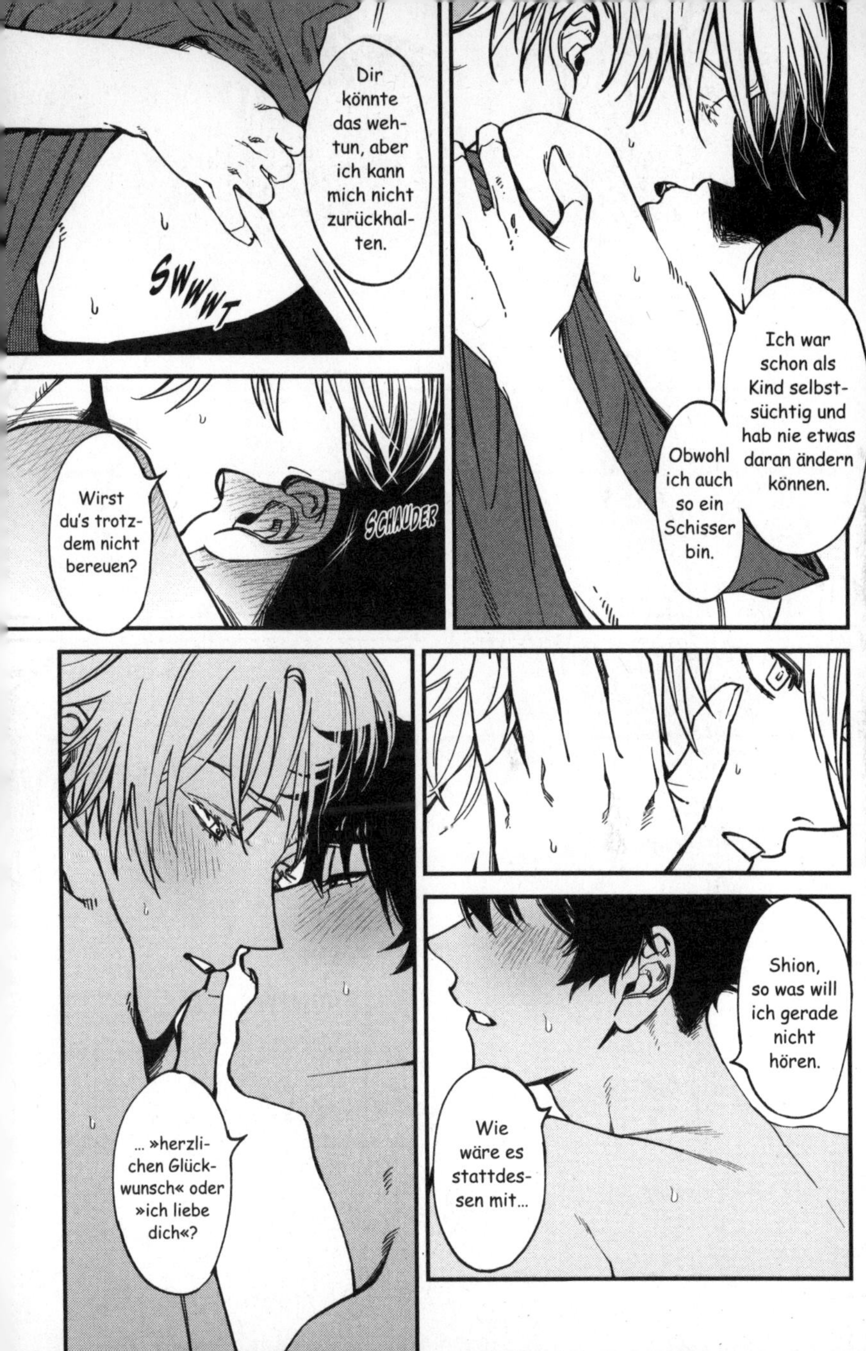
Ich war schon als Kind selbstsüchtig und hab nie etwas daran ändern können.
Obwohl ich auch so ein Schisser bin.
Dir könnte das wehtun, aber ich kann mich nicht zurückhalten.
SWWWT
SCHAUDER
Wirst du's trotzdem nicht bereuen?
Shion, so was will ich gerade nicht hören.
Wie wäre es stattdessen mit...
... »herzlichen Glückwunsch« oder »ich liebe dich«?

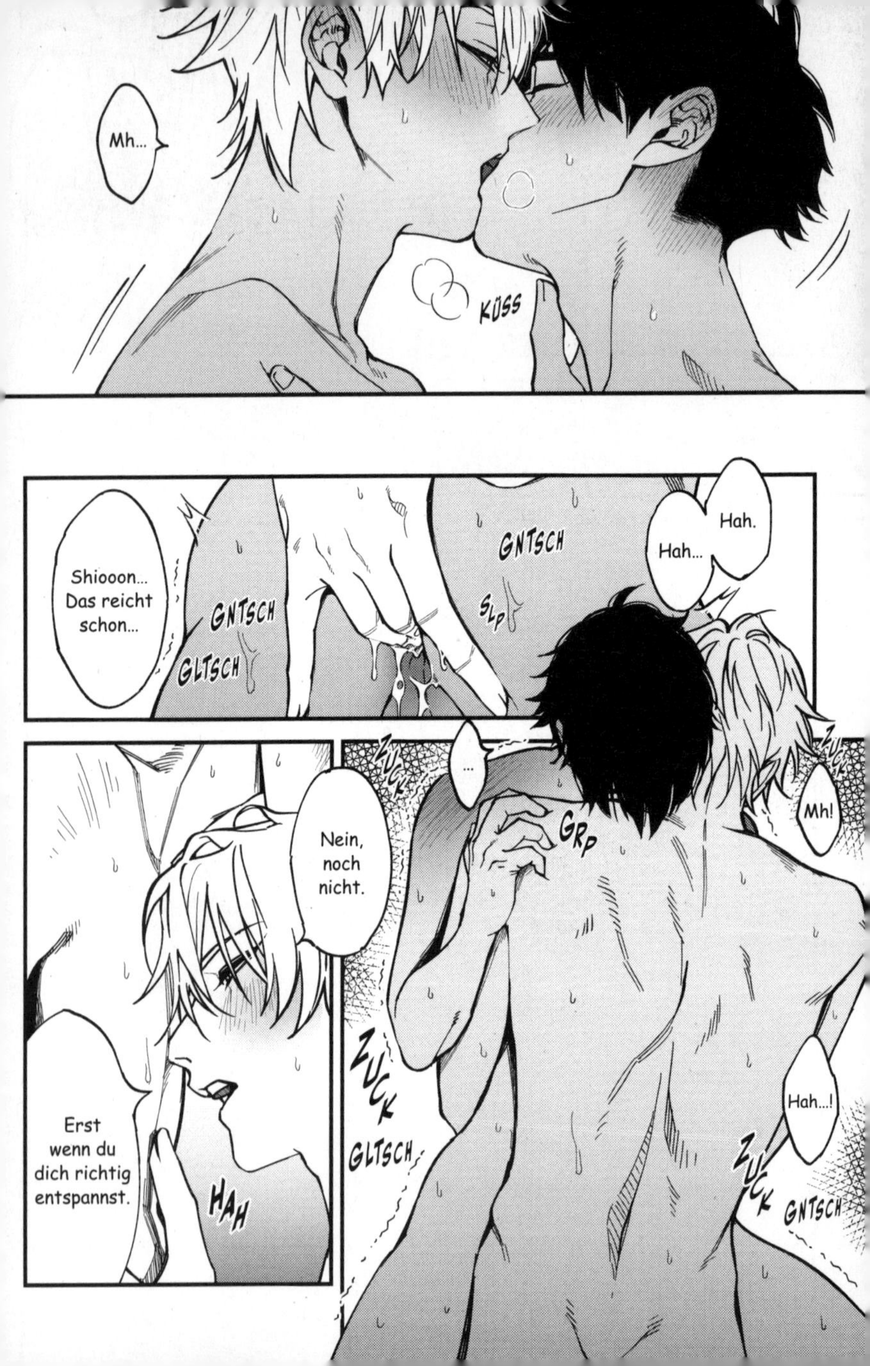

Mh...
KÜSS
Hah.
Hah...
GNTSCH
SLP
GNTSCH
GLTSCH
Shiooon... Das reicht schon...
...
ZUCK
Mh!
GRP
ZUCK
GLTSCH
Hah...!
ZUCK
GNTSCH
Nein, noch nicht.
Erst wenn du dich richtig entspannst.
HAH

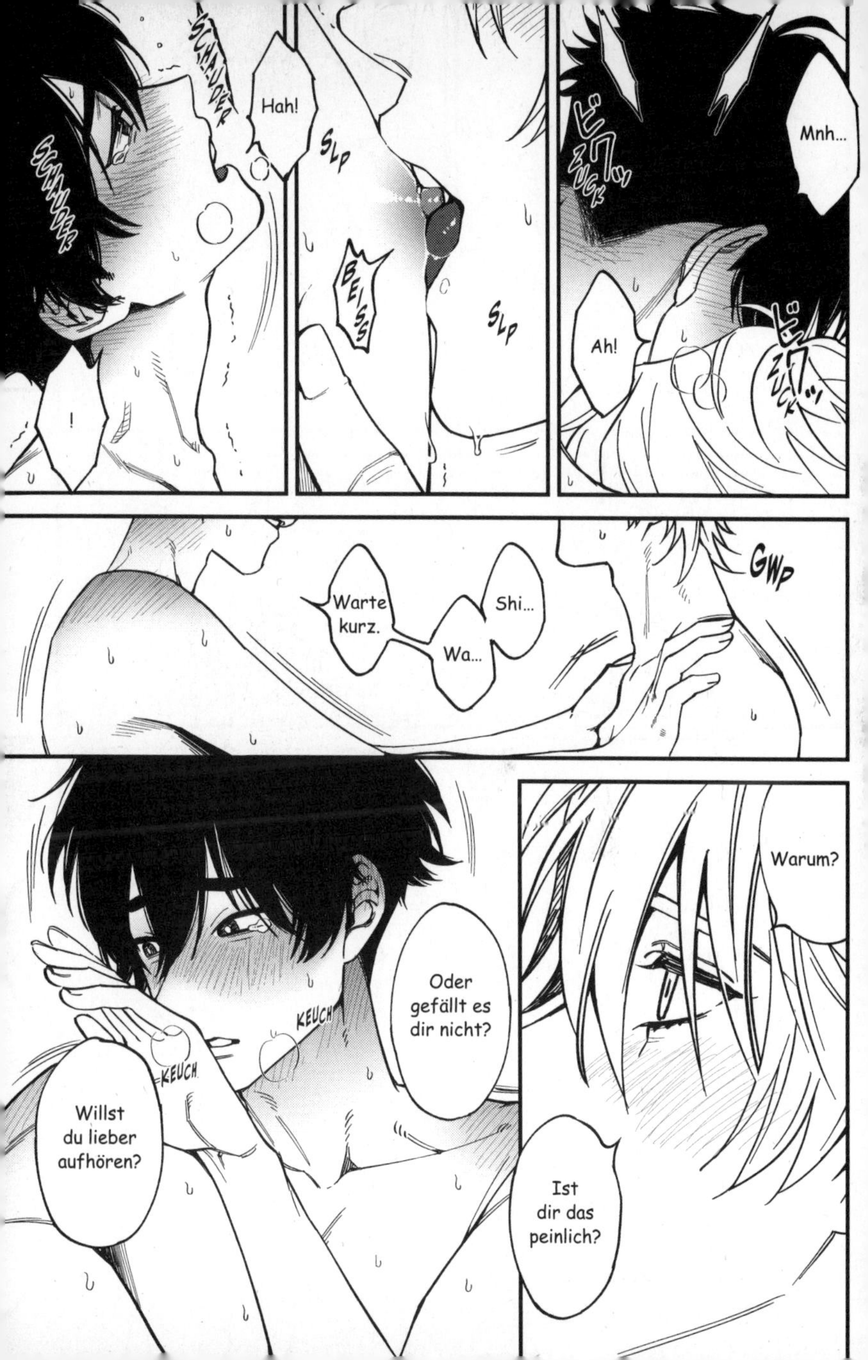
Mnh...
ビクッ
ZUCK
Ah!
ビクッ
ZUCK
SLP
BEISS
SLP
SCHAUDER
Hah!
SCHAUDER
!
GWP
Shi...
Wa...
Warte kurz.
Warum?
Ist dir das peinlich?
Oder gefällt es dir nicht?
KEUCH
Willst du lieber aufhören?
KEUCH

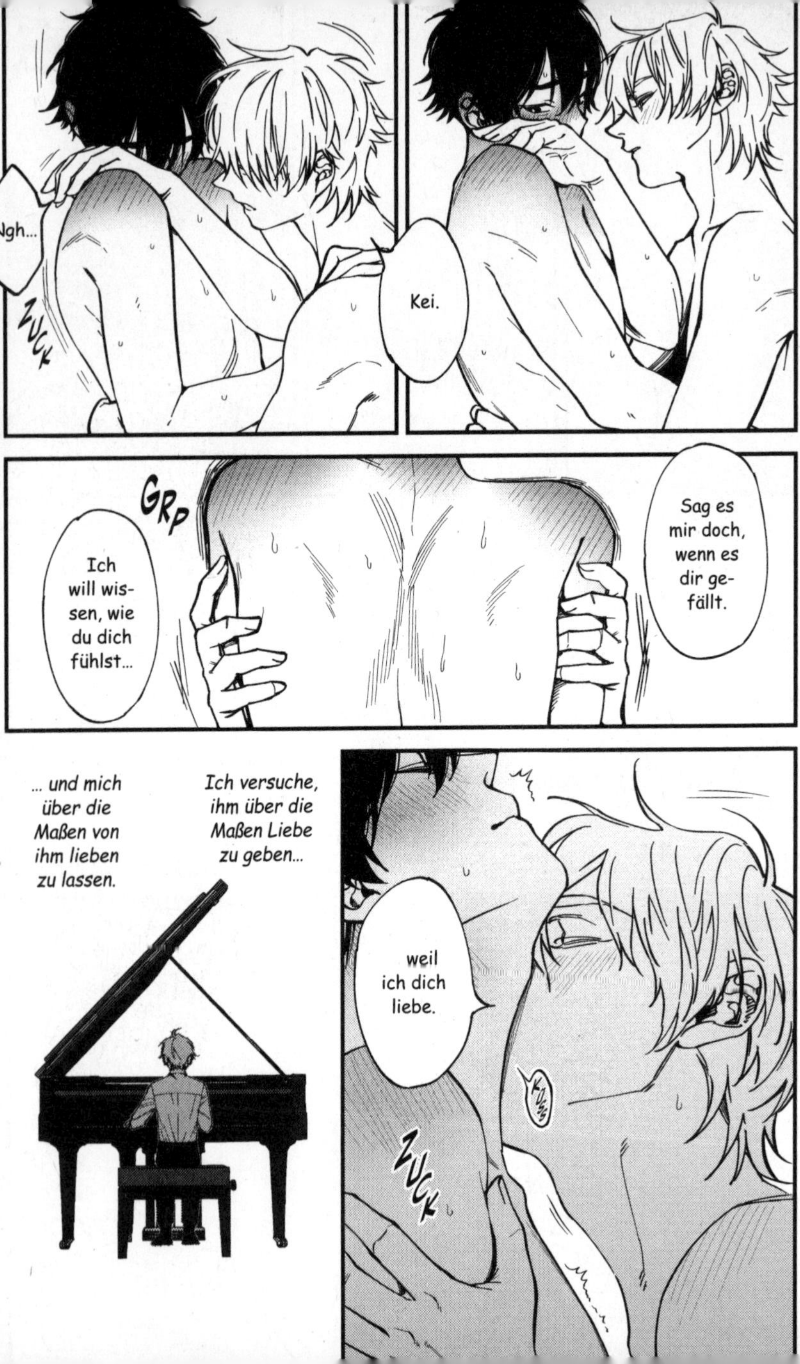

Kei.

Ngh...

ZUCK

Sag es mir doch, wenn es dir gefällt.

GRP

Ich will wissen, wie du dich fühlst...

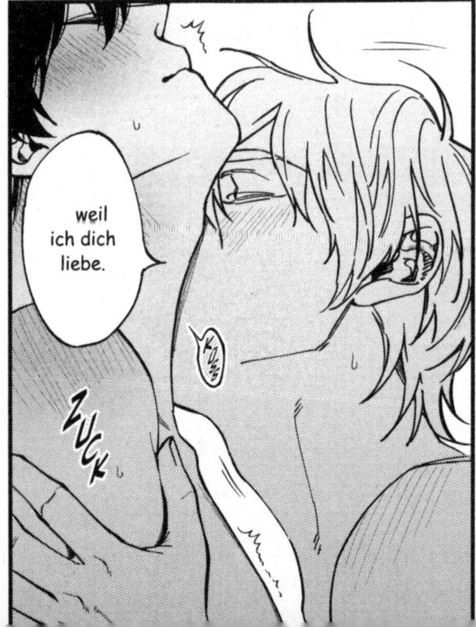

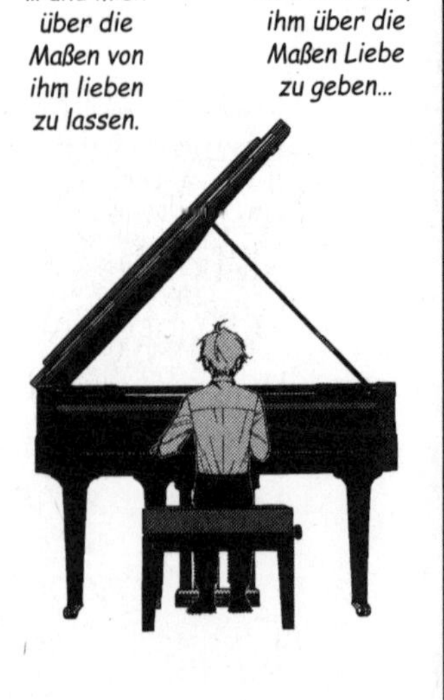

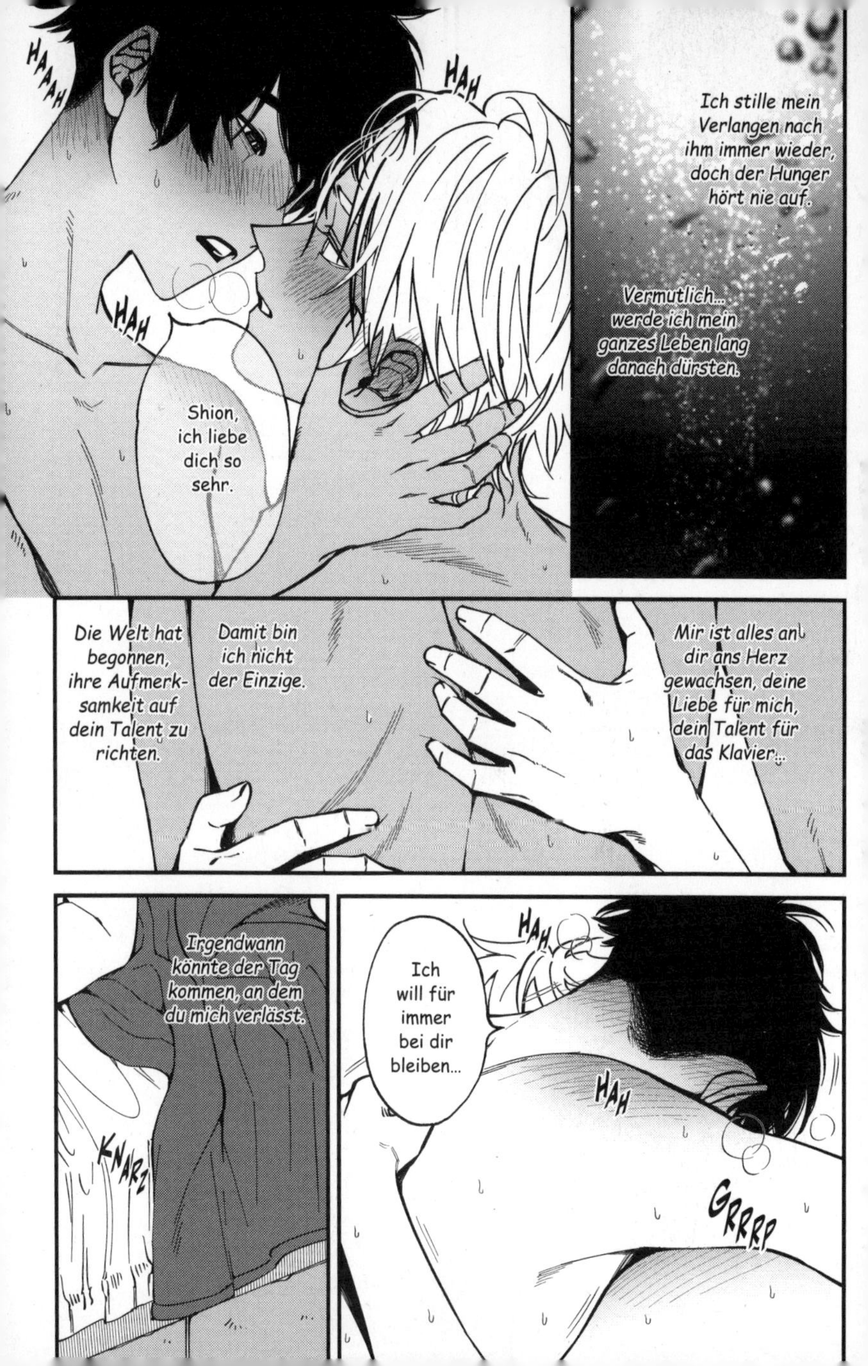

Ich stille mein Verlangen nach ihm immer wieder, doch der Hunger hört nie auf.

Vermutlich... werde ich mein ganzes Leben lang danach dürsten.

HAH

HAAAH

HAH

Shion, ich liebe dich so sehr.

Mir ist alles an dir ans Herz gewachsen, deine Liebe für mich, dein Talent für das Klavier...

Die Welt hat begonnen, ihre Aufmerksamkeit auf dein Talent zu richten.

Damit bin ich nicht der Einzige.

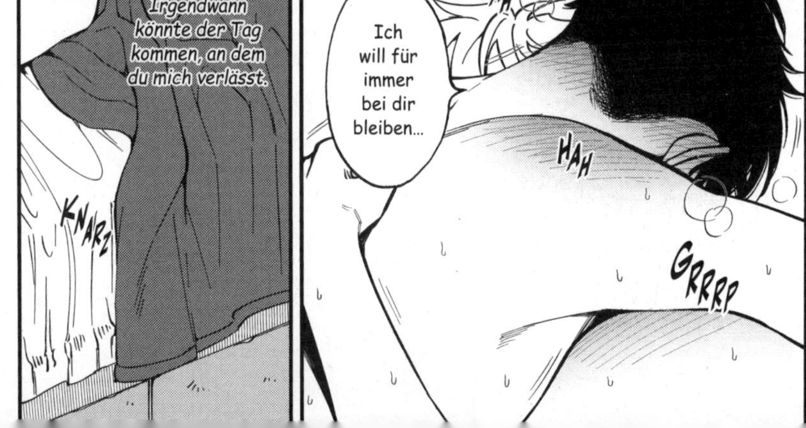

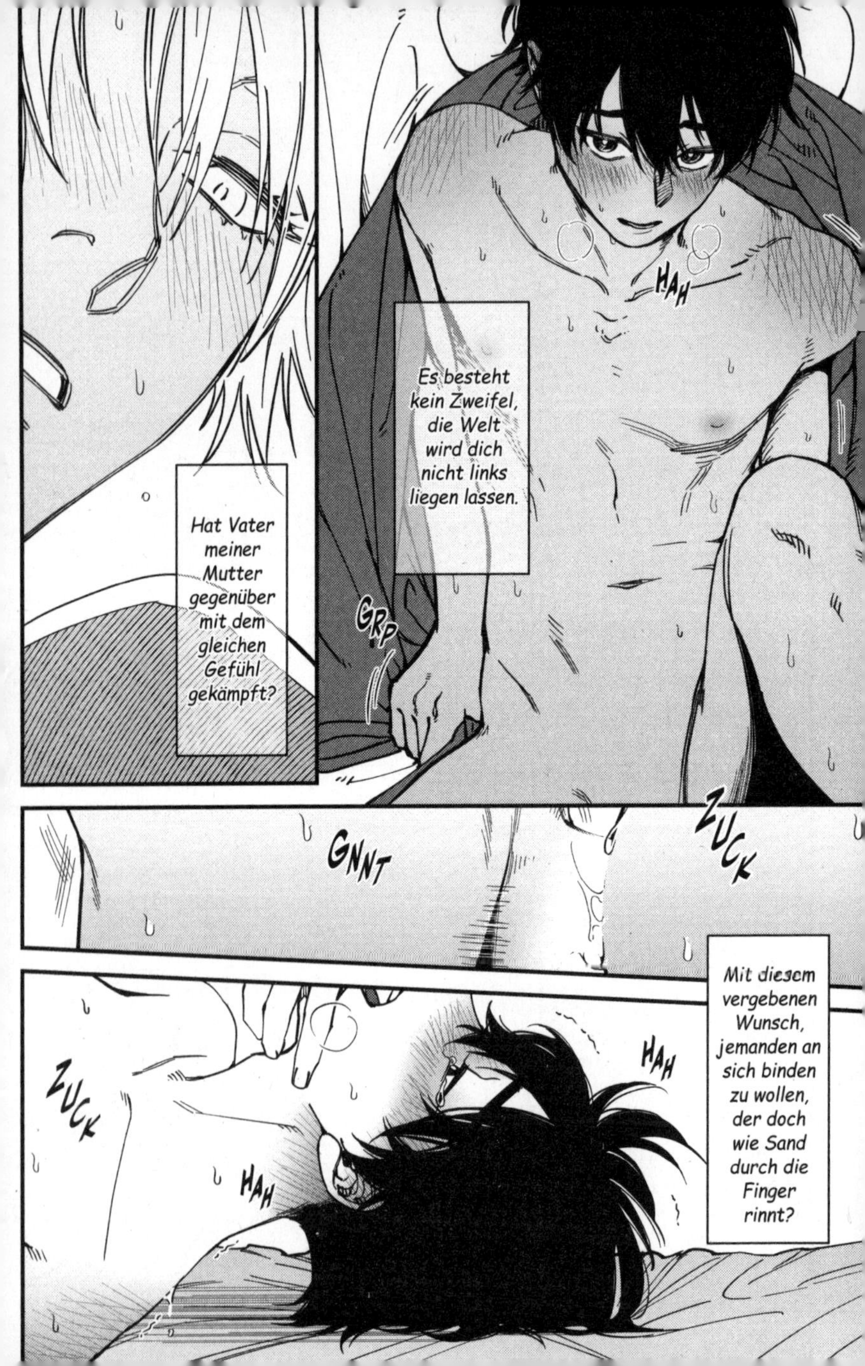
HAH
Es besteht kein Zweifel, die Welt wird dich nicht links liegen lassen.
GRP
Hat Vater meiner Mutter gegenüber mit dem gleichen Gefühl gekämpft?
ZUCK
GNNT
Mit diesem vergebenen Wunsch, jemanden an sich binden zu wollen, der doch wie Sand durch die Finger rinnt?
HAH
ZUCK
HAH

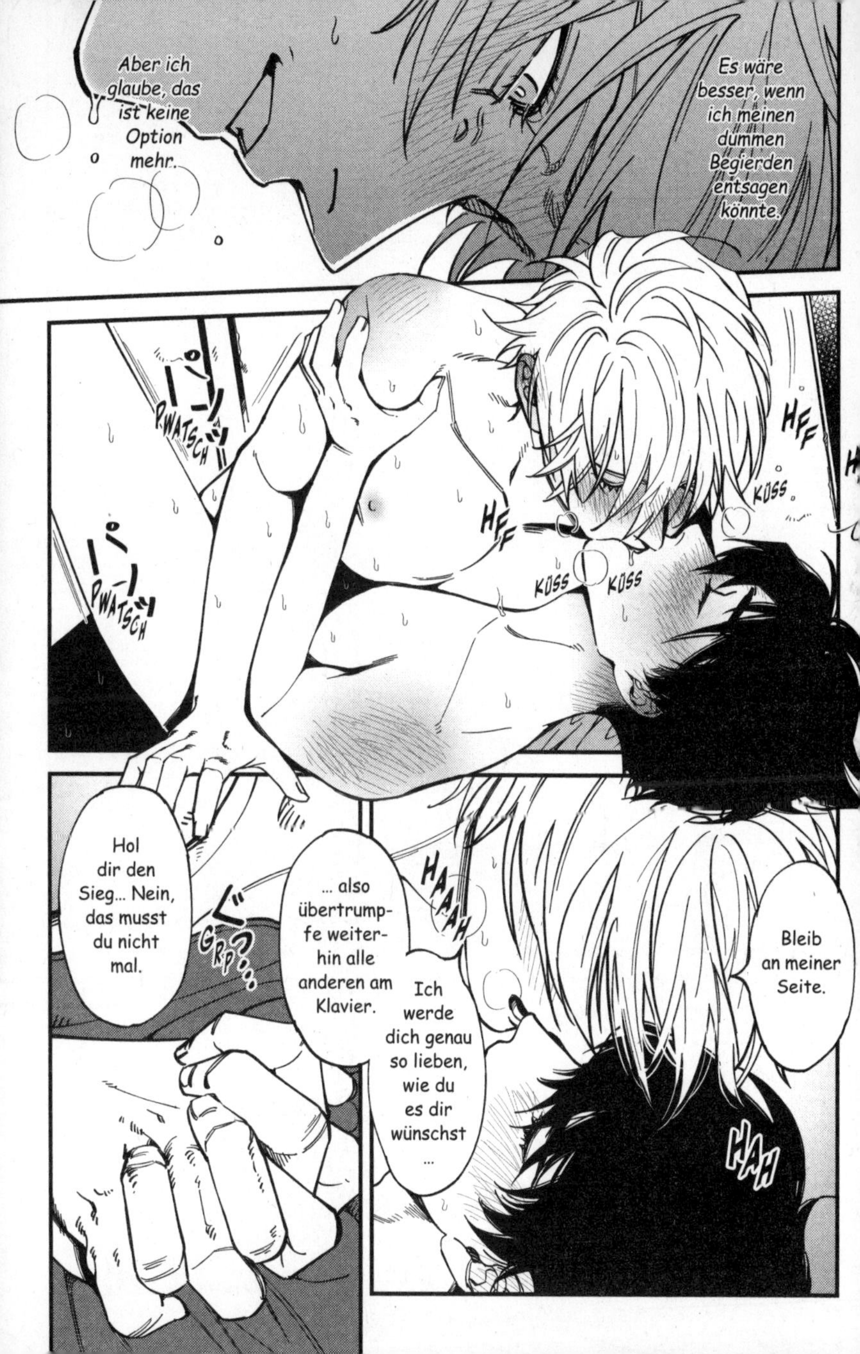
Es wäre besser, wenn ich meinen dummen Begierden entsagen könnte.
Aber ich glaube, das ist keine Option mehr.
HFF
KÜSS
HFF
KÜSS
KÜSS
PWATSCH
PWATSCH
Bleib an meiner Seite.
HAAAH
HAH
Ich werde dich genau so lieben, wie du es dir wünschst ...
... also übertrumpfe weiterhin alle anderen am Klavier.
Hol dir den Sieg... Nein, das musst du nicht mal.
GRP

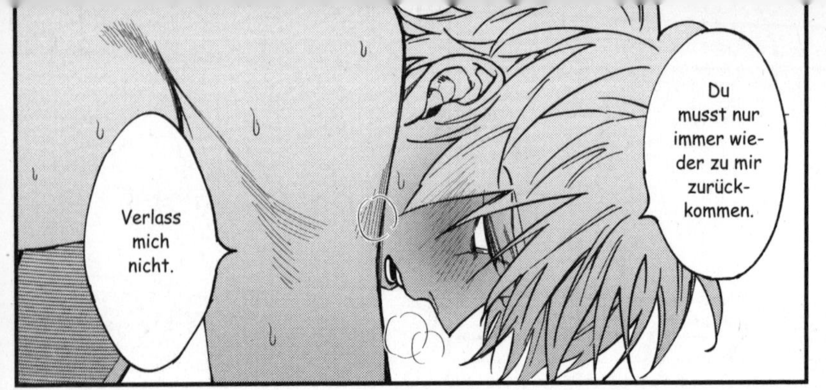

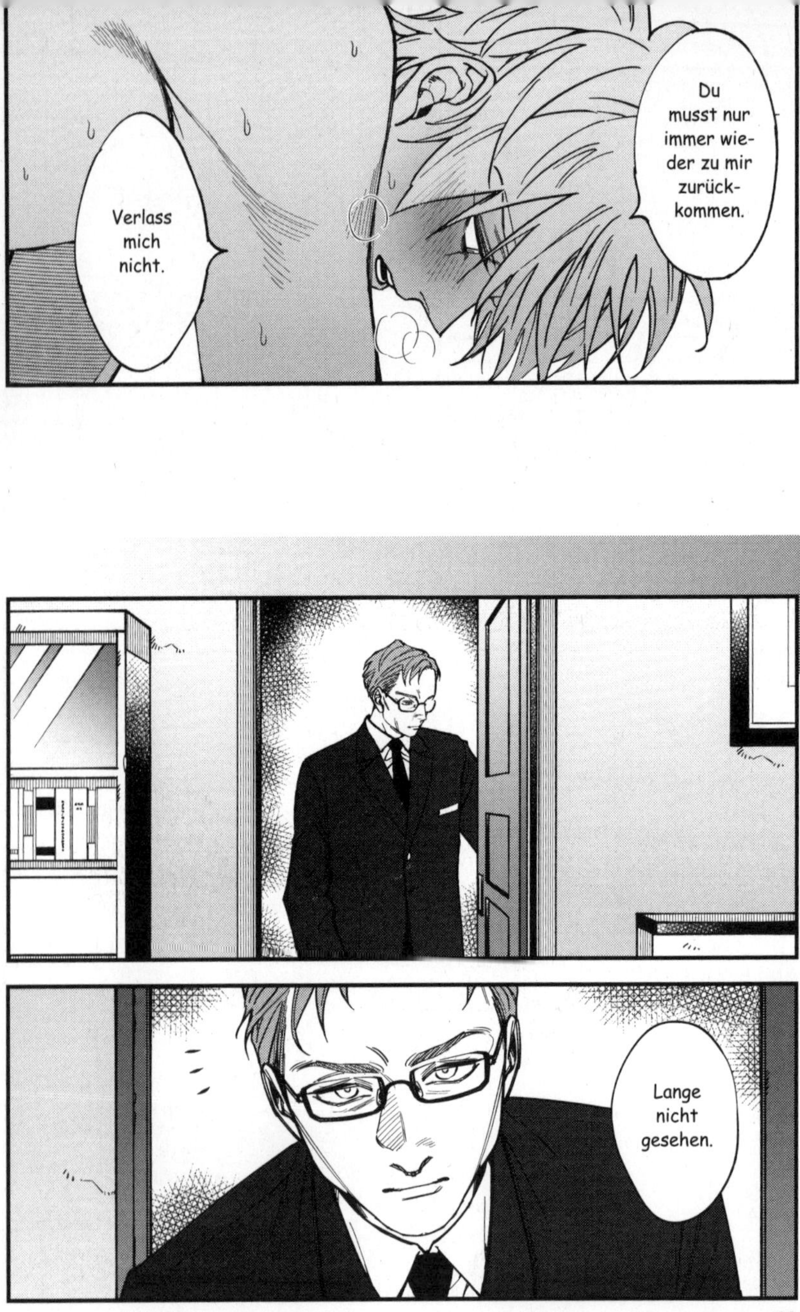

Lange nicht gesehen.

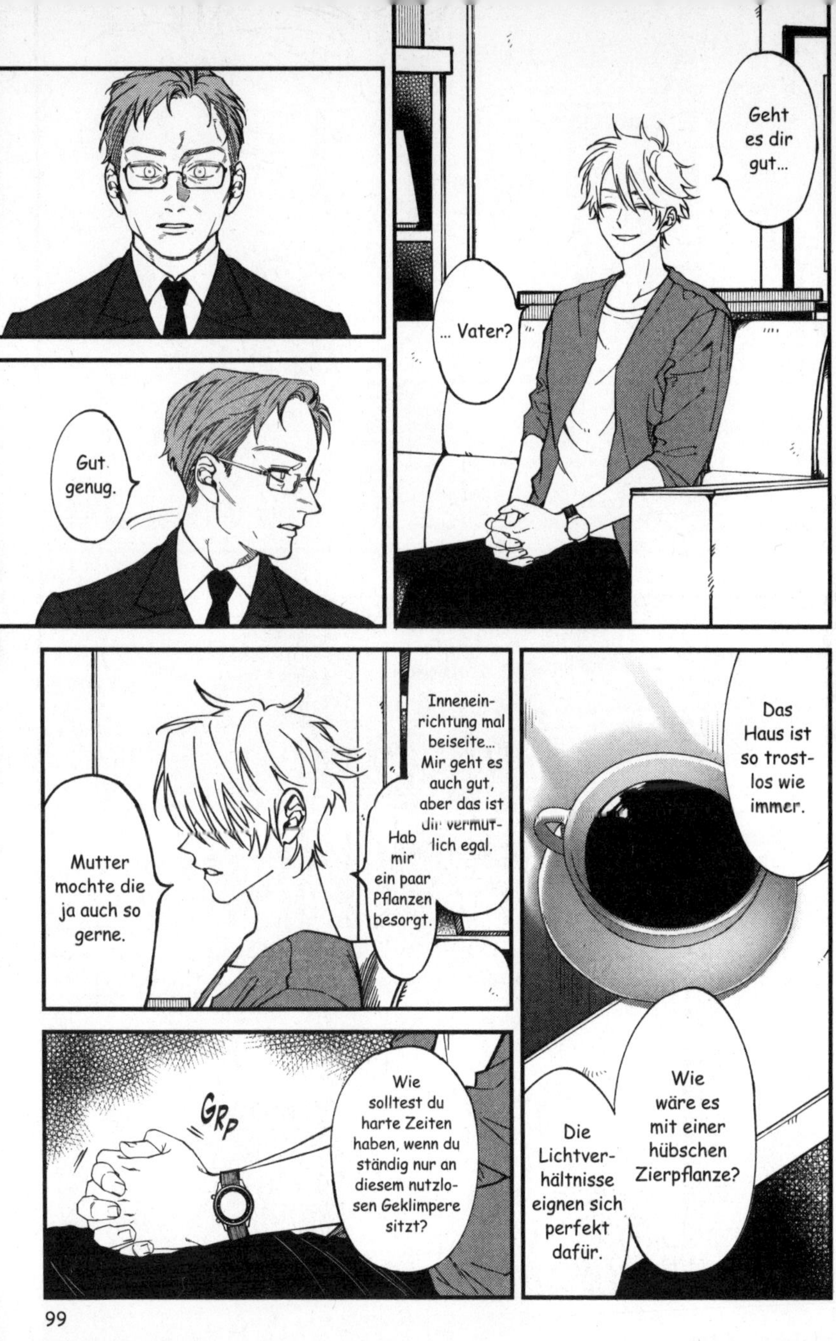

Geht es dir gut...

... Vater?

Gut genug.

Das Haus ist so trostlos wie immer.

Wie wäre es mit einer hübschen Zierpflanze?

Die Lichtverhältnisse eignen sich perfekt dafür.

Inneneinrichtung mal beiseite... Mir geht es auch gut, aber das ist dir vermutlich egal.

Hab mir ein paar Pflanzen besorgt.

Mutter mochte die ja auch so gerne.

GRP

Wie solltest du harte Zeiten haben, wenn du ständig nur an diesem nutzlosen Geklimpere sitzt?

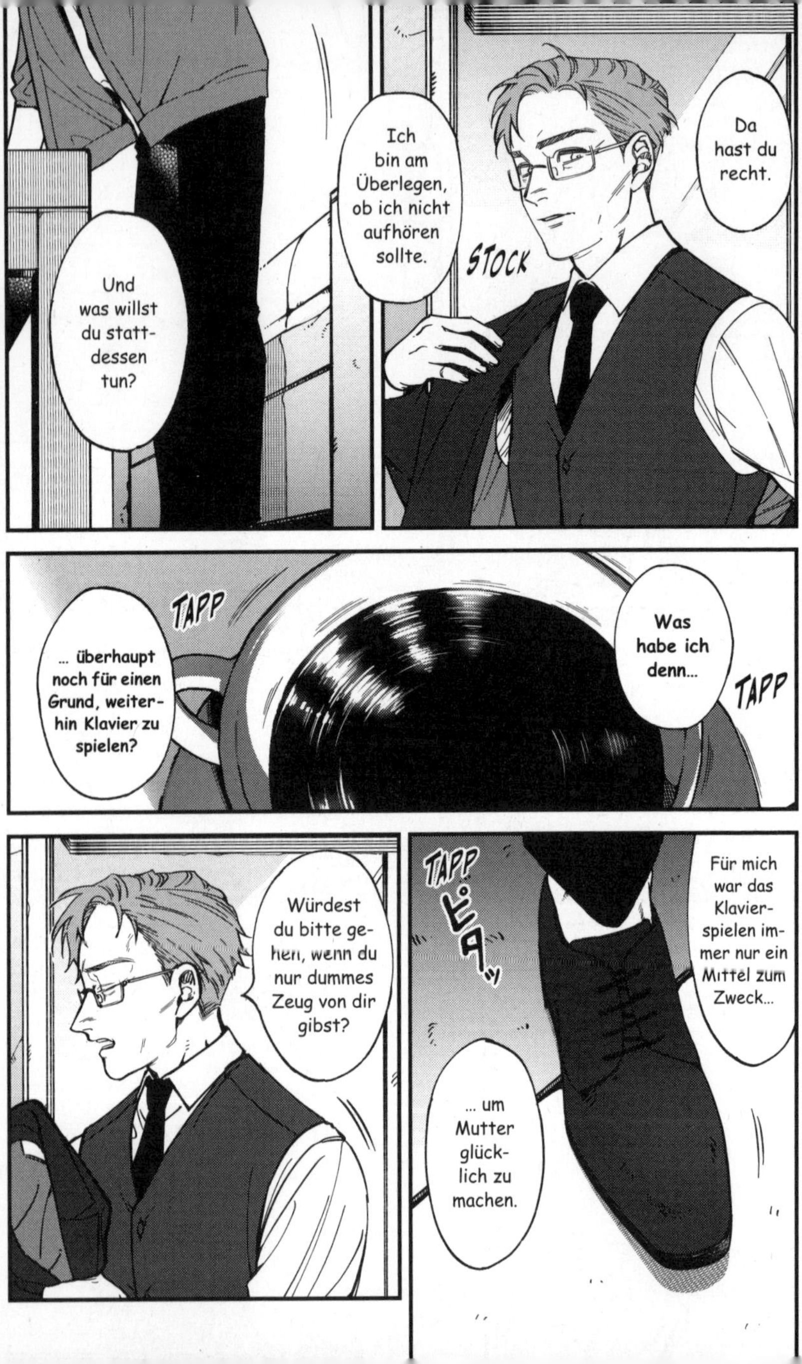

Da hast du recht.
Ich bin am Überlegen, ob ich nicht aufhören sollte.
STOCK
Und was willst du stattdessen tun?

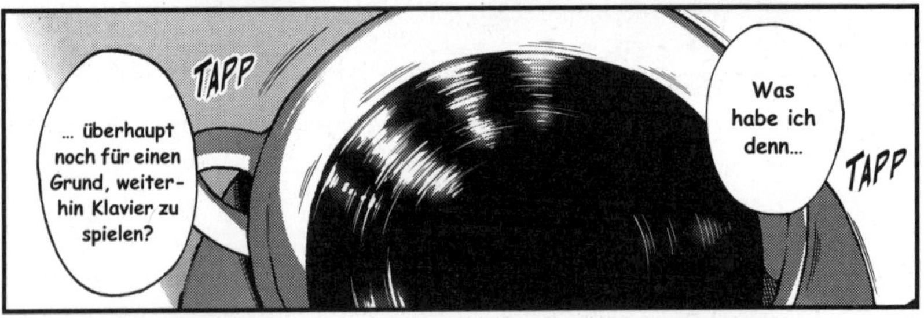

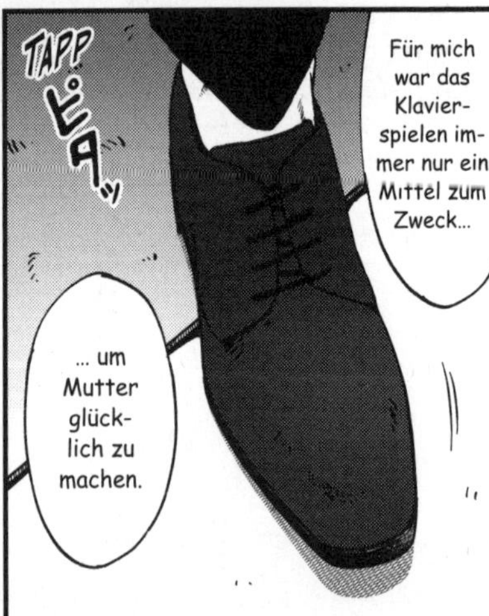

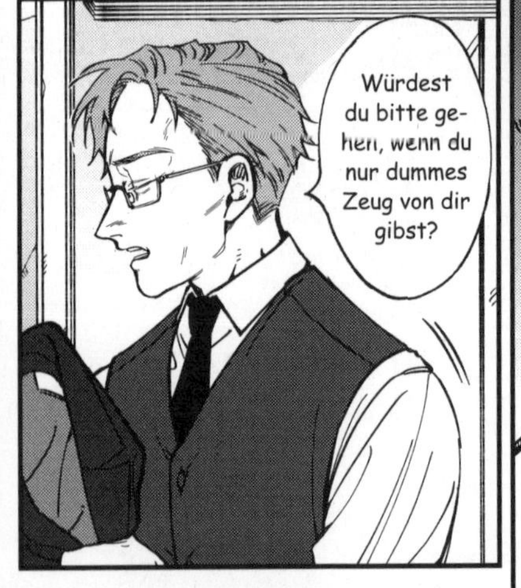

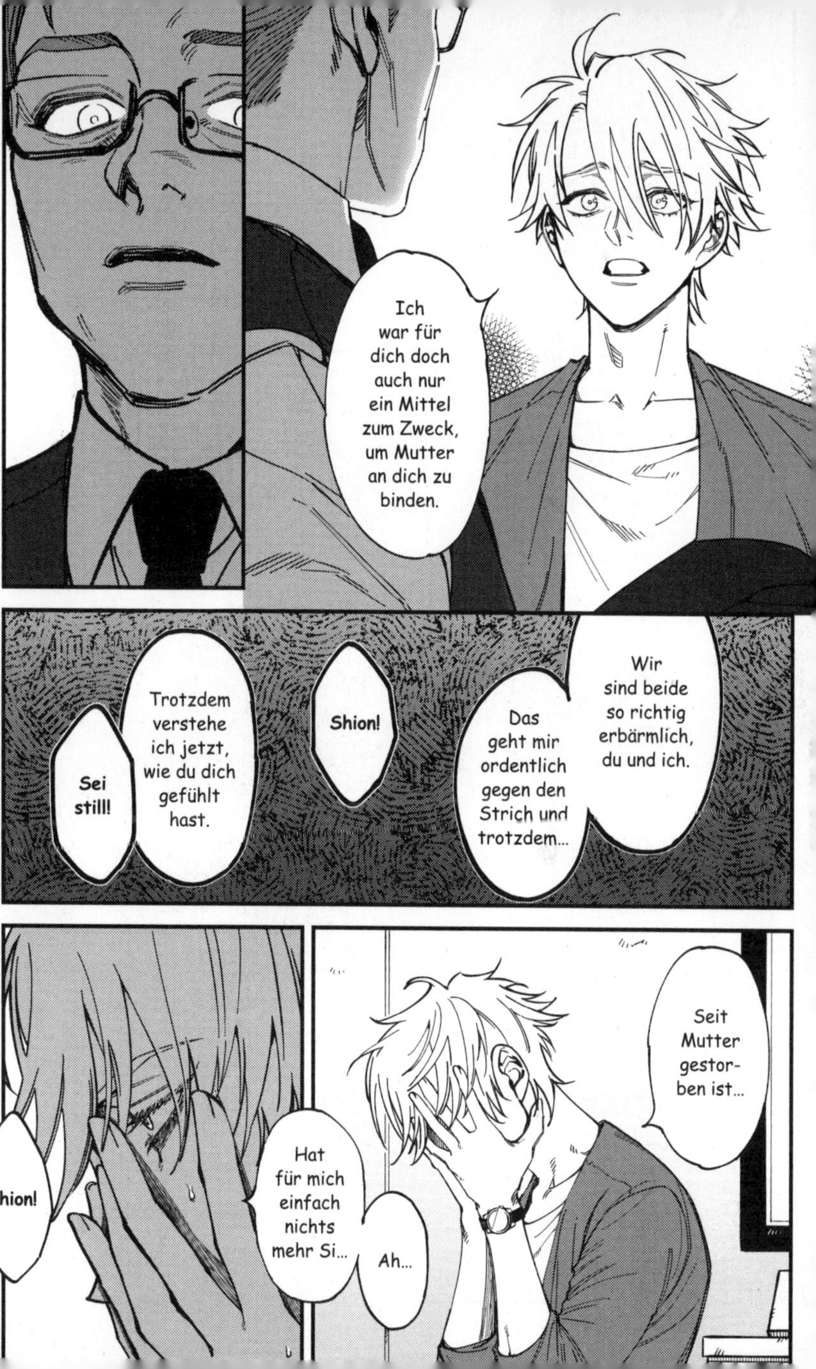

Ich war für dich doch auch nur ein Mittel zum Zweck, um Mutter an dich zu binden.

Wir sind beide so richtig erbärmlich, du und ich.

Das geht mir ordentlich gegen den Strich und trotzdem...

Shion!

Trotzdem verstehe ich jetzt, wie du dich gefühlt hast.

Sei still!

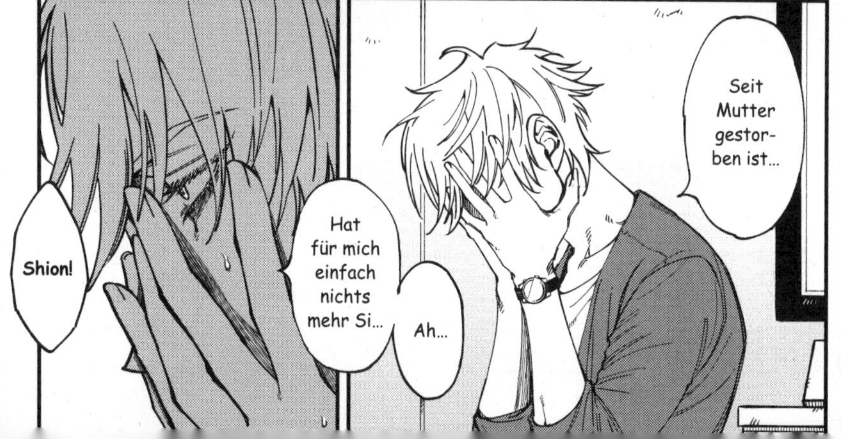

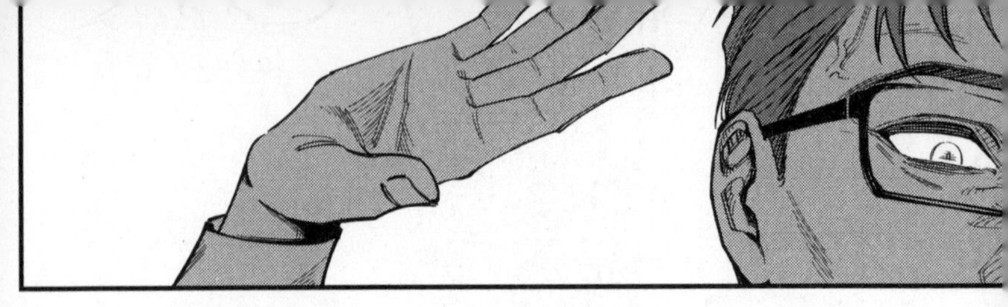

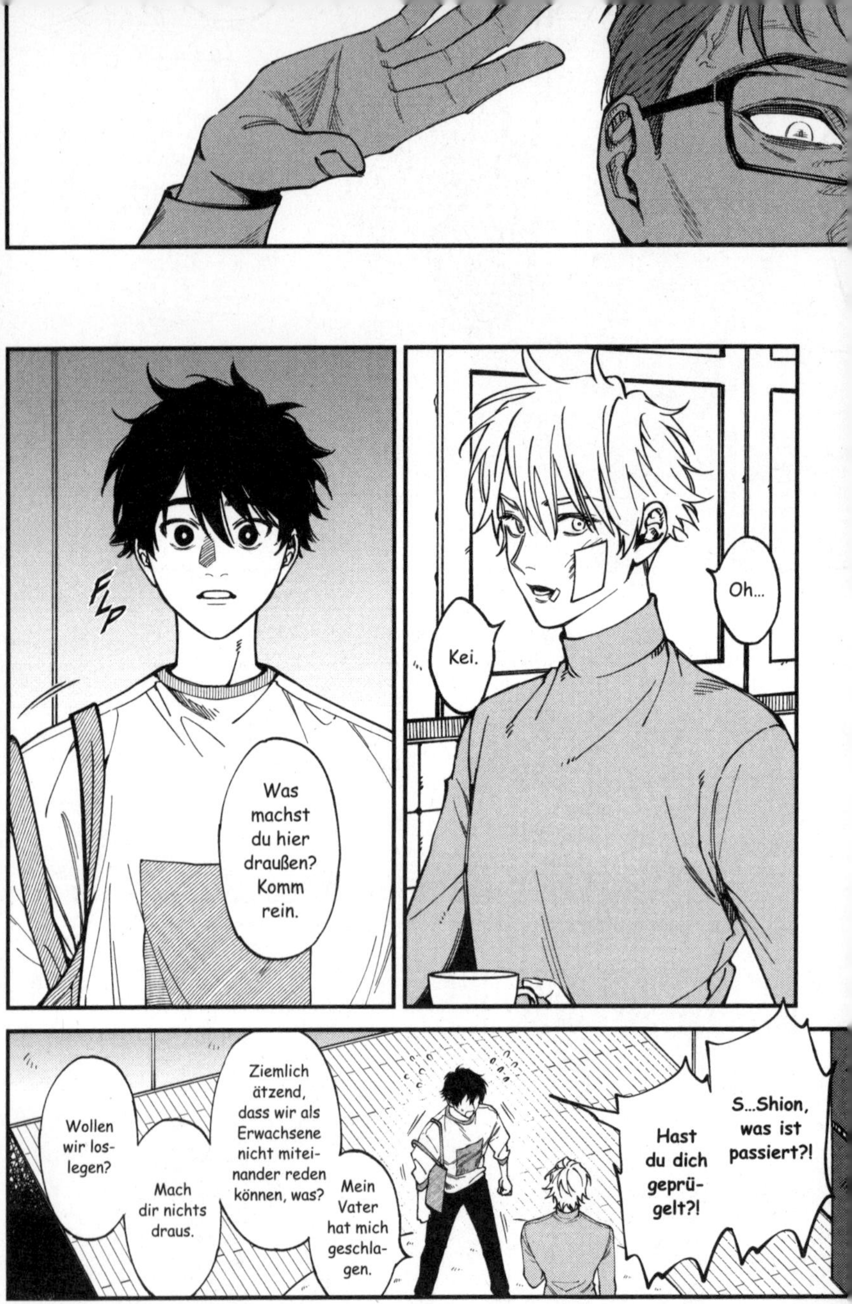

Oh...

Kei.

Was machst du hier draußen? Komm rein.

S...Shion, was ist passiert?!

Hast du dich geprügelt?!

Mein Vater hat mich geschlagen.

Ziemlich ätzend, dass wir als Erwachsene nicht miteinander reden können, was?

Mach dir nichts draus.

Wollen wir loslegen?

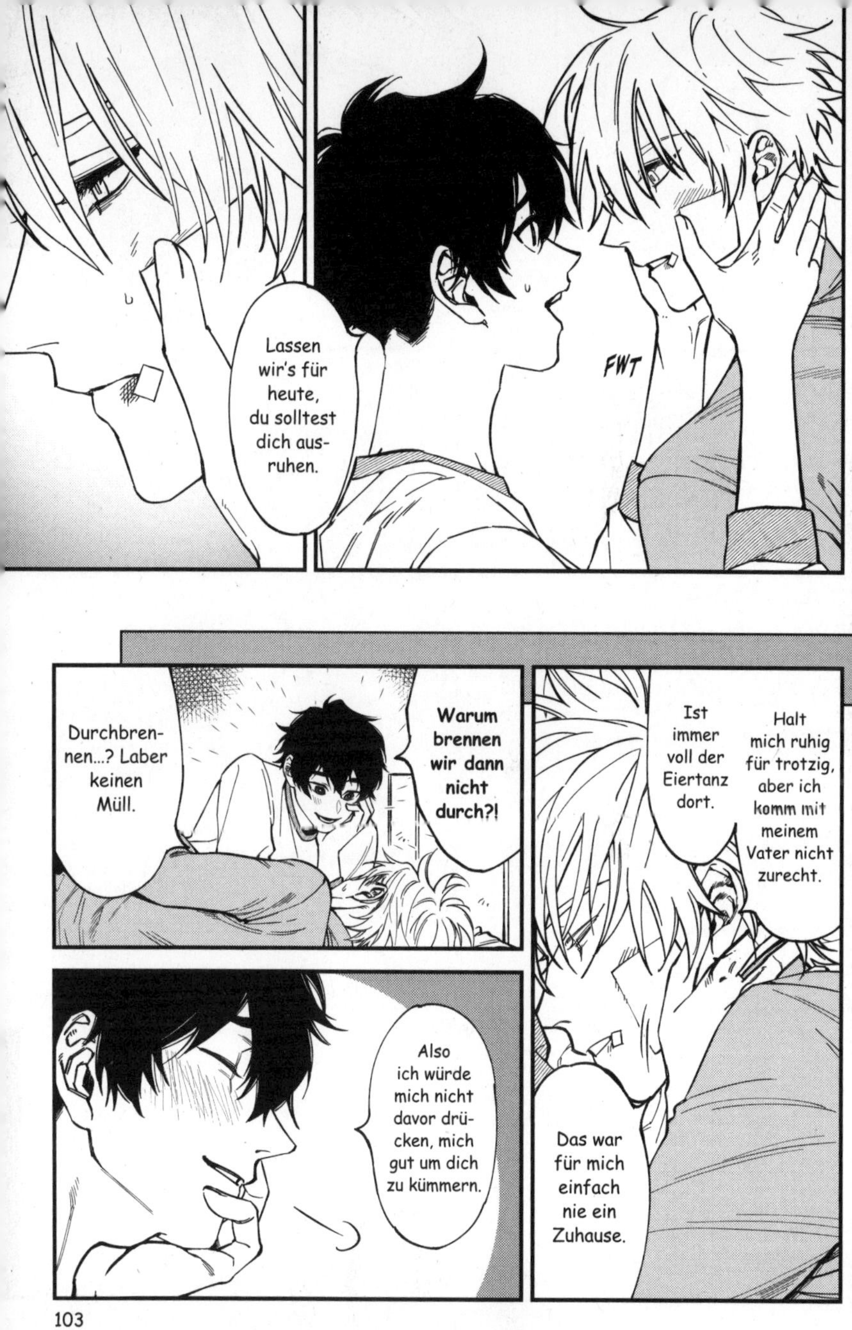

FWT

Lassen wir's für heute, du solltest dich ausruhen.

Halt mich ruhig für trotzig, aber ich komm mit meinem Vater nicht zurecht.

Ist immer voll der Eiertanz dort.

Das war für mich einfach nie ein Zuhause.

Warum brennen wir dann nicht durch?!

Durchbrennen...? Laber keinen Müll.

Also ich würde mich nicht davor drücken, mich gut um dich zu kümmern.

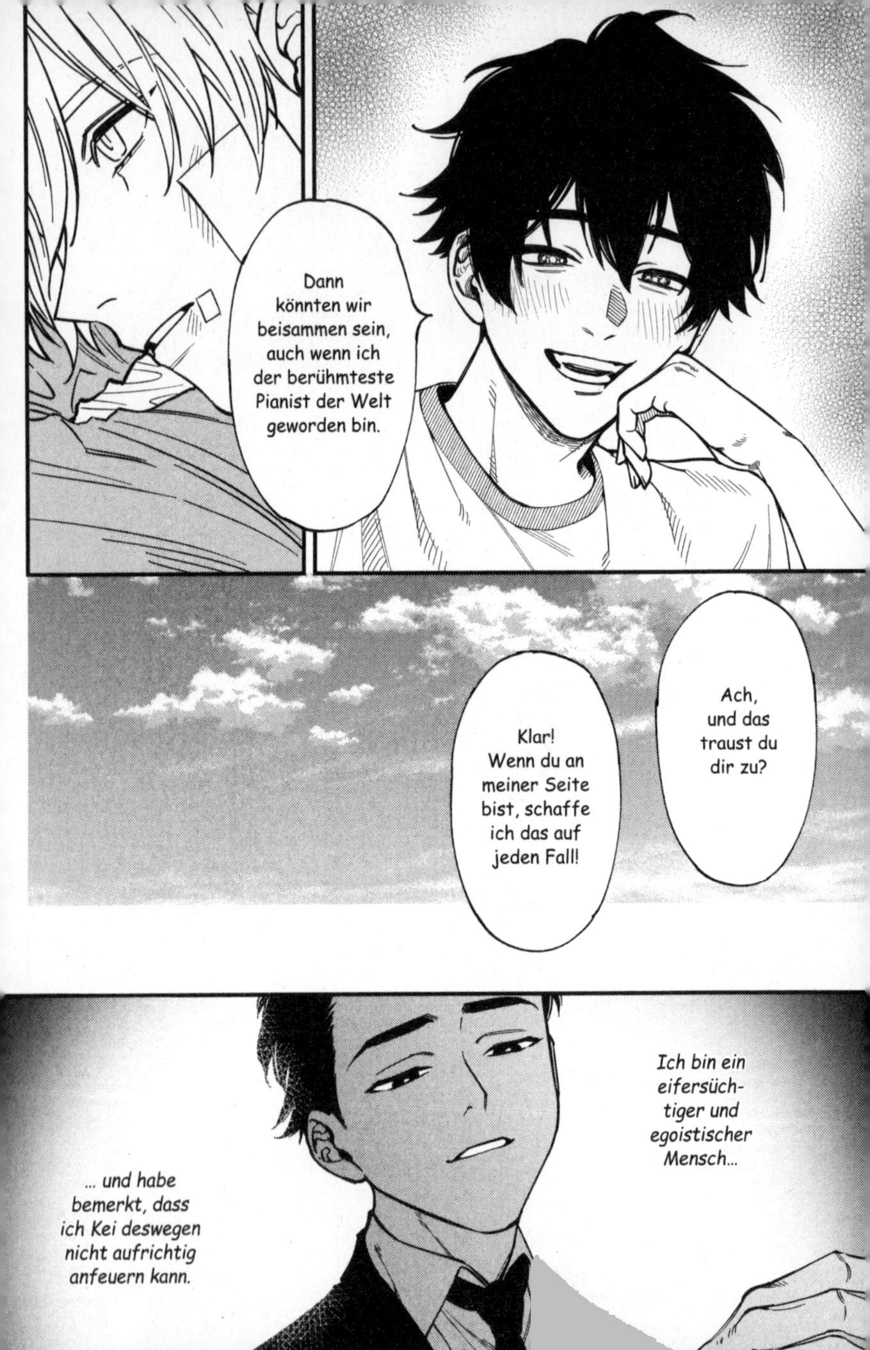
Dann könnten wir beisammen sein, auch wenn ich der berühmteste Pianist der Welt geworden bin.
Ach, und das traust du dir zu?
Klar! Wenn du an meiner Seite bist, schaffe ich das auf jeden Fall!
Ich bin ein eifersüchtiger und egoistischer Mensch…
… und habe bemerkt, dass ich Kei deswegen nicht aufrichtig anfeuern kann.

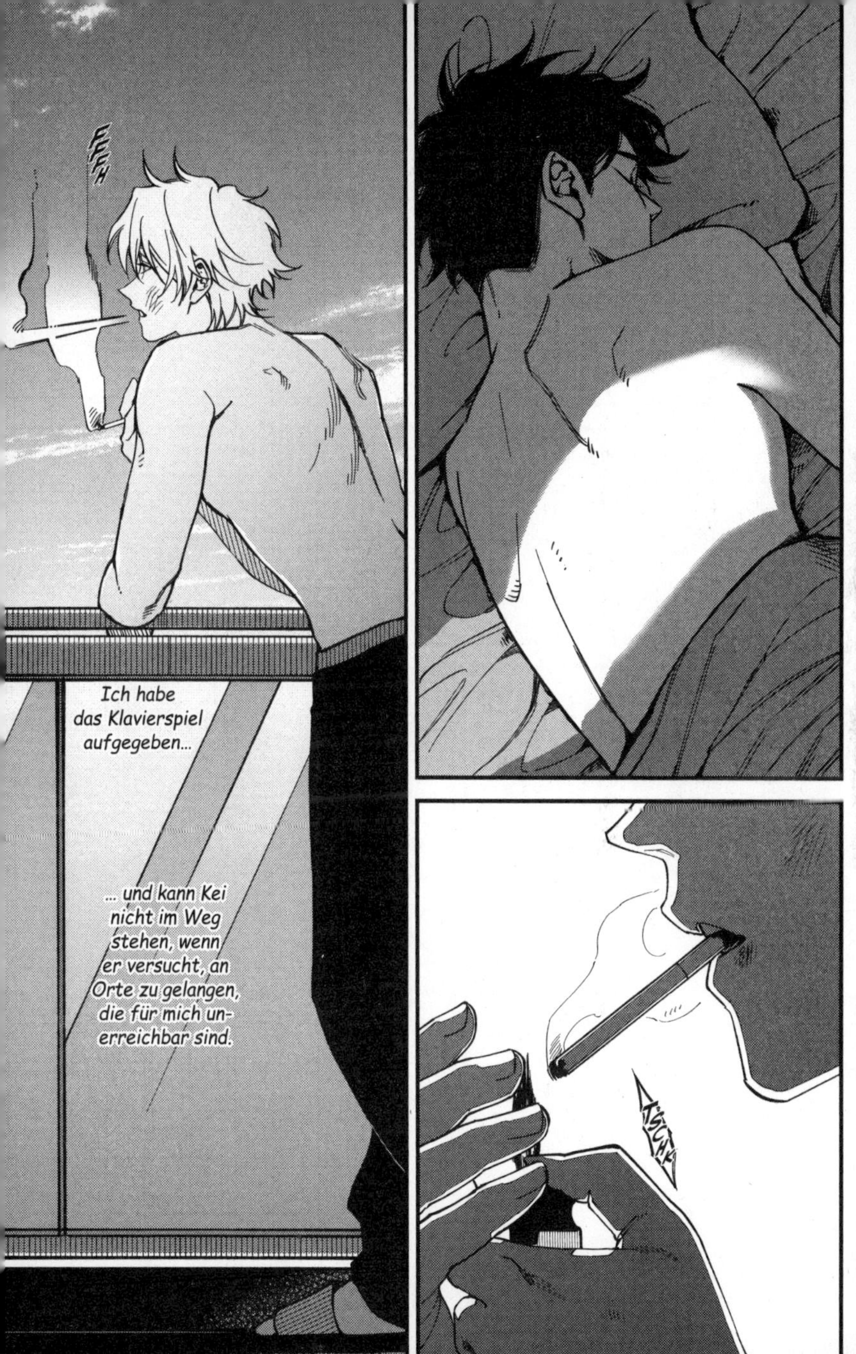
FFFH
Ich habe das Klavierspiel aufgegeben...
... und kann Kei nicht im Weg stehen, wenn er versucht, an Orte zu gelangen, die für mich unerreichbar sind.
TSCHK

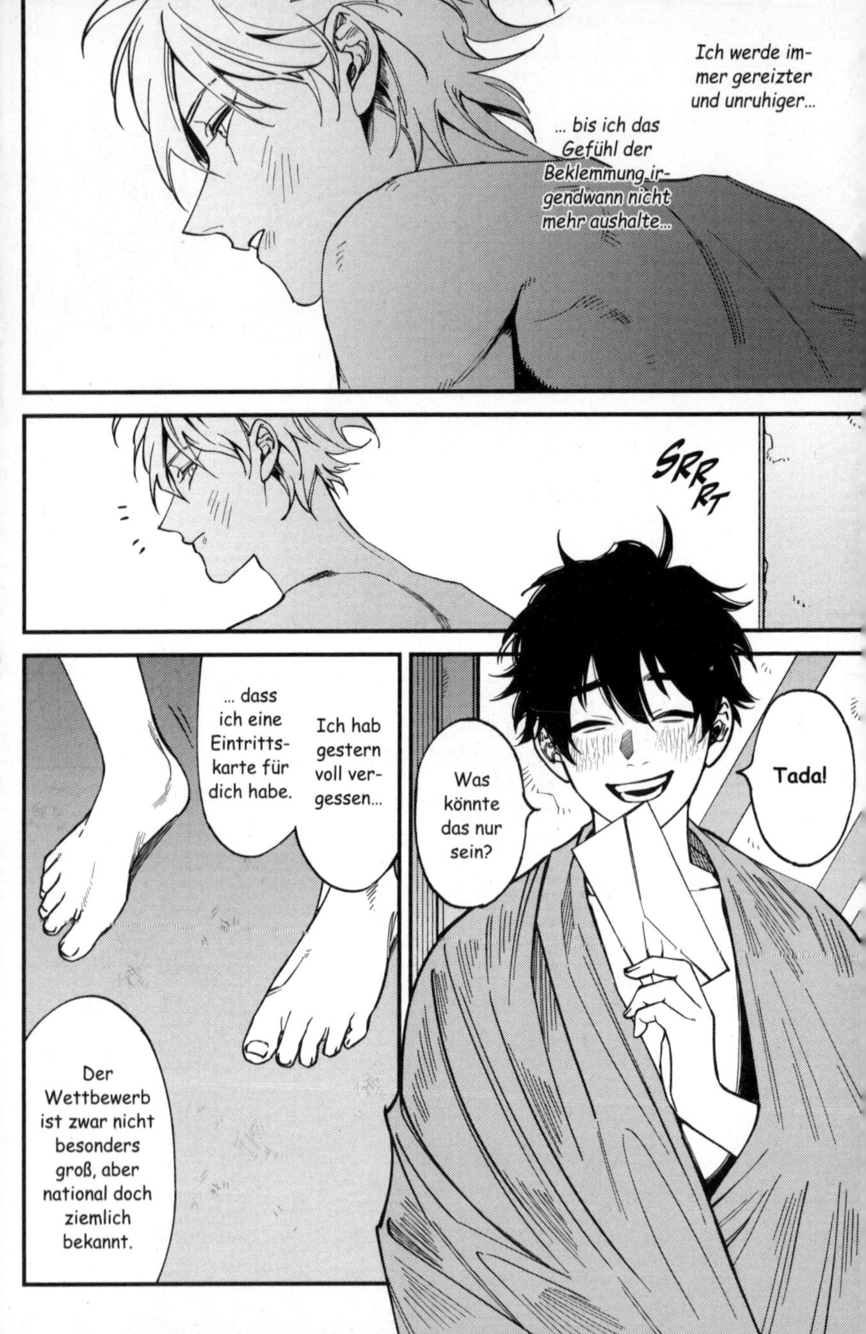
Ich werde immer gereizter und unruhiger...
... bis ich das Gefühl der Beklemmung irgendwann nicht mehr aushalte...
SRRRT
Tada!
Was könnte das nur sein?
Ich hab gestern voll vergessen...
... dass ich eine Eintrittskarte für dich habe.
Der Wettbewerb ist zwar nicht besonders groß, aber national doch ziemlich bekannt.

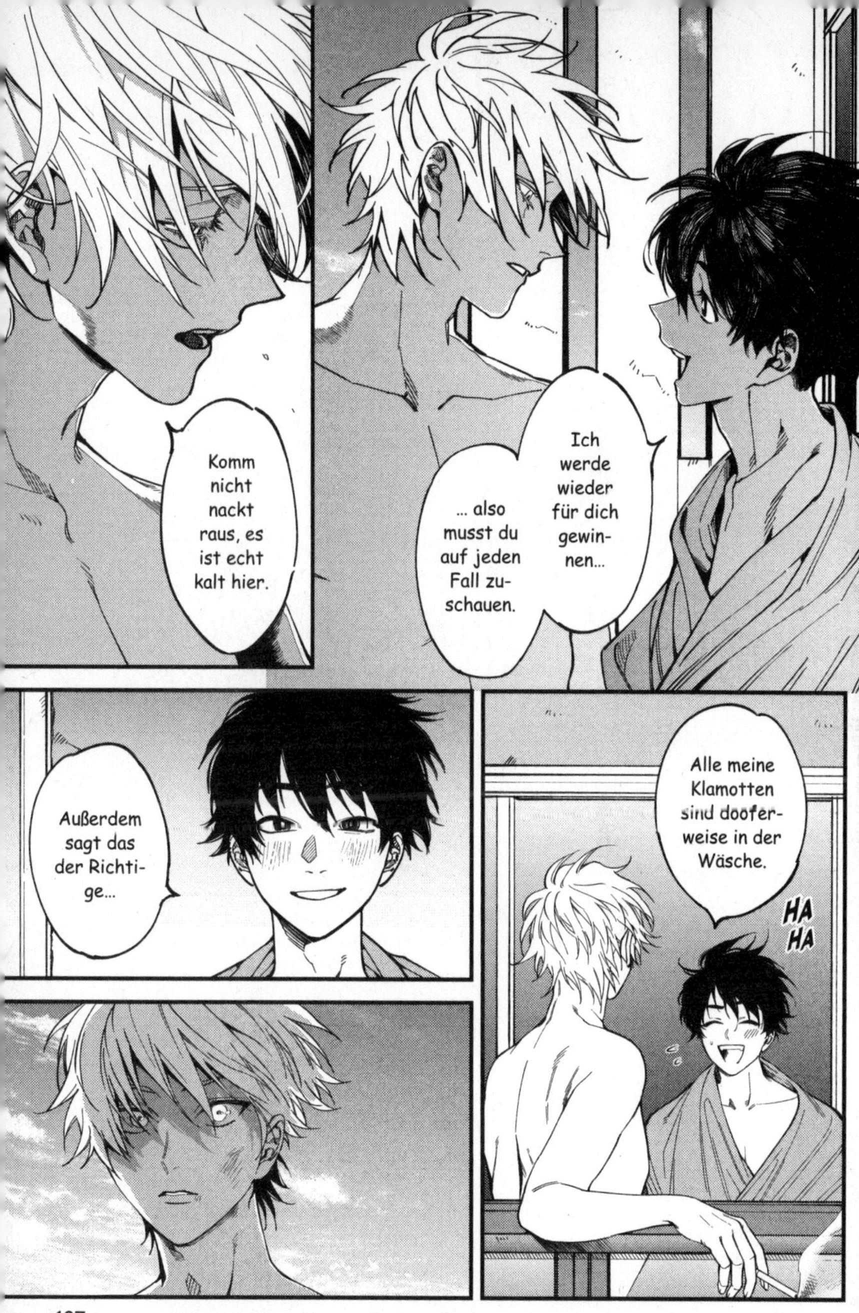
Ich werde wieder für dich gewinnen...
... also musst du auf jeden Fall zuschauen.
Komm nicht nackt raus, es ist echt kalt hier.
Außerdem sagt das der Richtige...
Alle meine Klamotten sind dooferweise in der Wäsche.
HA HA

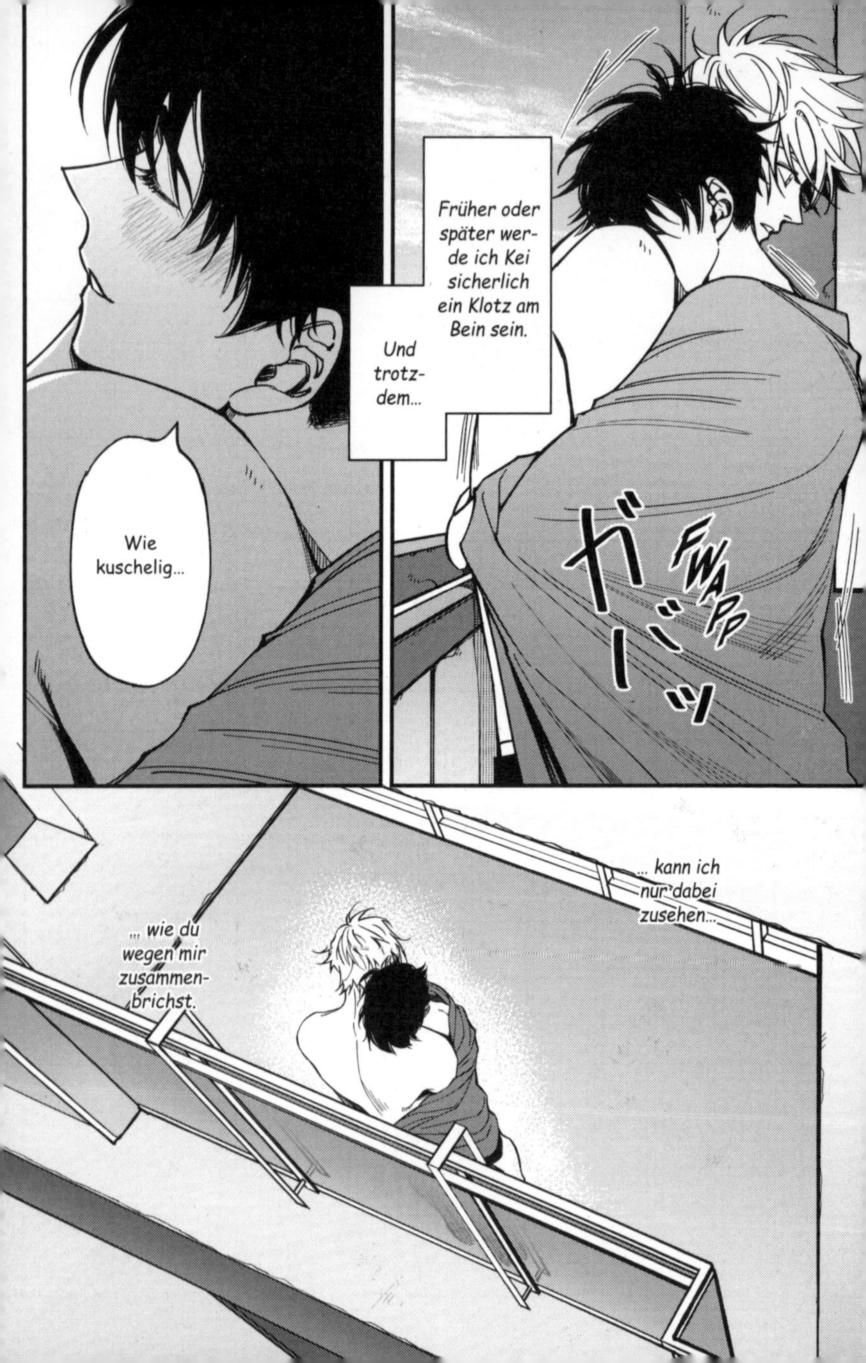
Früher oder später werde ich Kei sicherlich ein Klotz am Bein sein.
Und trotzdem...
ガバーッ
FWAPP
Wie kuschelig...
... kann ich nur dabei zusehen...
... wie du wegen mir zusammenbrichst.

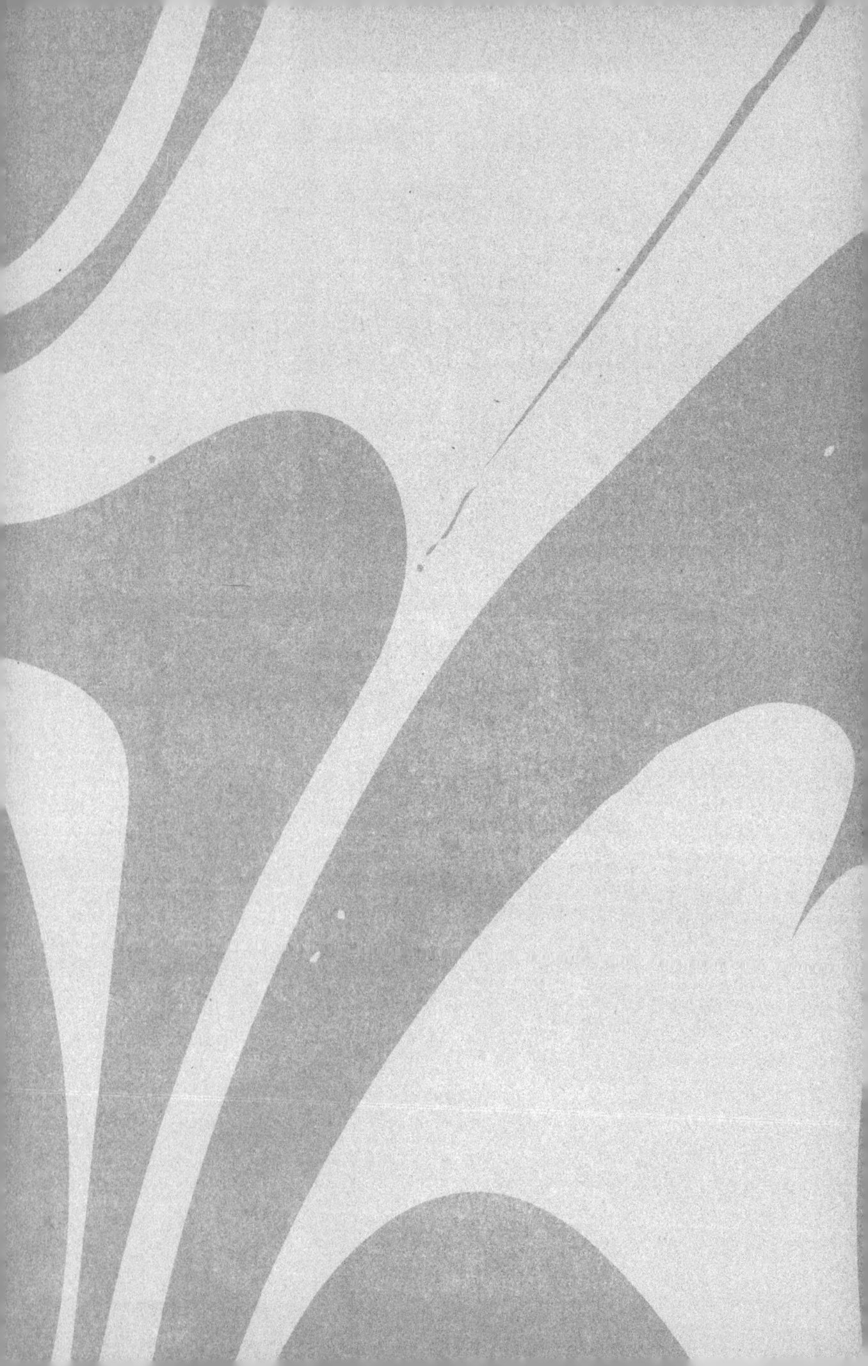

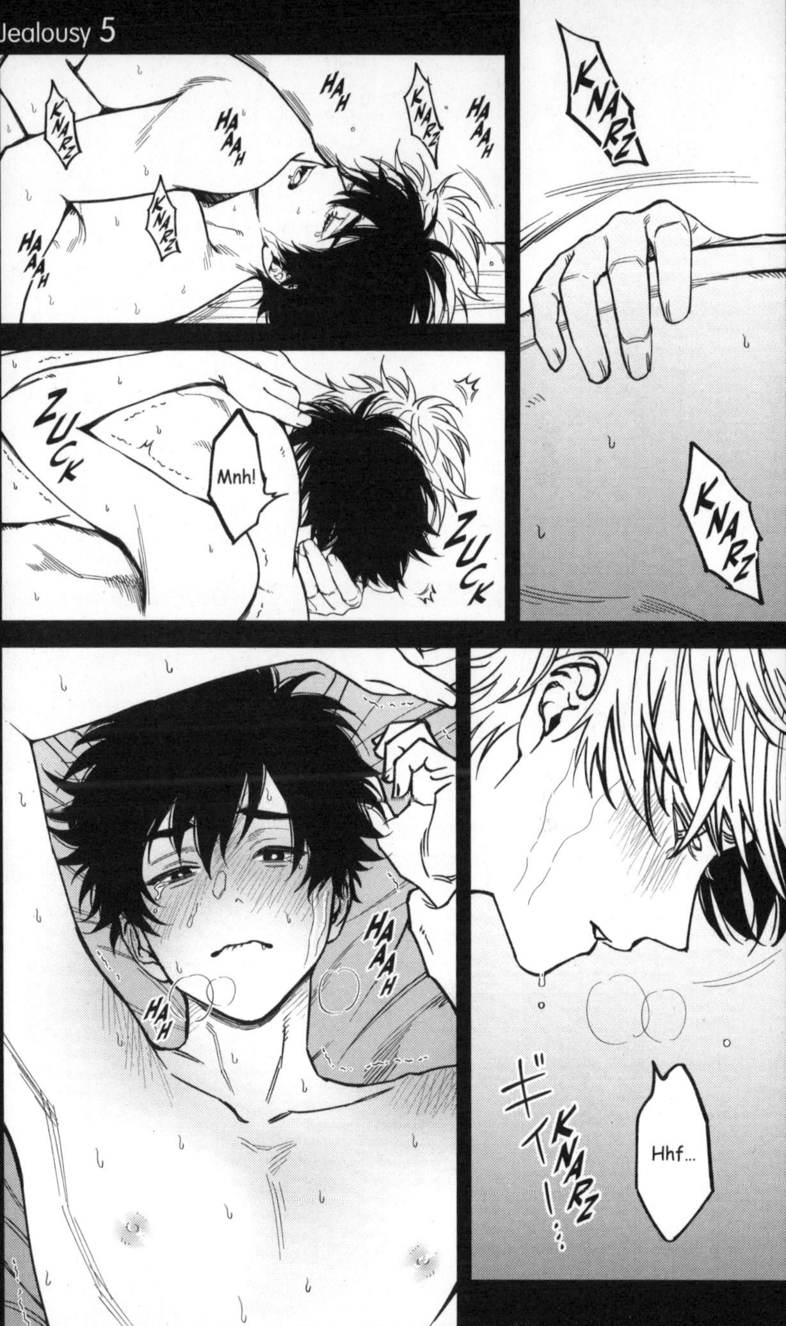
KNARZ
KNARZ
HAH
KNARZ
HAAAH
HAAAH
KNARZ
KNARZ
HAAAH
ZUCK
Mnh!
ZUCK
Hhf...
KNARZ
ギイー…
HAAAH
HAH

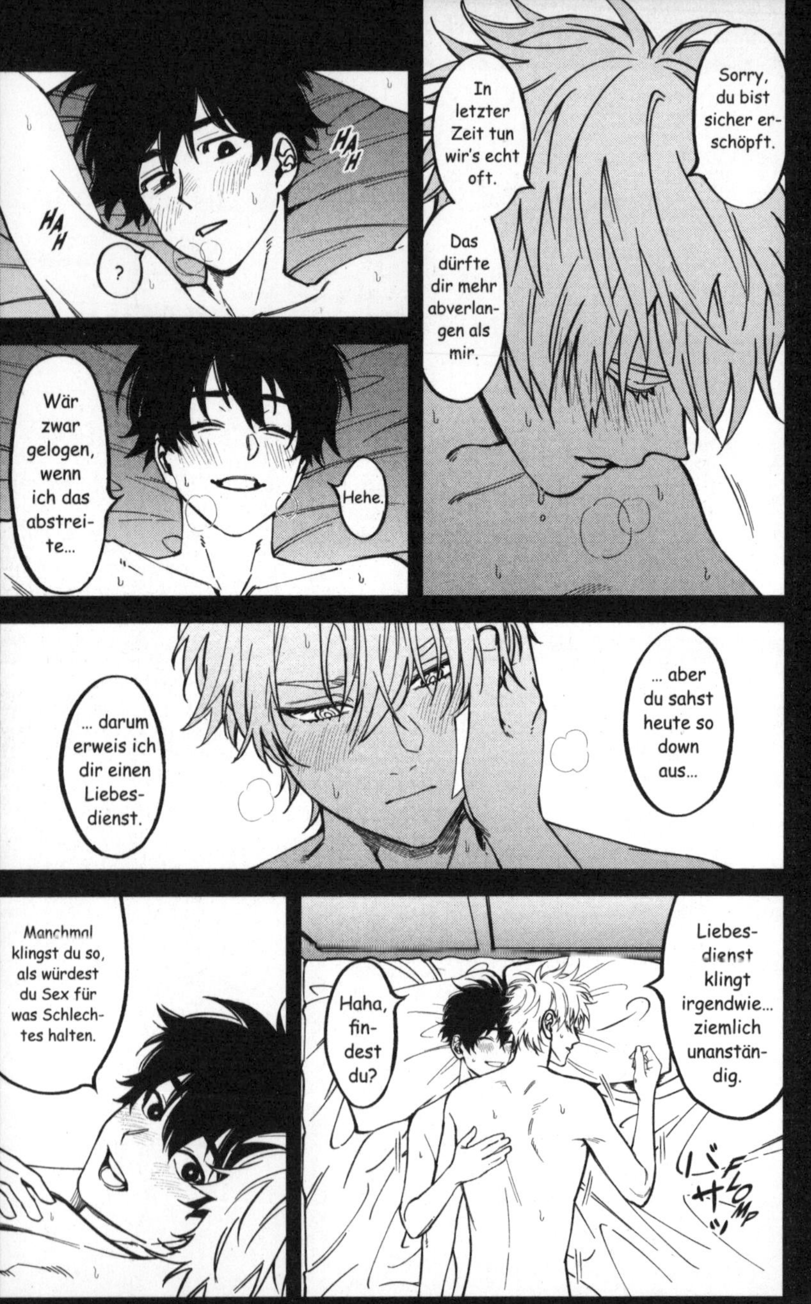
Sorry, du bist sicher erschöpft.
In letzter Zeit tun wir's echt oft.
Das dürfte dir mehr abverlangen als mir.
HAH HAH
HAH
?
Hehe.
Wär zwar gelogen, wenn ich das abstreite...
... aber du sahst heute so down aus...
... darum erweis ich dir einen Liebesdienst.
Liebesdienst klingt irgendwie... ziemlich unanständig.
Haha, findest du?
FLOMP
Manchmal klingst du so, als würdest du Sex für was Schlechtes halten.

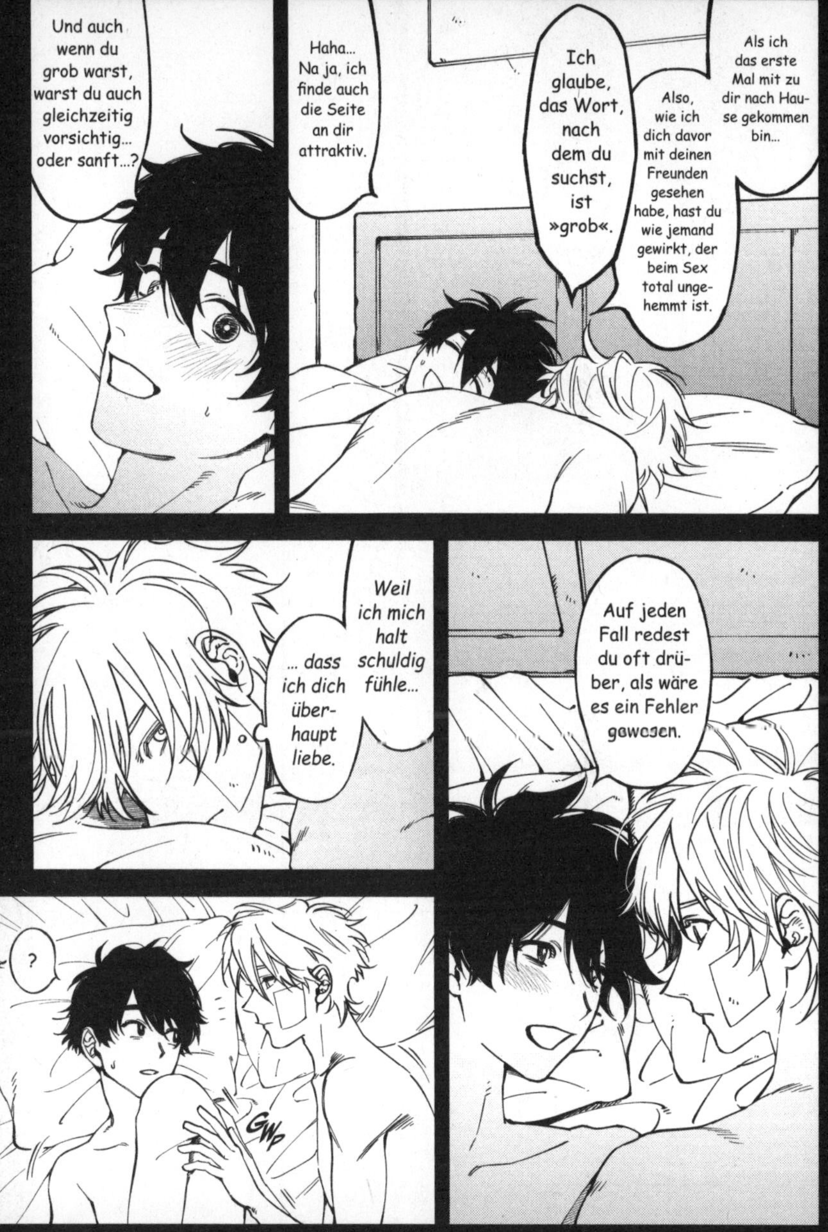
Als ich das erste Mal mit zu dir nach Hause gekommen bin...
Also, wie ich dich davor mit deinen Freunden gesehen habe, hast du wie jemand gewirkt, der beim Sex total ungehemmt ist.
Ich glaube, das Wort, nach dem du suchst, ist »grob«.
Haha... Na ja, ich finde auch die Seite an dir attraktiv.
Und auch wenn du grob warst, warst du auch gleichzeitig vorsichtig... oder sanft...?
Auf jeden Fall redest du oft drüber, als wäre es ein Fehler gewesen.
Weil ich mich halt schuldig fühle...
... dass ich dich überhaupt liebe.
?
GWP

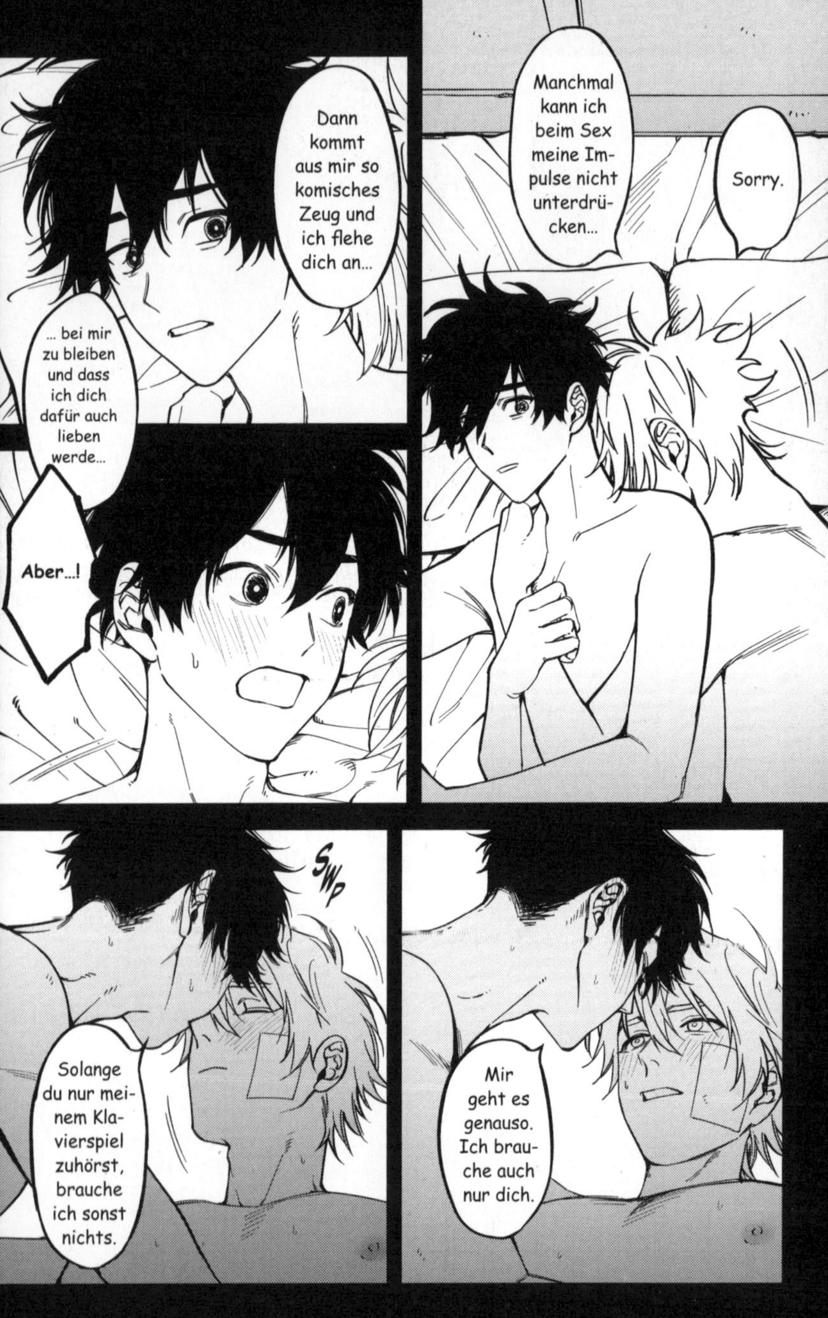

Sorry.
Manchmal kann ich beim Sex meine Impulse nicht unterdrücken…
Dann kommt aus mir so komisches Zeug und ich flehe dich an…
… bei mir zu bleiben und dass ich dich dafür auch lieben werde…
Aber…!
SWP
Solange du nur meinem Klavierspiel zuhörst, brauche ich sonst nichts.
Mir geht es genauso. Ich brauche auch nur dich.

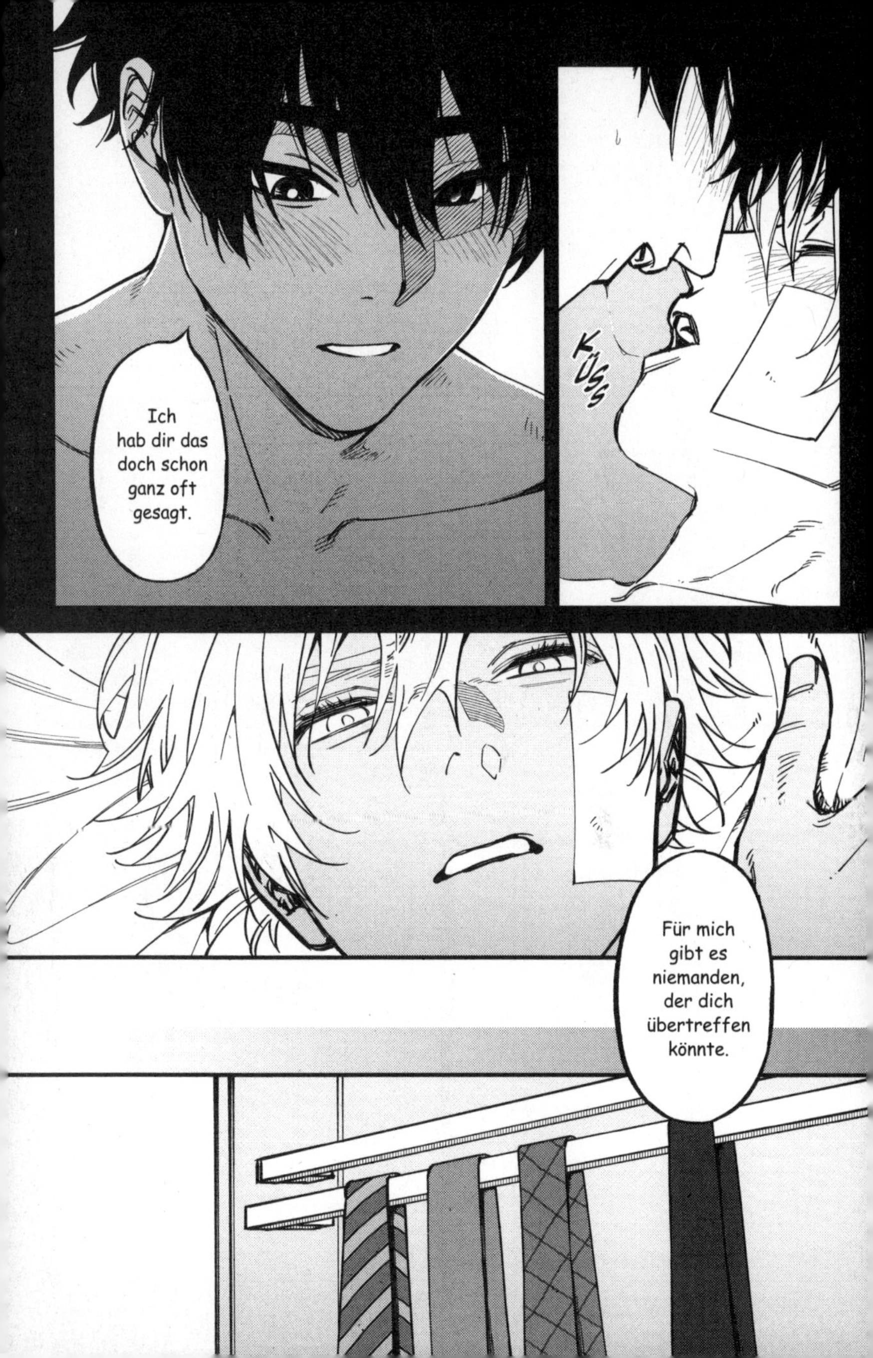
KÜSS
Ich hab dir das doch schon ganz oft gesagt.
Für mich gibt es niemanden, der dich übertreffen könnte.

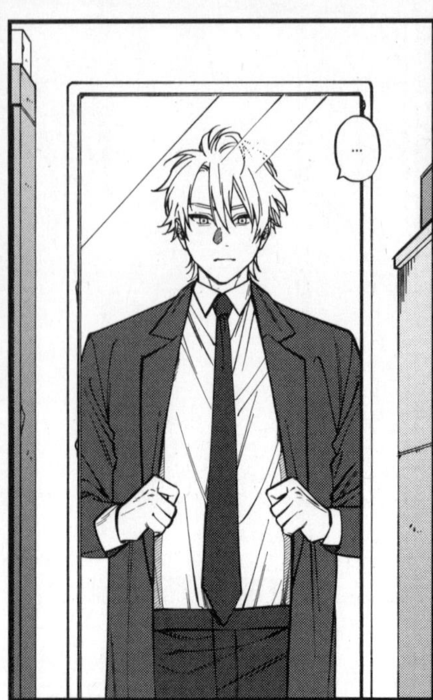
...
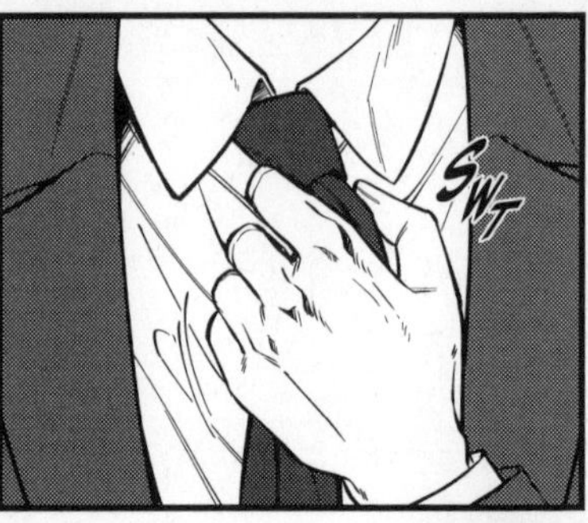
SWT
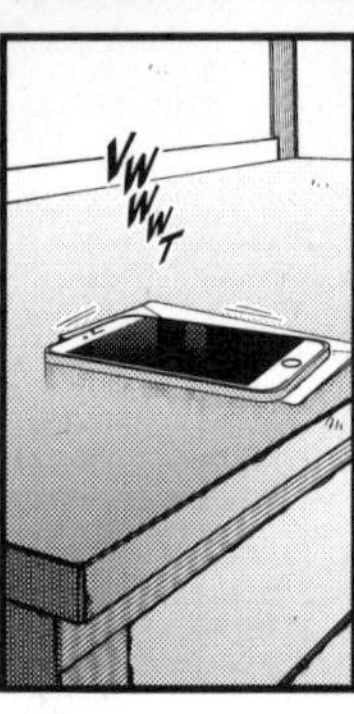
VWWWT
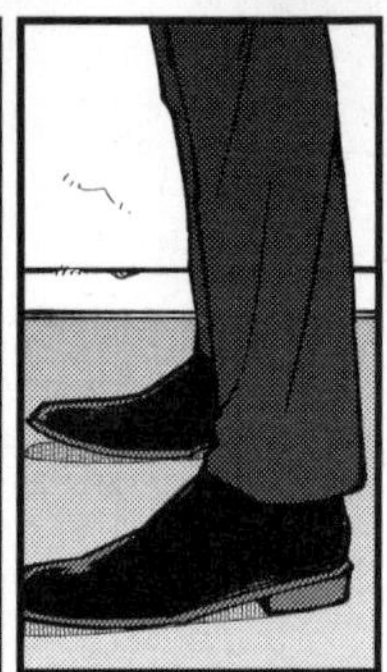
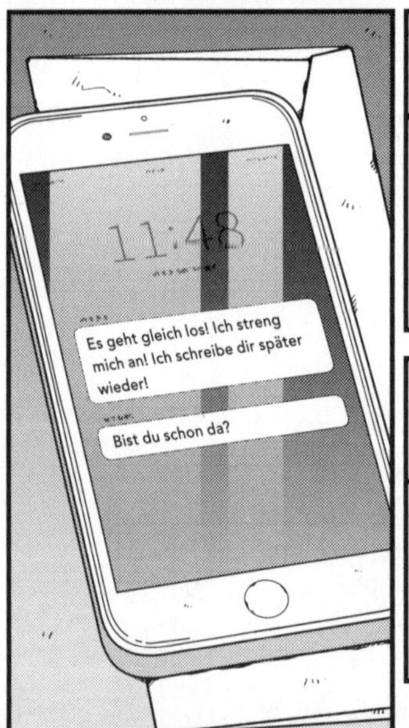
11:48
Es geht gleich los! Ich streng mich an! Ich schreibe dir später wieder!
Bist du schon da?
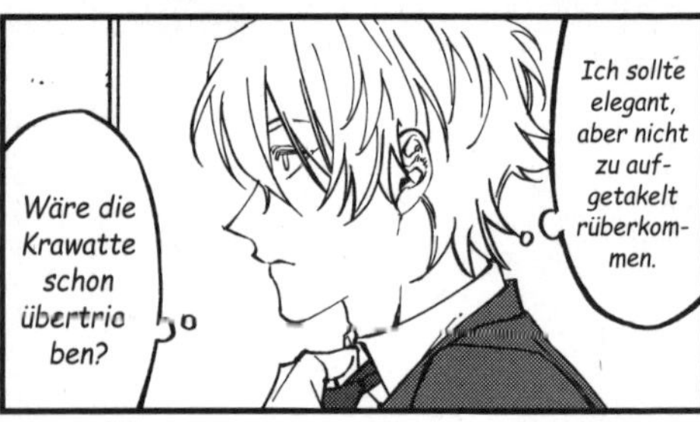
Ich sollte elegant, aber nicht zu aufgetakelt rüberkommen.
Wäre die Krawatte schon übertrieben?
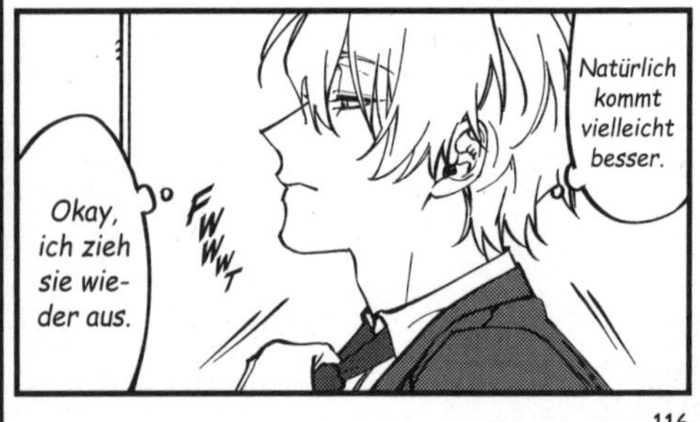
Natürlich kommt vielleicht besser.
FWWWT
Okay, ich zieh sie wieder aus.

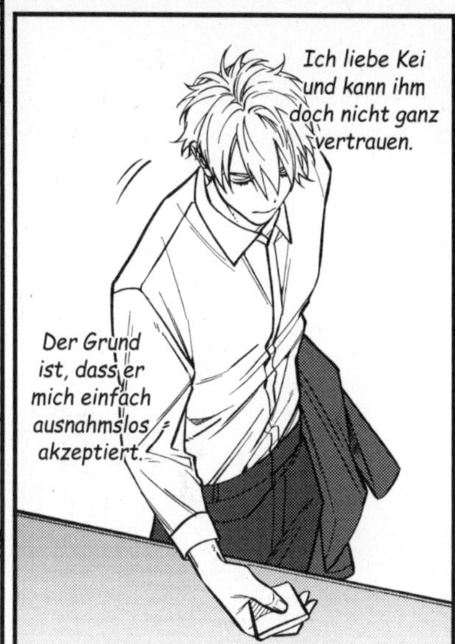
Ich liebe Kei und kann ihm doch nicht ganz vertrauen.
Der Grund ist, dass er mich einfach ausnahmslos akzeptiert.

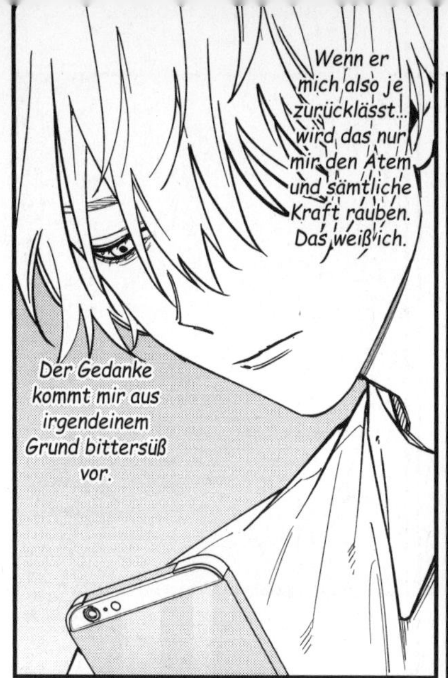
Wenn er mich also je zurücklässt... wird das nur mir den Atem und sämtliche Kraft rauben. Das weiß ich.
Der Gedanke kommt mir aus irgendeinem Grund bittersüß vor.

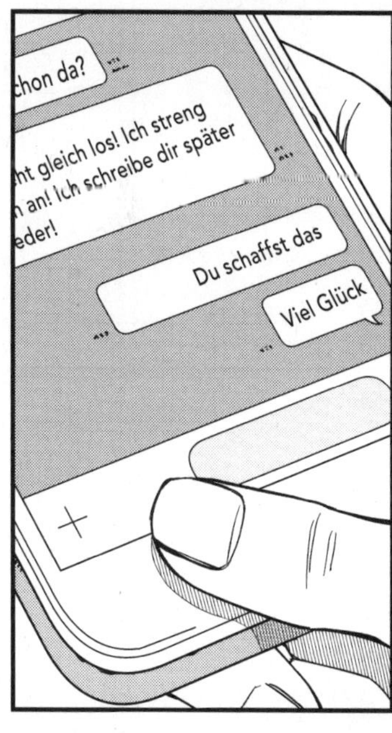
chon da?
ht gleich los! Ich streng h an! Ich schreibe dir später eder!
Du schaffst das
Viel Glück

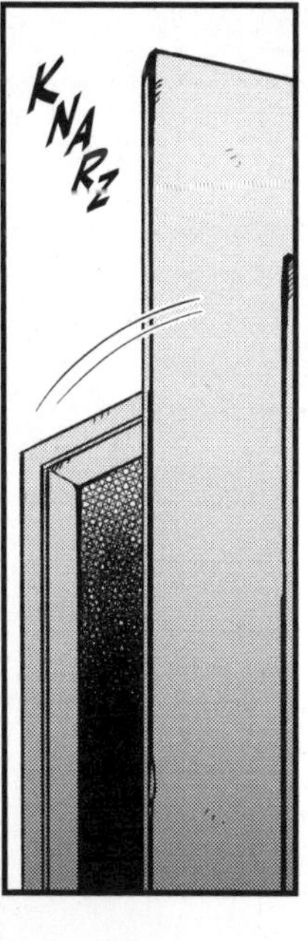
KNARZ

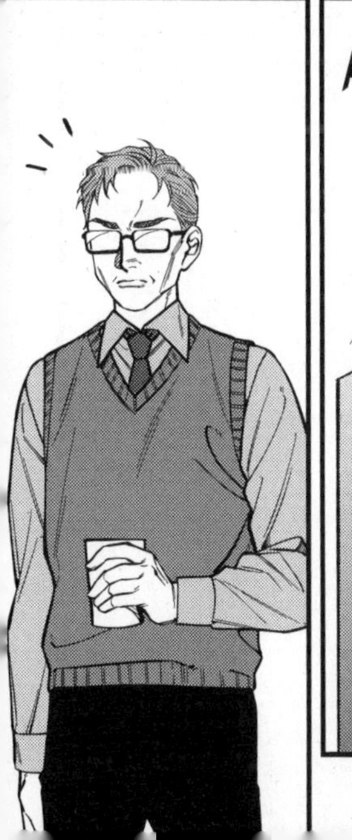

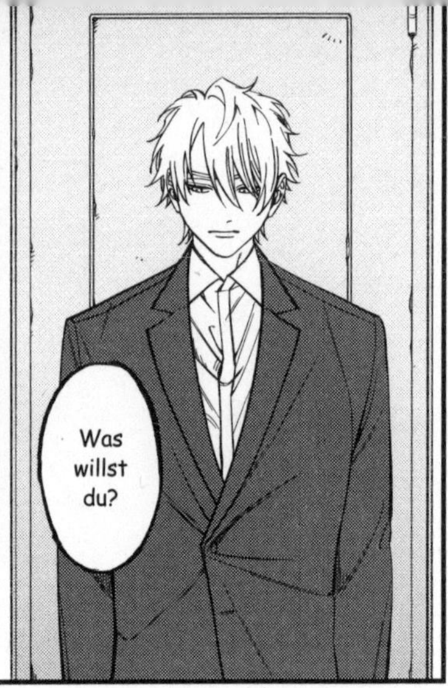
Was willst du?

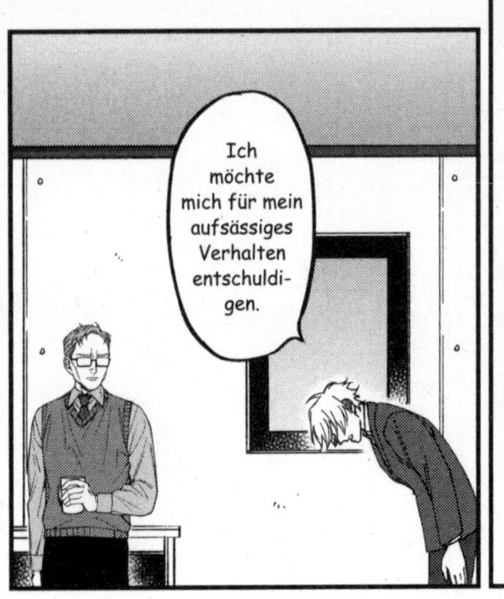
Ich möchte mich für mein aufsässiges Verhalten entschuldigen.

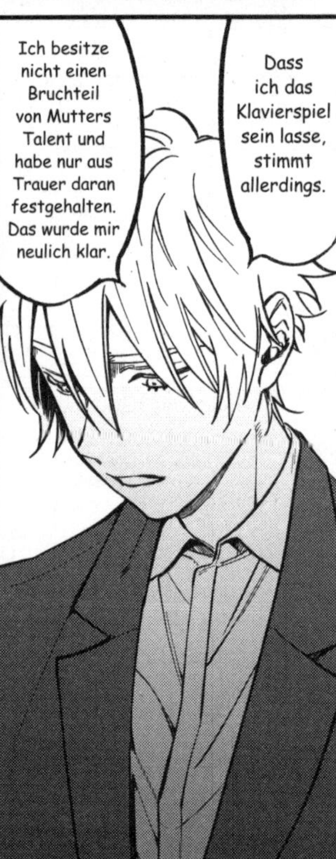
Dass ich das Klavierspiel sein lasse, stimmt allerdings.
Ich besitze nicht einen Bruchteil von Mutters Talent und habe nur aus Trauer daran festgehalten. Das wurde mir neulich klar.

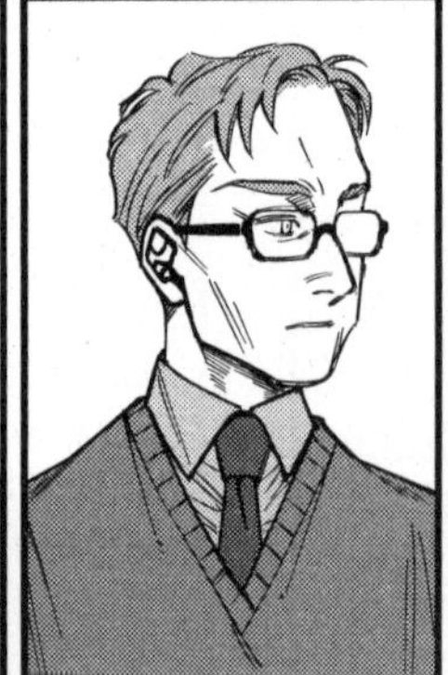

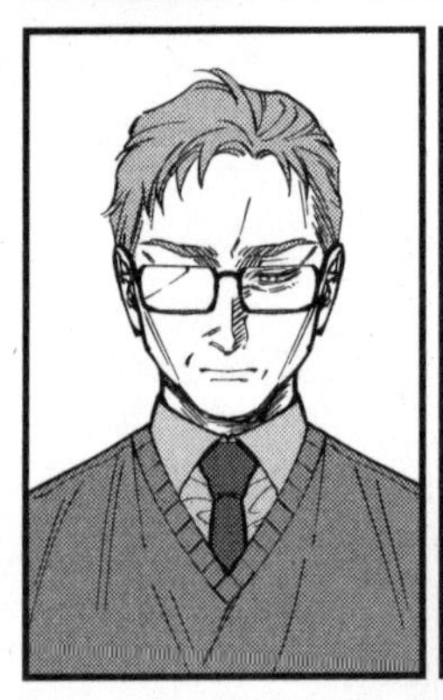

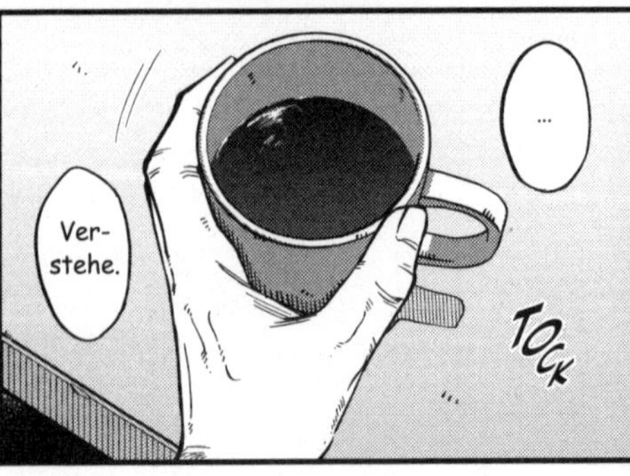
...
TOCK
Verstehe.

Darauf läuft es also schlussendlich hinaus.

Ich bin ein absolut erbärmlicher Kerl, der seinen Liebsten um dessen Talent beneidet.

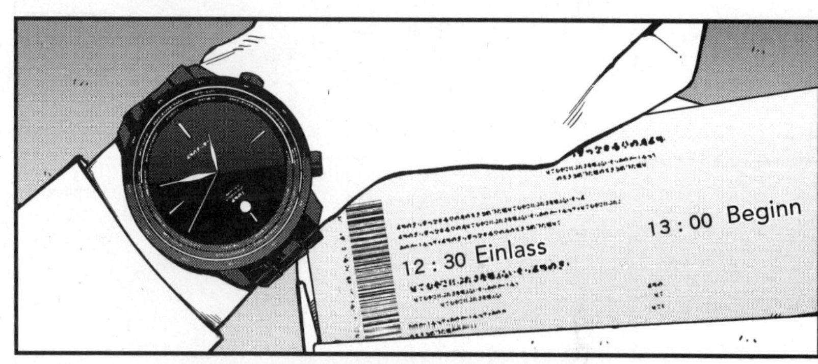

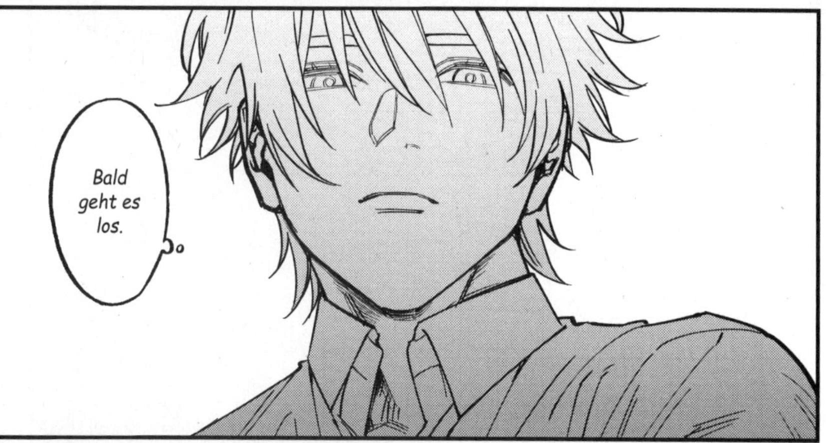

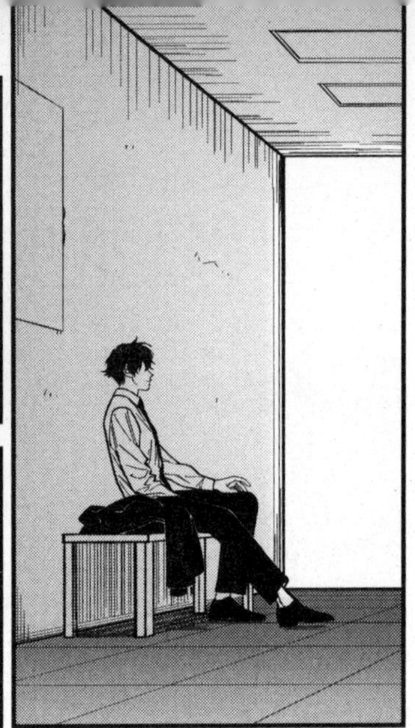
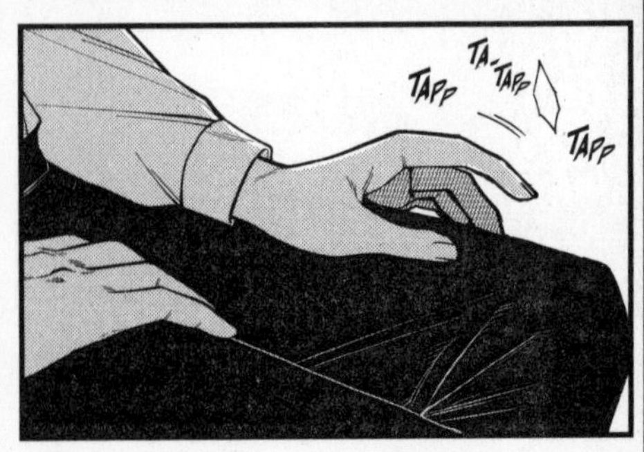
TAPP
TA-TAPP
TAPP
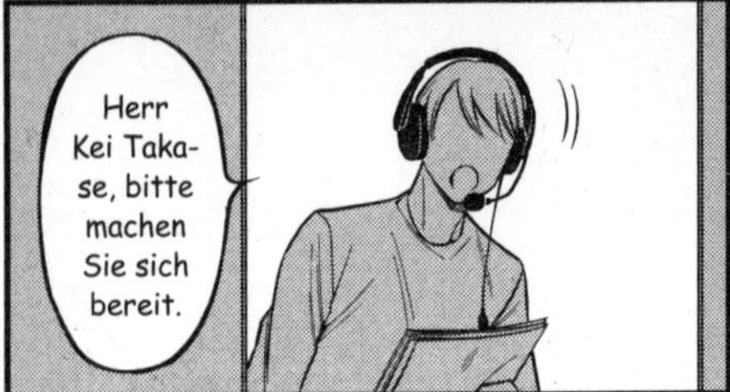
Herr Kei Taka-se, bitte machen Sie sich bereit.
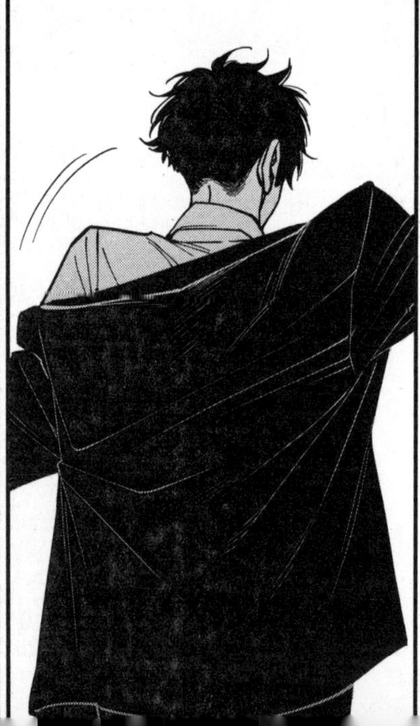
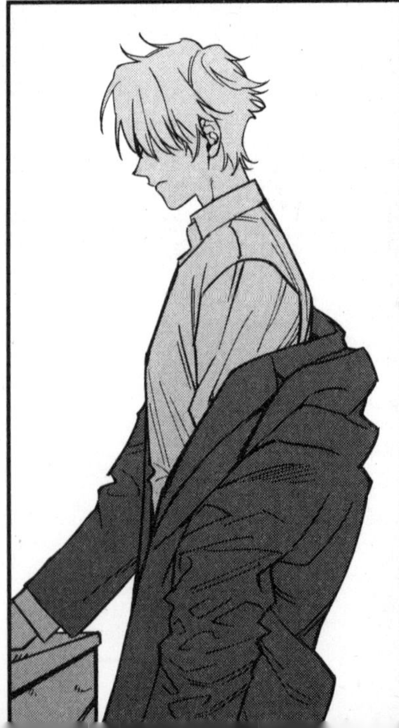

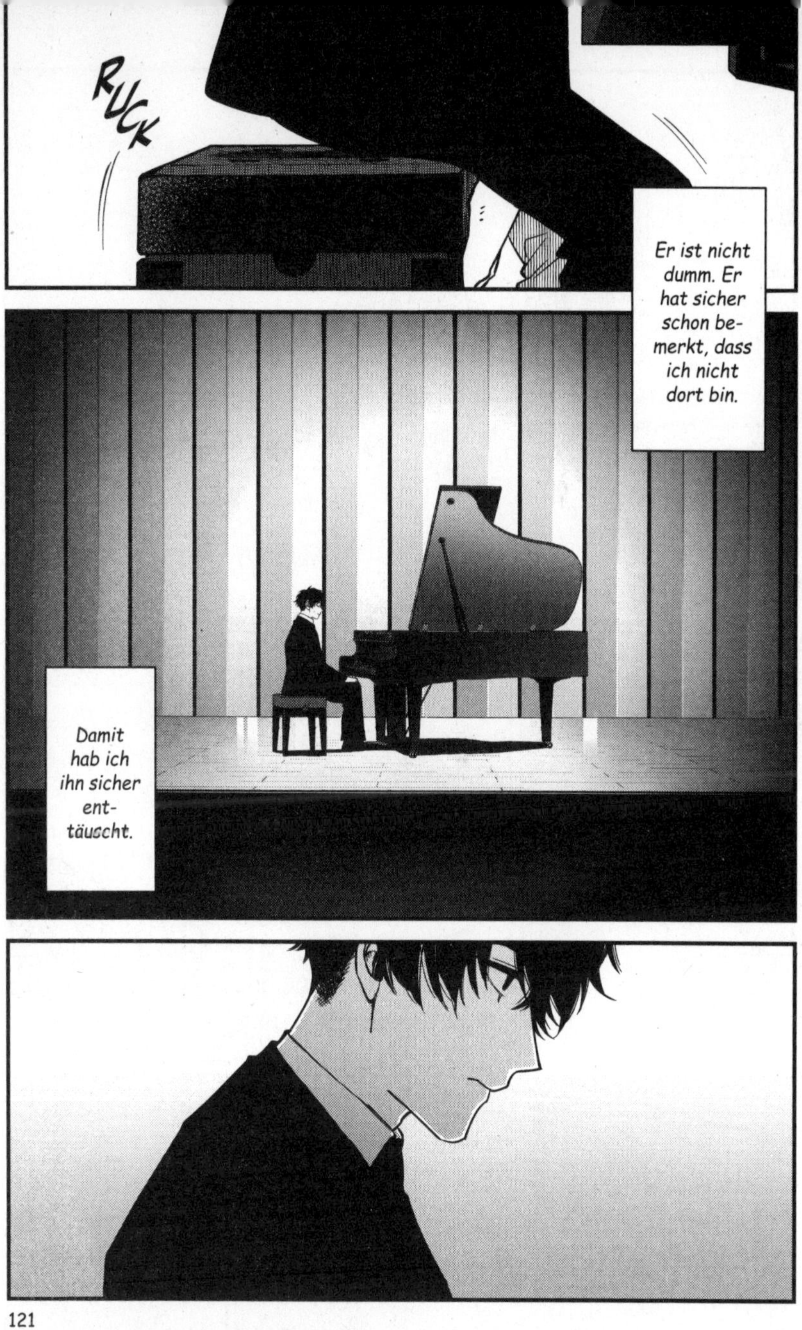

RUCK

Er ist nicht dumm. Er hat sicher schon bemerkt, dass ich nicht dort bin.

Damit hab ich ihn sicher enttäuscht.

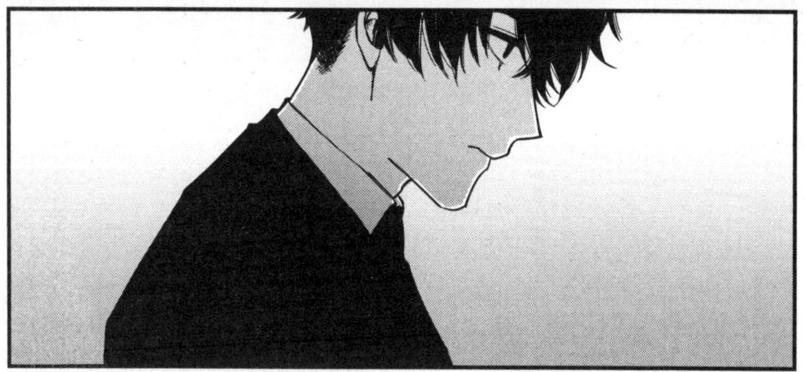

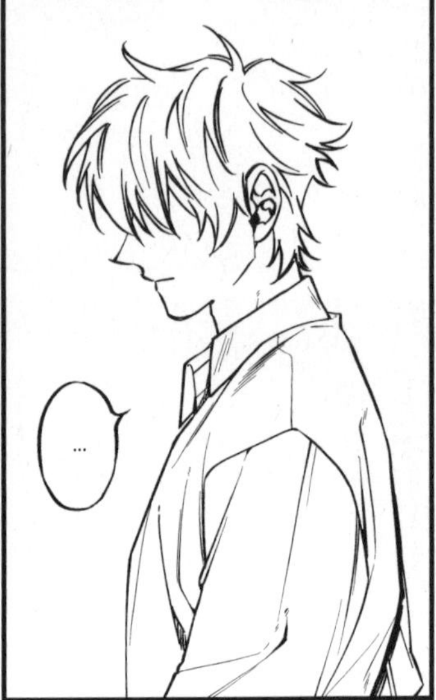
...

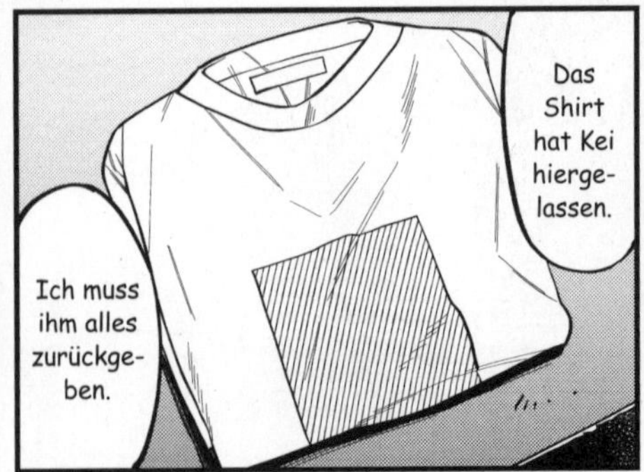
Das Shirt hat Kei hiergelassen.
Ich muss ihm alles zurückgeben.

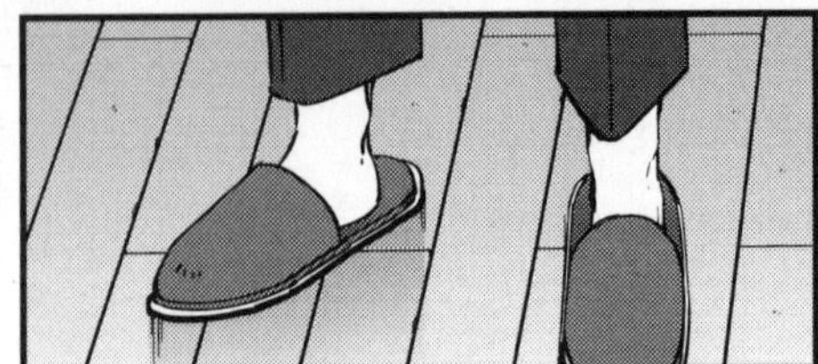

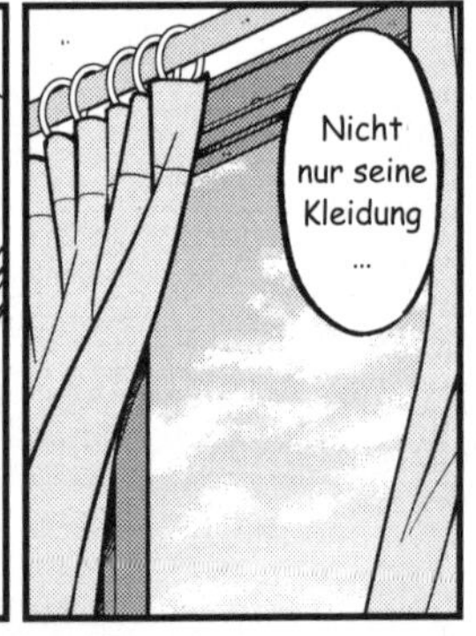
Nicht nur seine Kleidung ...

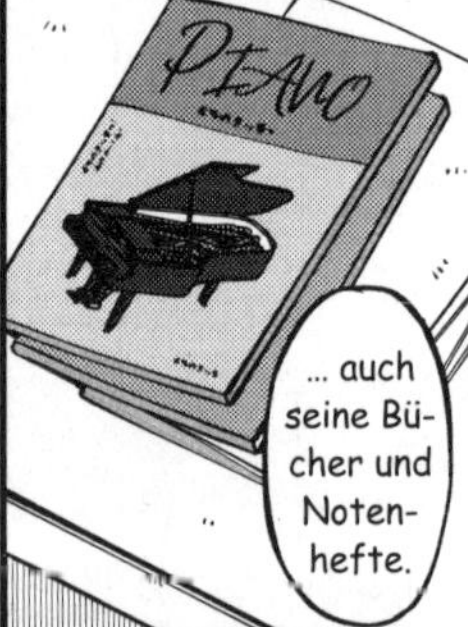
... auch seine Bücher und Notenhefte.

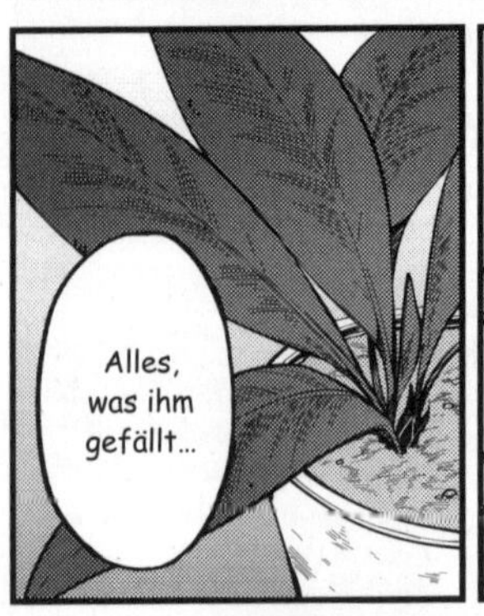
Alles, was ihm gefällt...

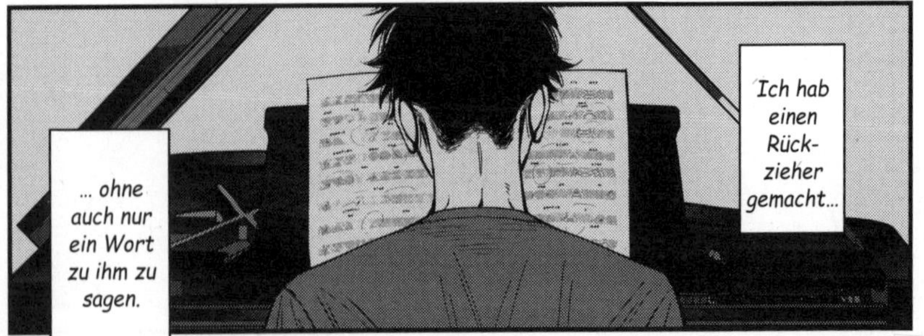
Ich hab einen Rückzieher gemacht...
... ohne auch nur ein Wort zu ihm zu sagen.

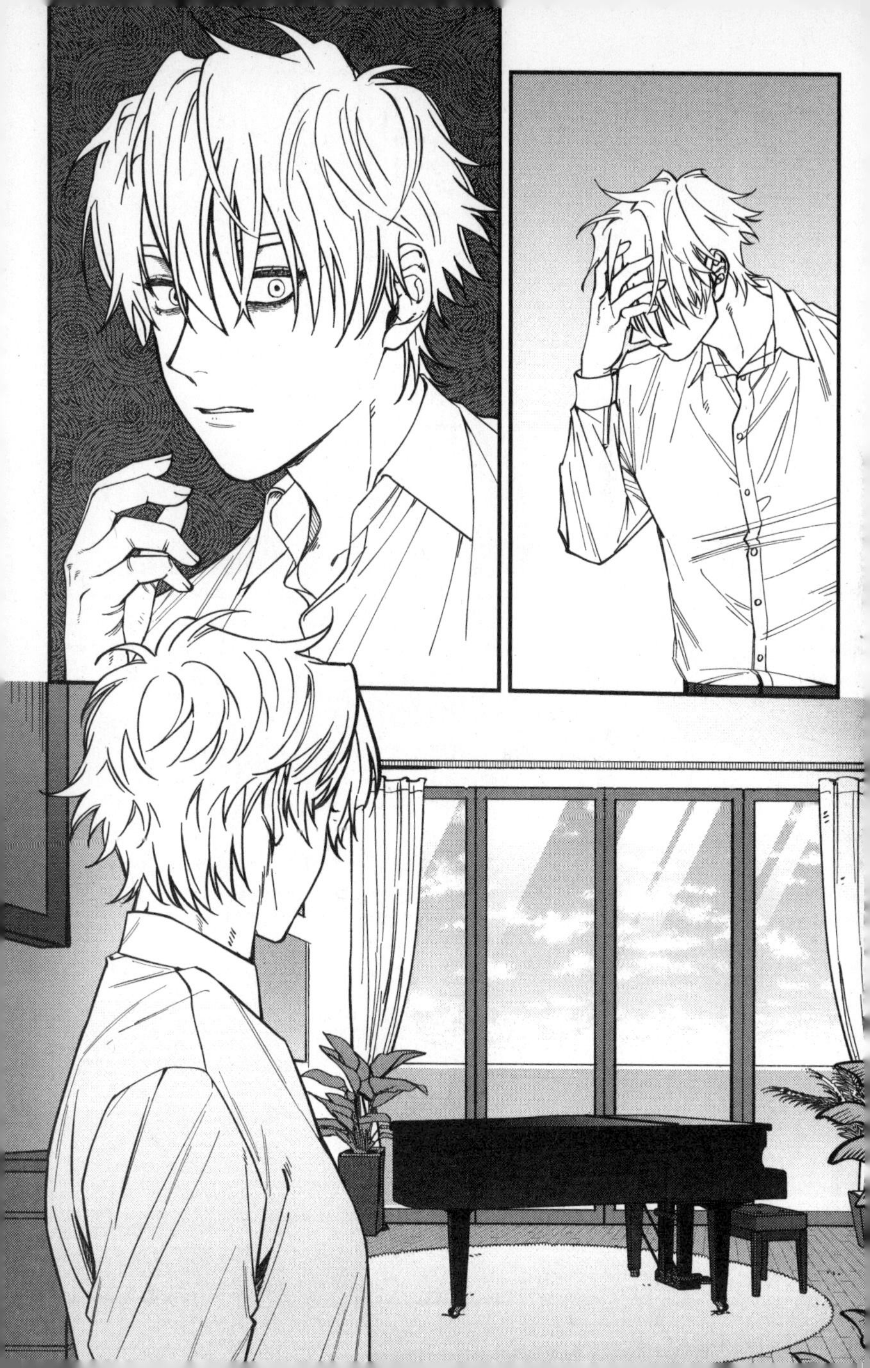

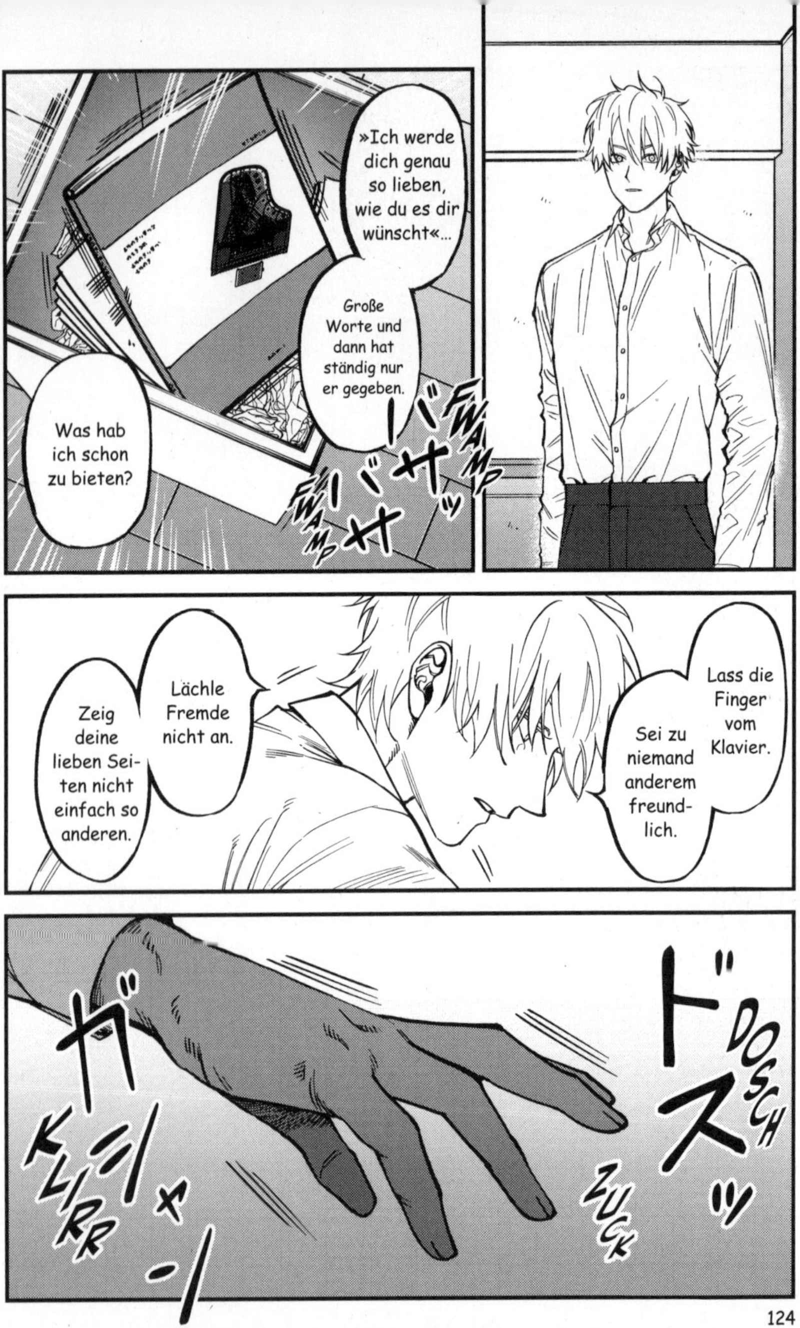

»Ich werde dich genau so lieben, wie du es dir wünscht«...

Große Worte und dann hat ständig nur er gegeben.

Was hab ich schon zu bieten?

FWAMP

FWAMP

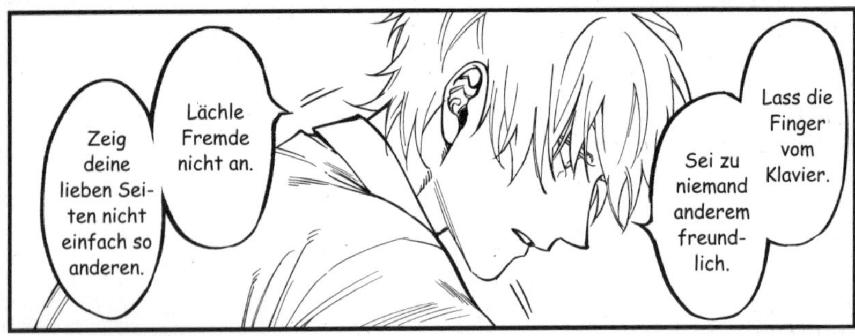

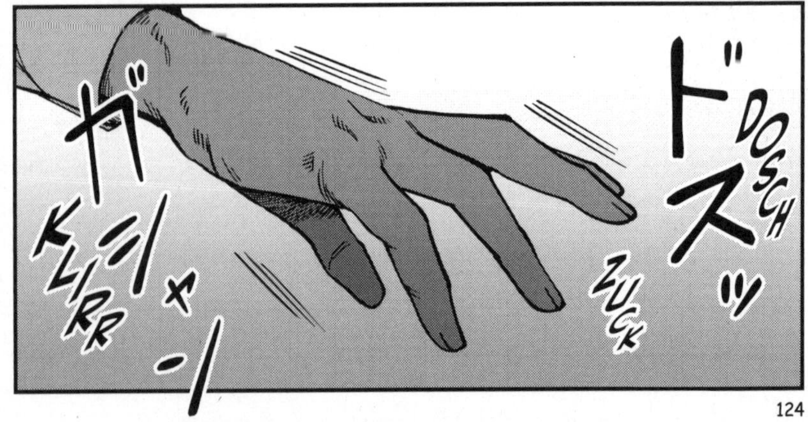

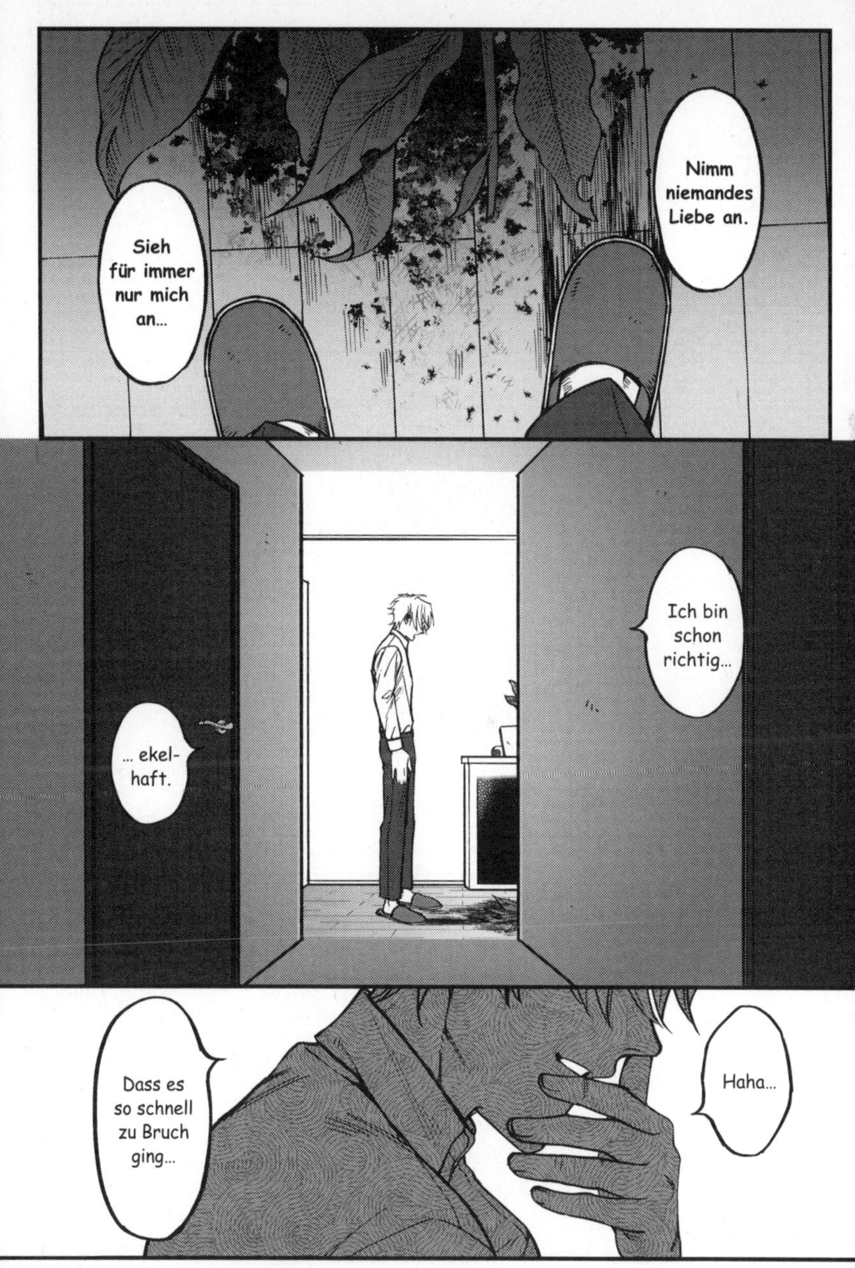
Nimm niemandes Liebe an.
Sieh für immer nur mich an...
Ich bin schon richtig...
... ekelhaft.
Haha...
Dass es so schnell zu Bruch ging...

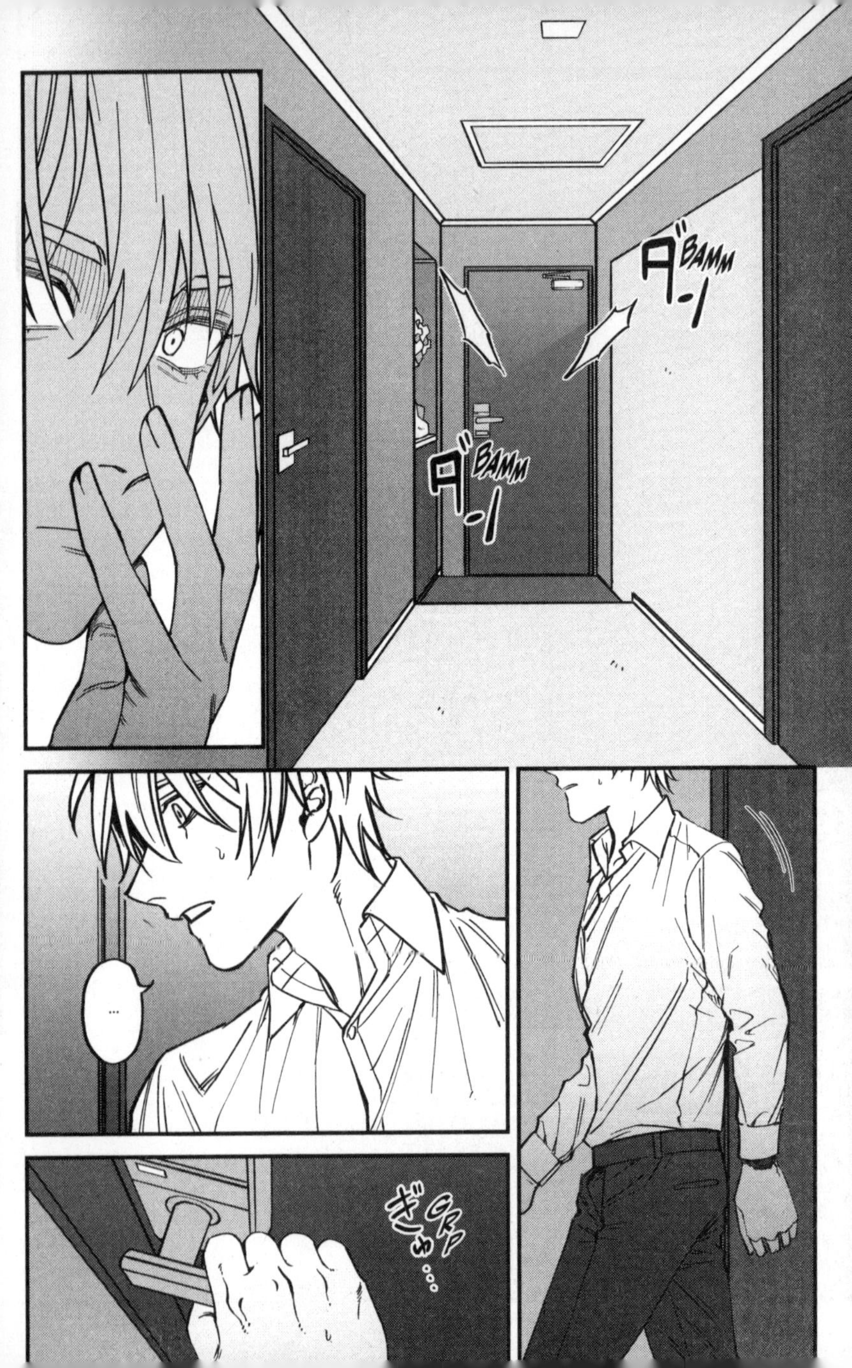

ダ-!
BAMM
ダ-!
BAMM
…
ぎゅ…
GRIP

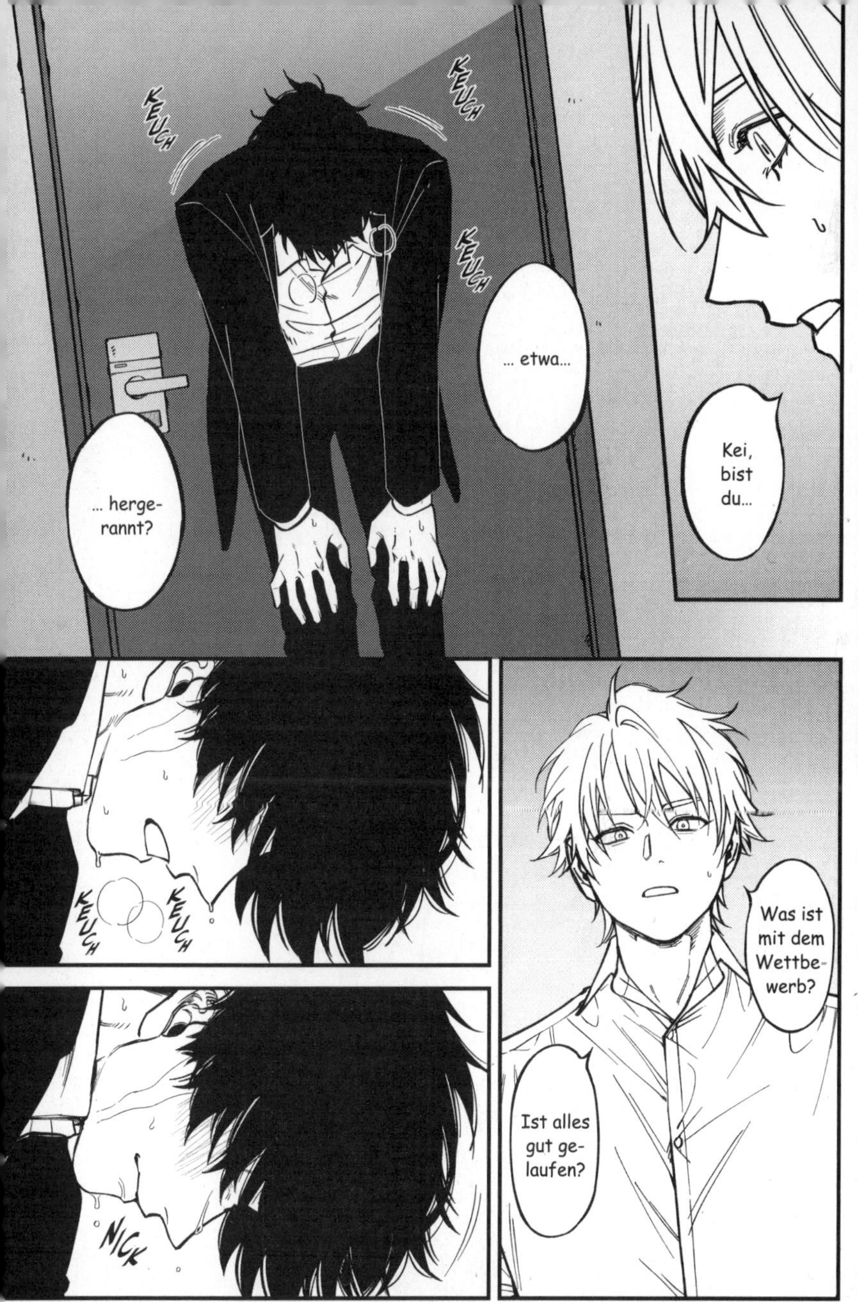
Kei, bist du…
… etwa…
KEUCH
KEUCH
KEUCH
… hergerannt?
Was ist mit dem Wettbewerb?
KEUCH
KEUCH
Ist alles gut gelaufen?
NICK

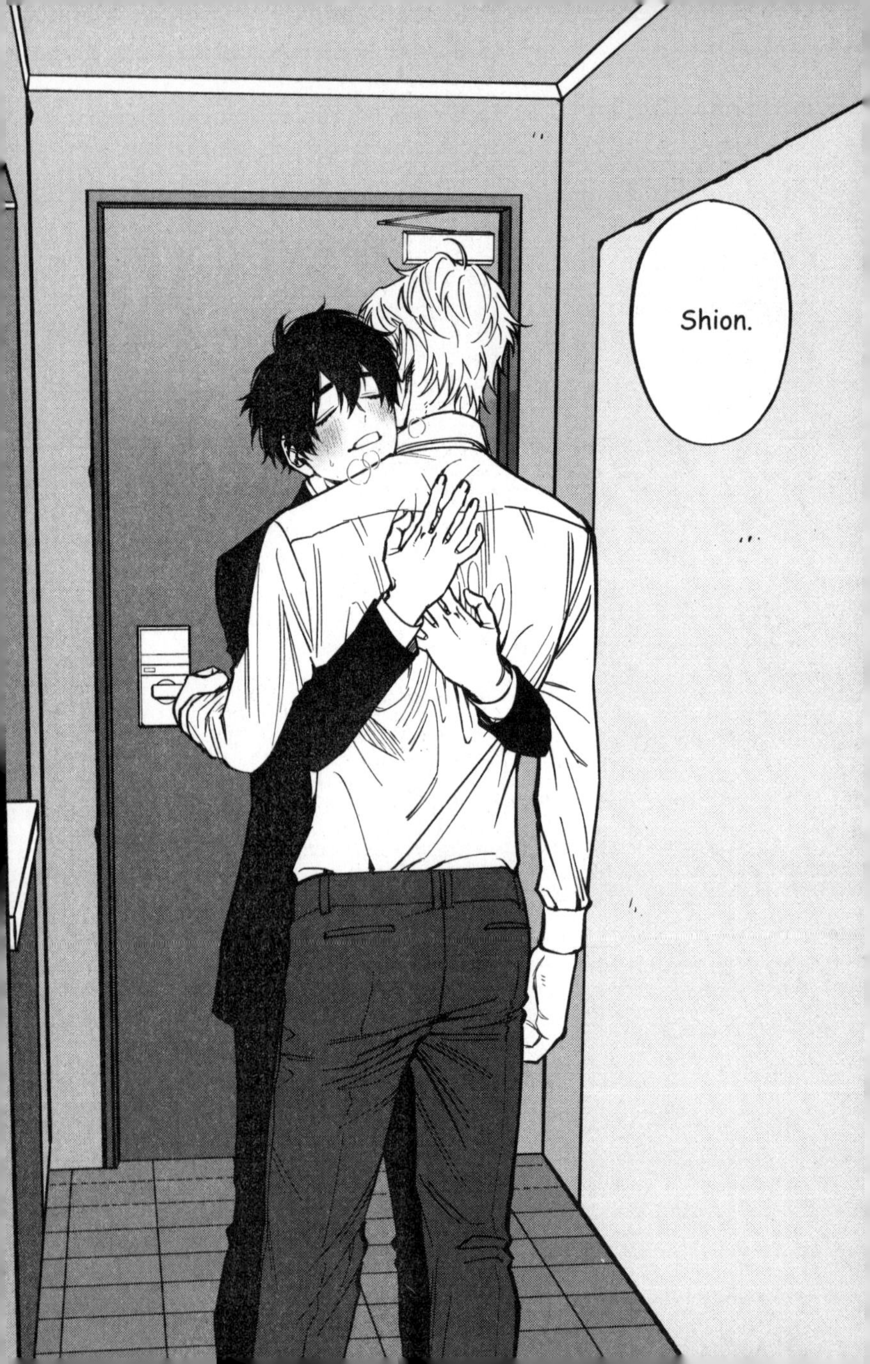
Shion.

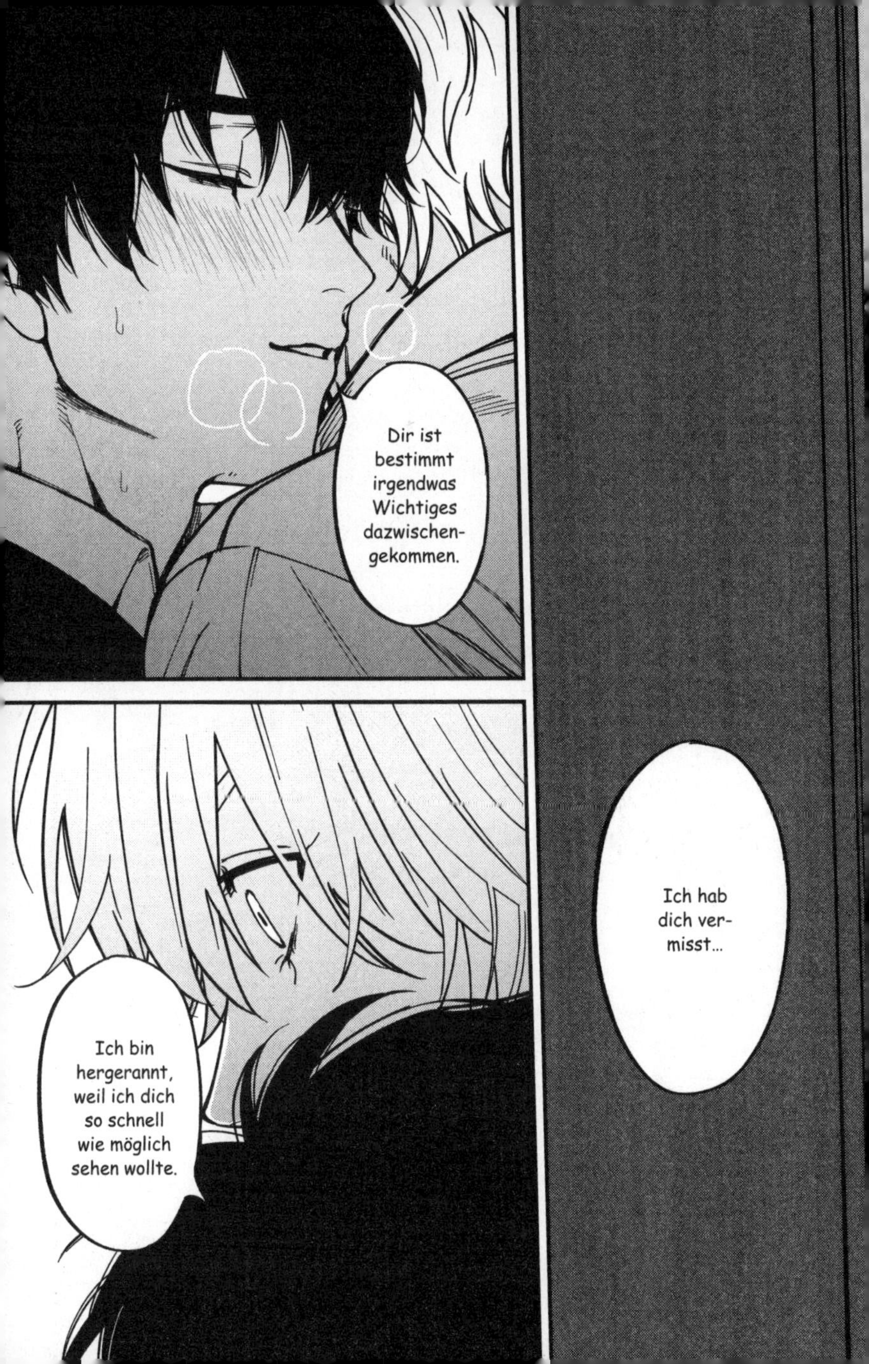

Dir ist bestimmt irgendwas Wichtiges dazwischen-gekommen.

Ich hab dich ver-misst...

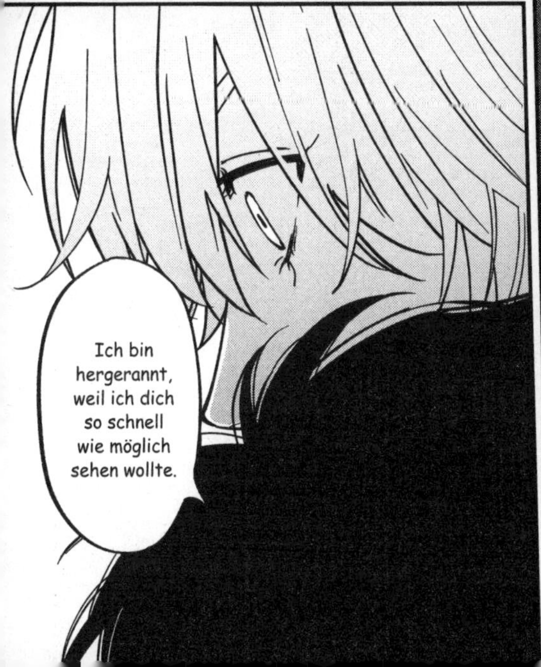

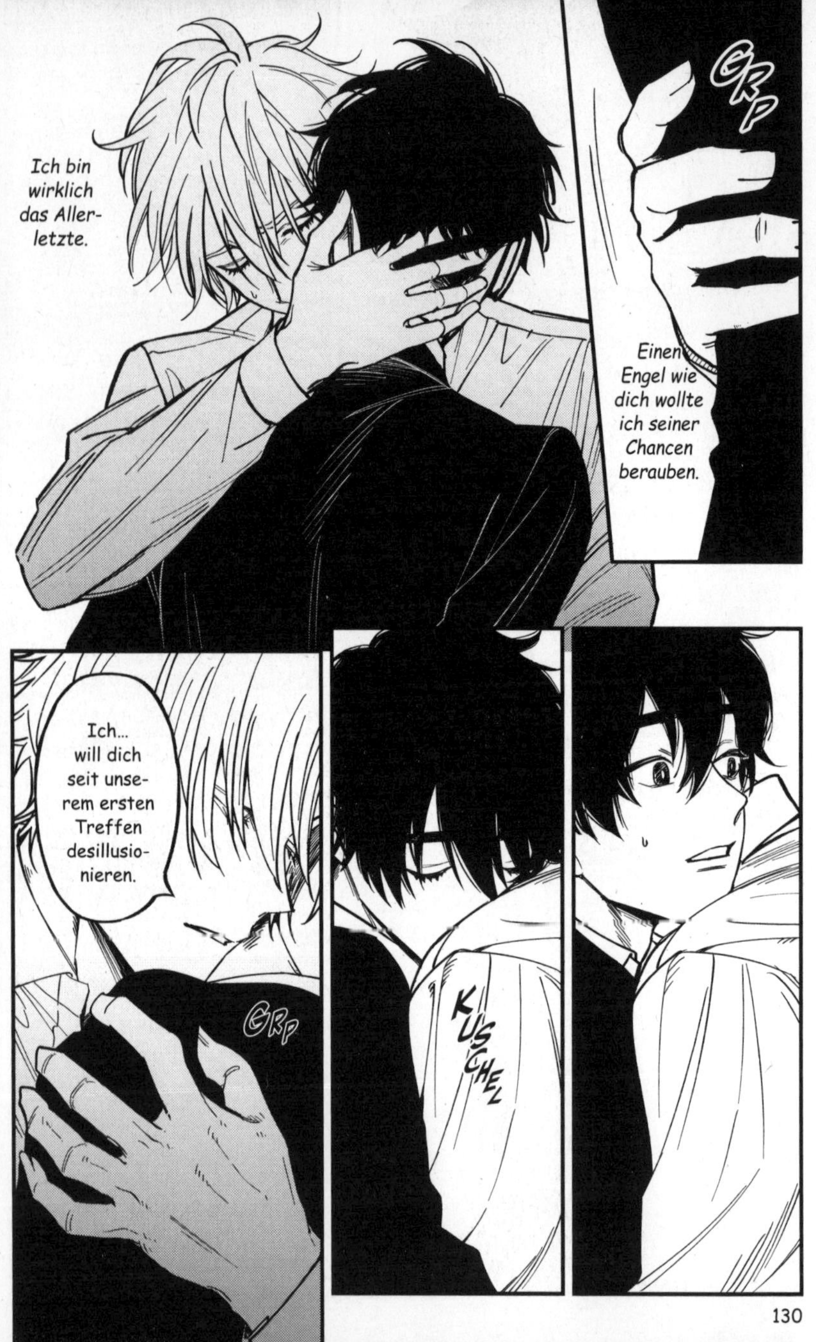
GRP
Einen Engel wie dich wollte ich seiner Chancen berauben.
Ich bin wirklich das Allerletzte.
KUSCHEL
Ich... will dich seit unserem ersten Treffen desillusionieren.
GRP

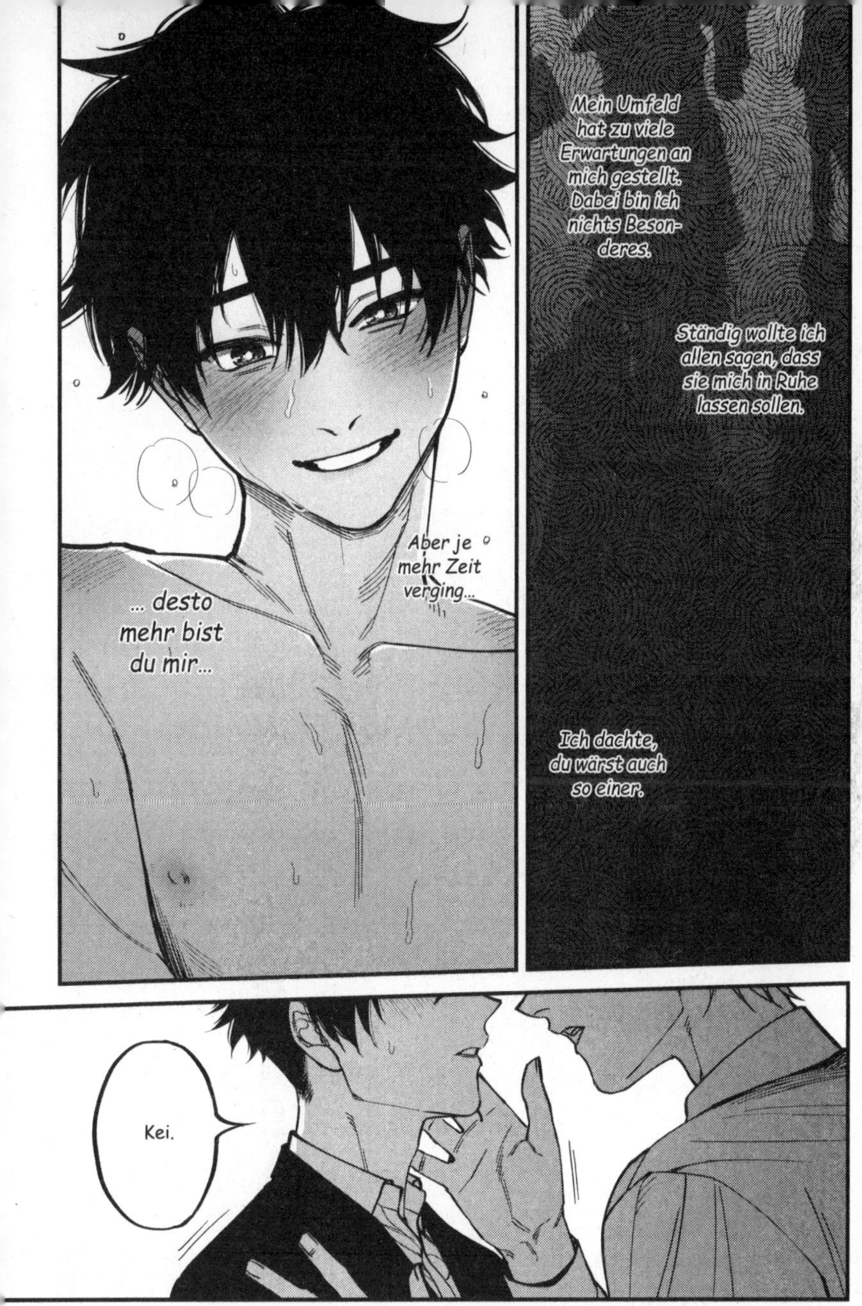

Mein Umfeld hat zu viele Erwartungen an mich gestellt. Dabei bin ich nichts Besonderes.

Ständig wollte ich allen sagen, dass sie mich in Ruhe lassen sollen.

Ich dachte, du wärst auch so einer.

Aber je mehr Zeit verging...

... desto mehr bist du mir...

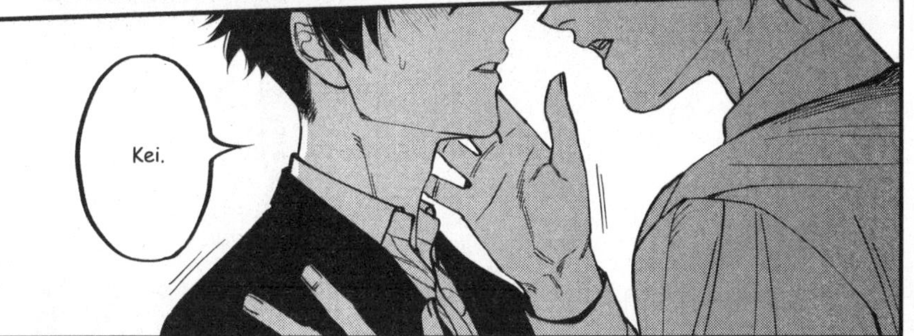

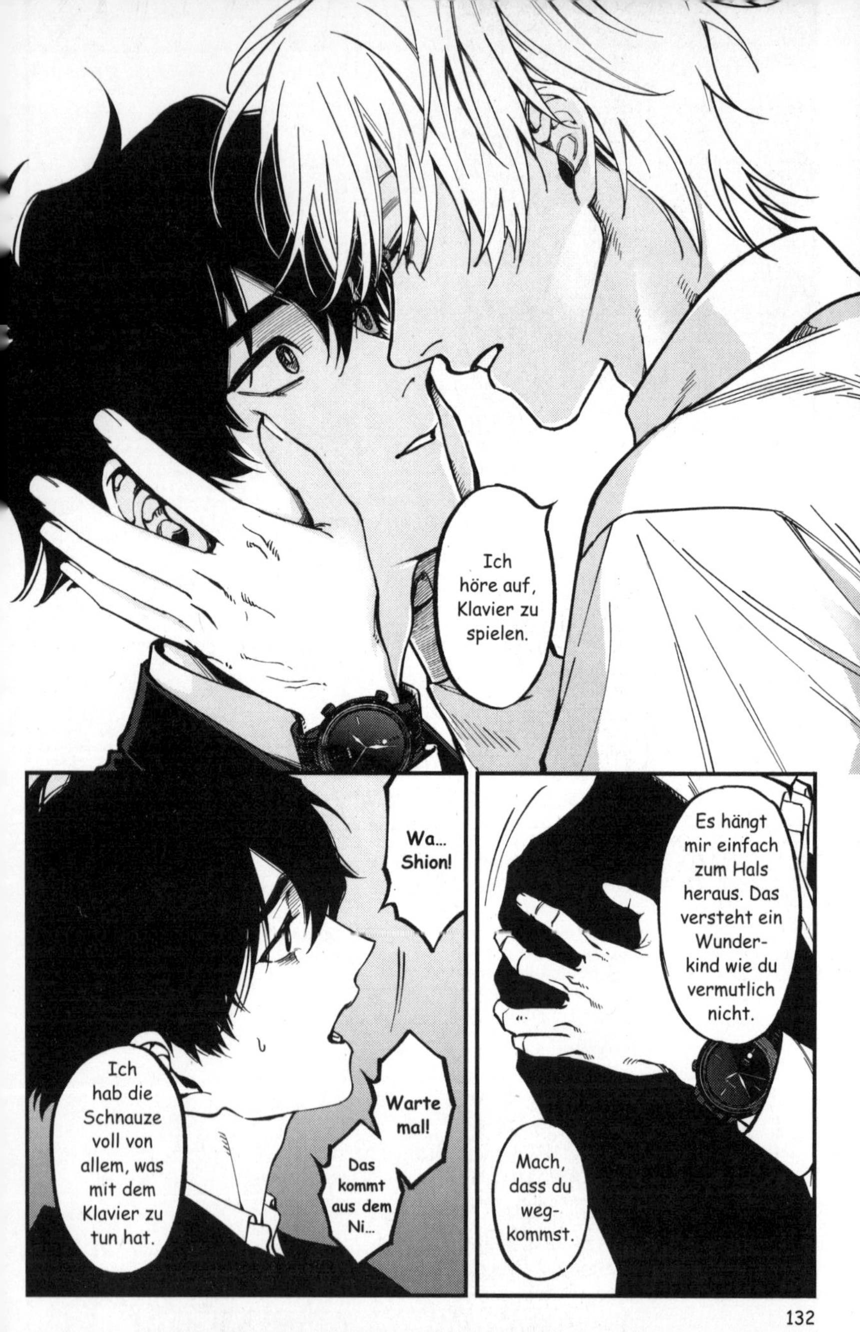
Ich höre auf, Klavier zu spielen.
Es hängt mir einfach zum Hals heraus. Das versteht ein Wunder-kind wie du vermutlich nicht.
Mach, dass du weg-kommst.
Wa... Shion!
Warte mal!
Das kommt aus dem Ni...
Ich hab die Schnauze voll von allem, was mit dem Klavier zu tun hat.

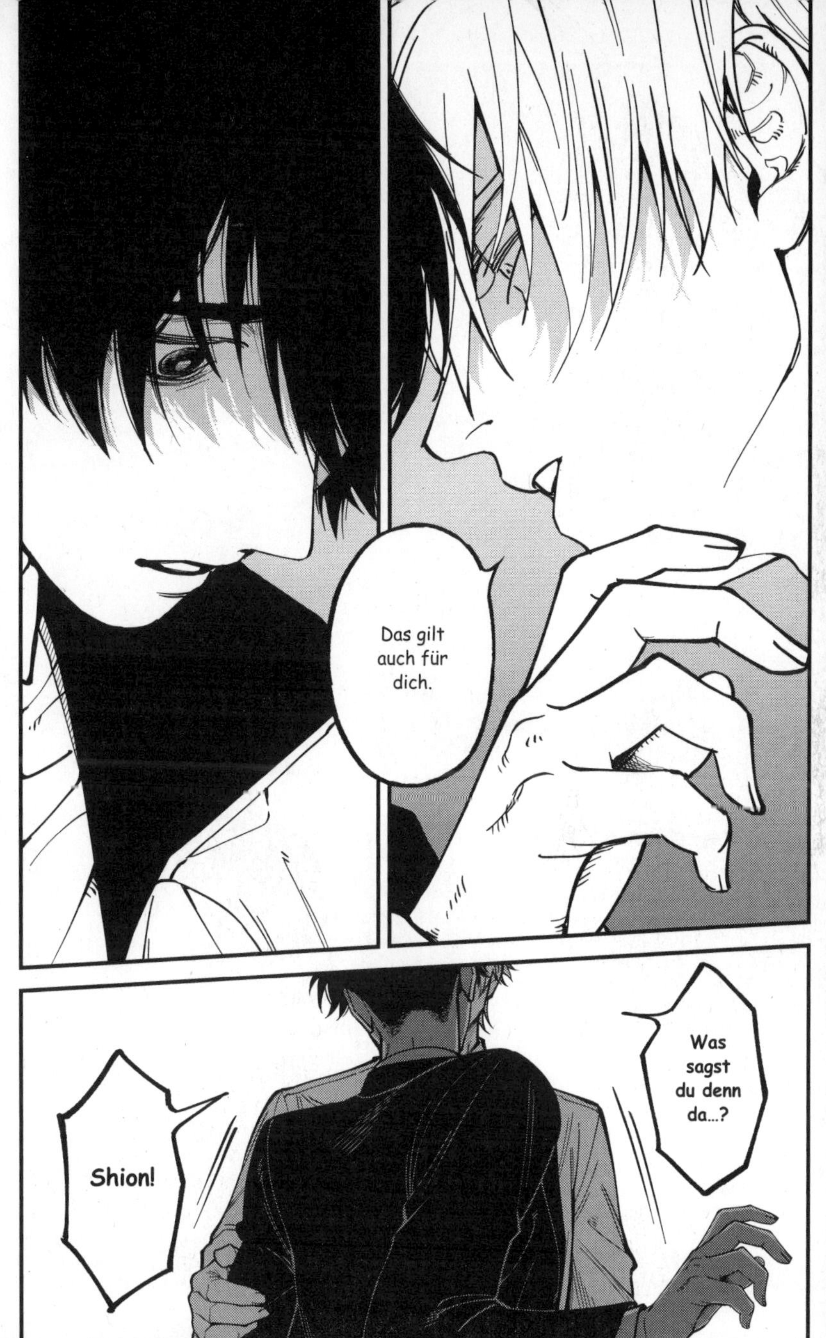
Das gilt auch für dich.
Was sagst du denn da...?
Shion!

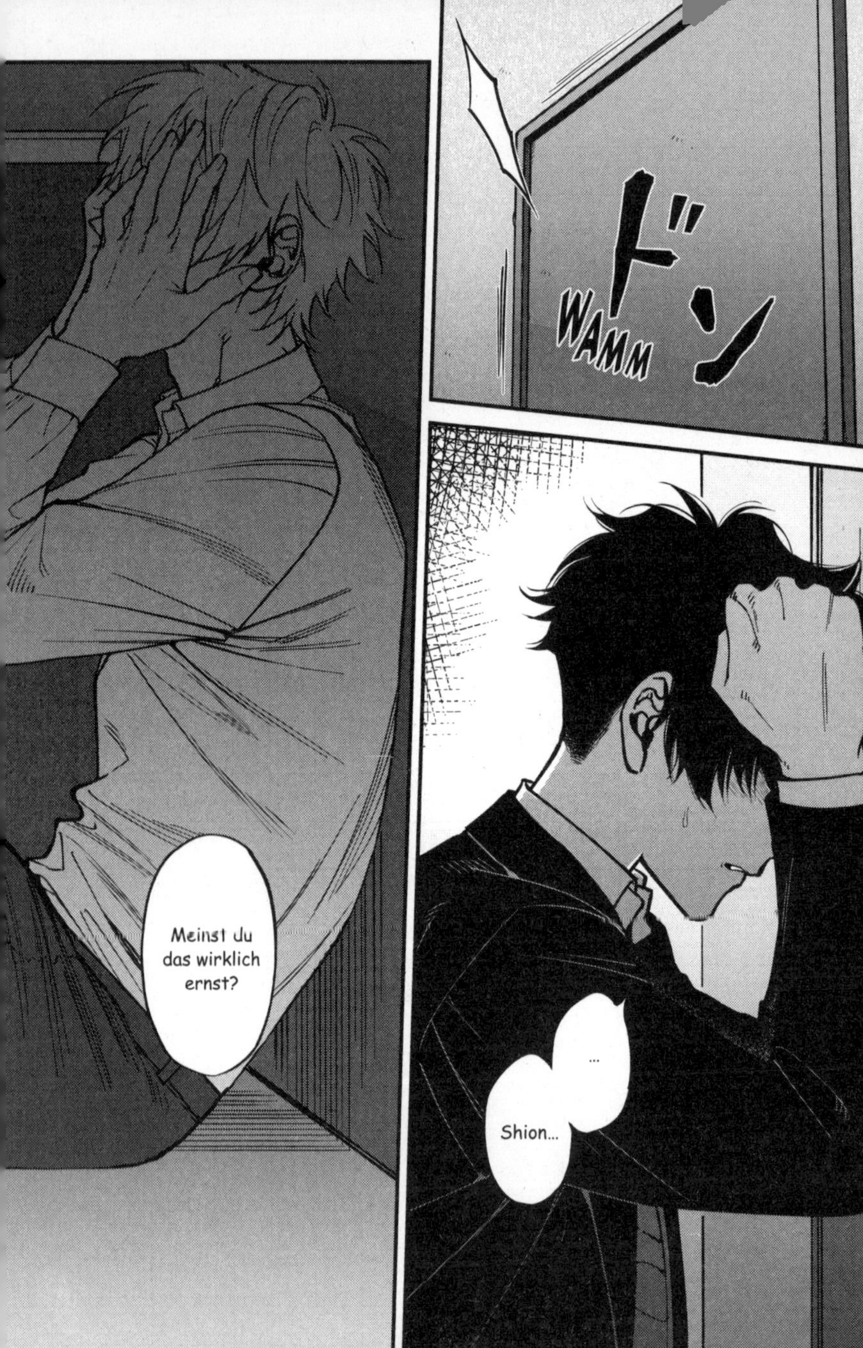

ドン
WAMM
...
Shion...
Meinst du das wirklich ernst?

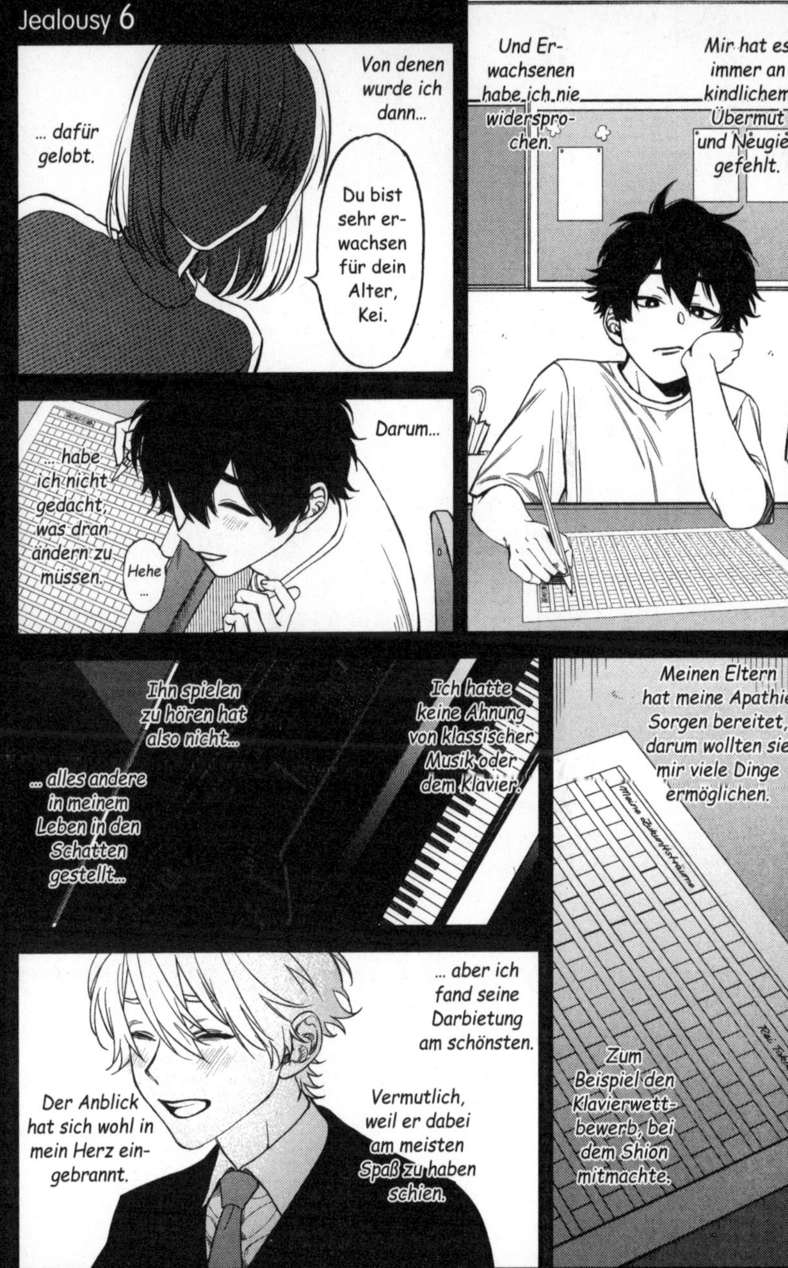
Mir hat es immer an kindlichem Übermut und Neugier gefehlt.
Und Erwachsenen habe ich nie widersprochen.
Von denen wurde ich dann...
Du bist sehr erwachsen für dein Alter, Kei.
... dafür gelobt.
Darum...
... habe ich nicht gedacht, was dran ändern zu müssen.
Hehe ...
Meinen Eltern hat meine Apathie Sorgen bereitet, darum wollten sie mir viele Dinge ermöglichen.
Meine Zukunftsträume
Zum Beispiel den Klavierwettbewerb, bei dem Shion mitmachte.
Ich hatte keine Ahnung von klassischer Musik oder dem Klavier.
Ihn spielen zu hören hat also nicht...
... alles andere in meinem Leben in den Schatten gestellt...
... aber ich fand seine Darbietung am schönsten.
Vermutlich, weil er dabei am meisten Spaß zu haben schien.
Der Anblick hat sich wohl in mein Herz eingebrannt.

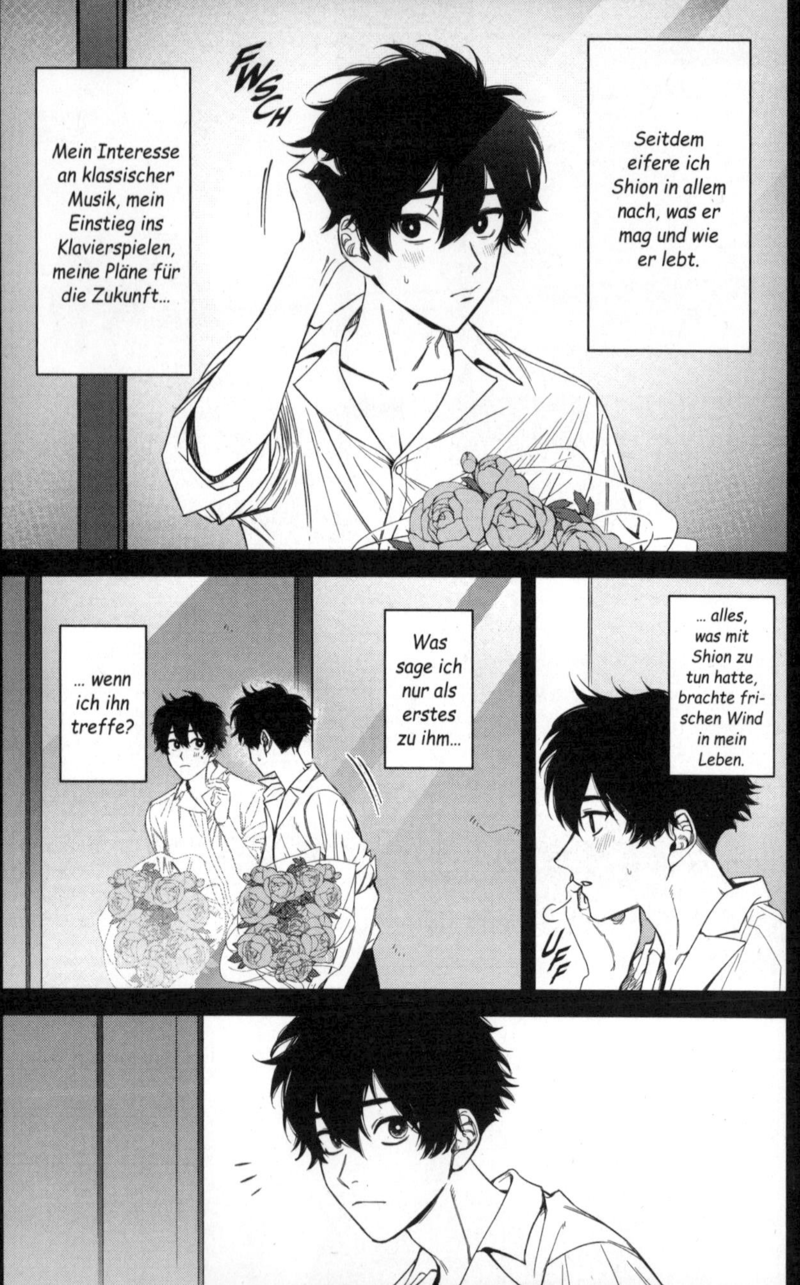
Seitdem eifere ich Shion in allem nach, was er mag und wie er lebt.
FWSCH
Mein Interesse an klassischer Musik, mein Einstieg ins Klavierspielen, meine Pläne für die Zukunft...
... alles, was mit Shion zu tun hatte, brachte frischen Wind in mein Leben.
UFF
Was sage ich nur als erstes zu ihm...
... wenn ich ihn treffe?

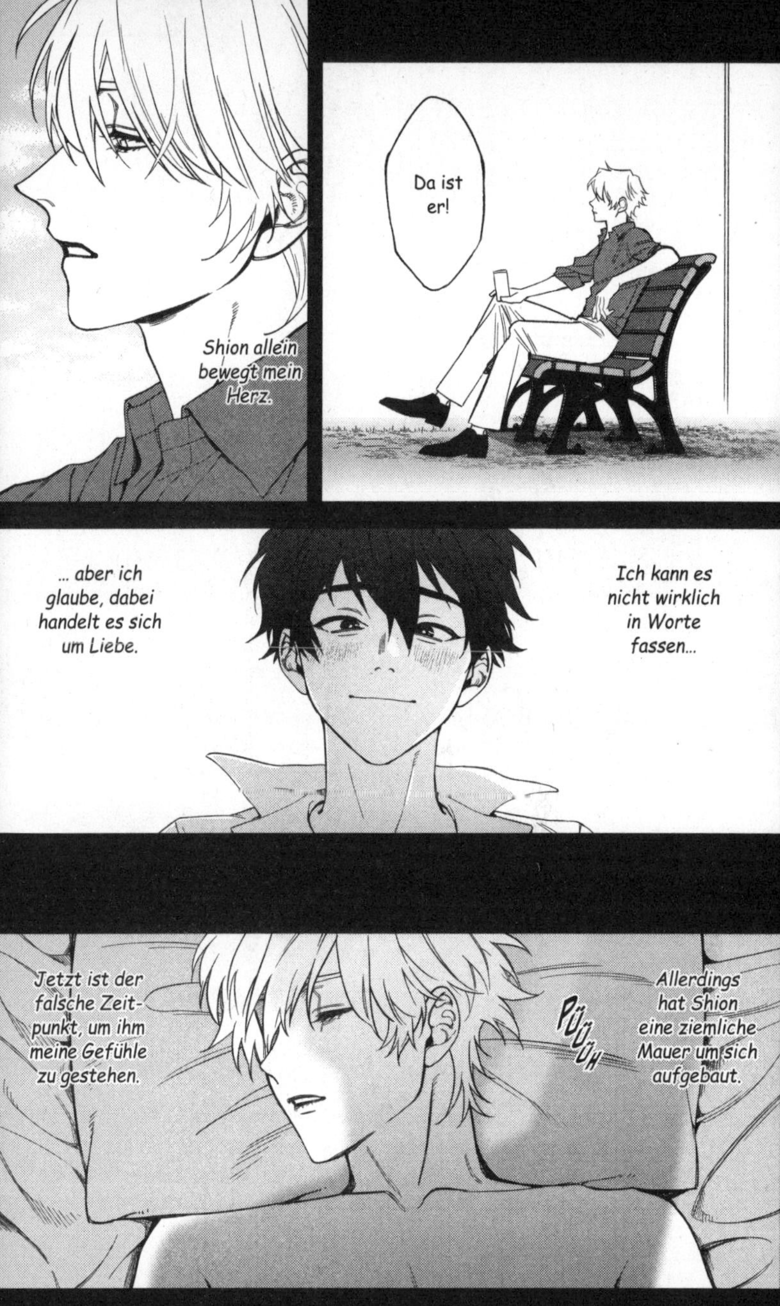
Da ist er!
Shion allein bewegt mein Herz.
Ich kann es nicht wirklich in Worte fassen...
... aber ich glaube, dabei handelt es sich um Liebe.
Allerdings hat Shion eine ziemliche Mauer um sich aufgebaut.
PÜÜH
Jetzt ist der falsche Zeitpunkt, um ihm meine Gefühle zu gestehen.

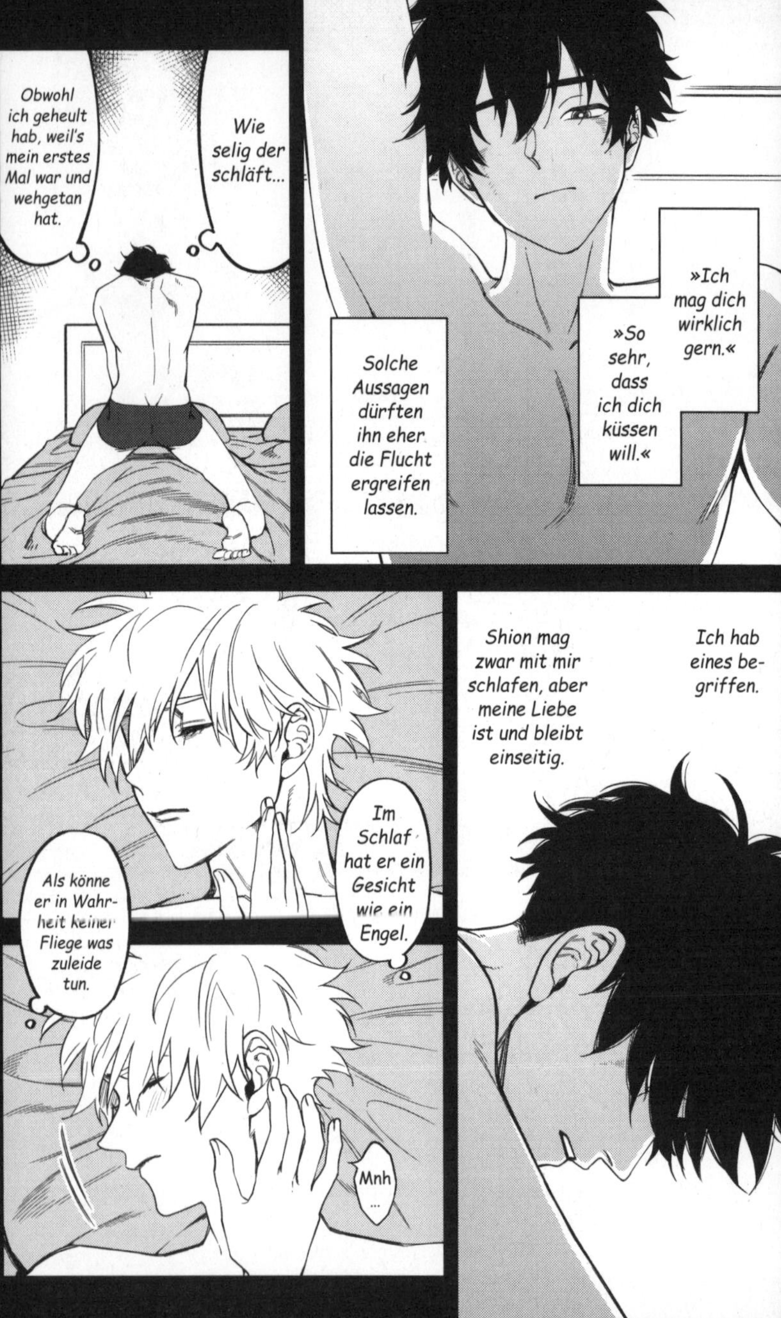
»Ich mag dich wirklich gern.«
»So sehr, dass ich dich küssen will.«
Solche Aussagen dürften ihn eher die Flucht ergreifen lassen.
Wie selig der schläft...
Obwohl ich geheult hab, weil's mein erstes Mal war und wehgetan hat.
Ich hab eines begriffen.
Shion mag zwar mit mir schlafen, aber meine Liebe ist und bleibt einseitig.
Im Schlaf hat er ein Gesicht wie ein Engel.
Als könne er in Wahrheit keiner Fliege was zuleide tun.
Mnh ...

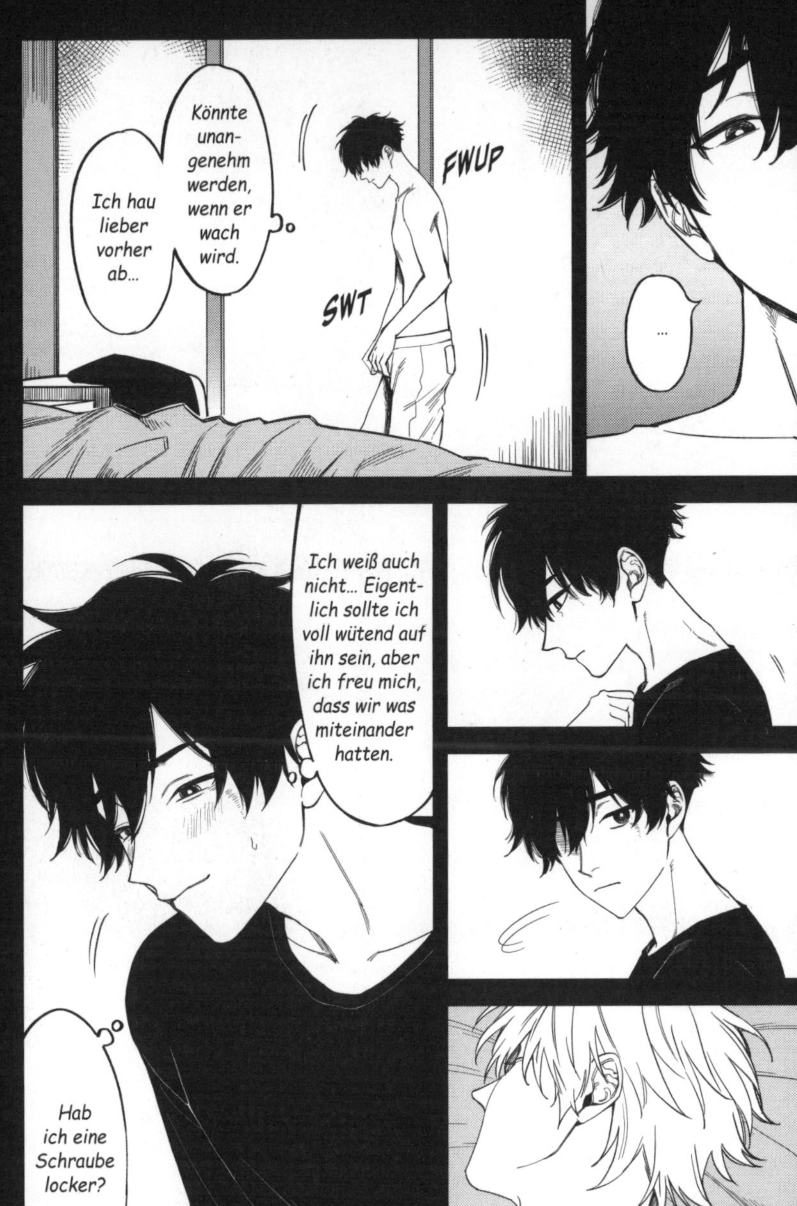

...
FWUP
Könnte unangenehm werden, wenn er wach wird.
Ich hau lieber vorher ab...
SWT
Ich weiß auch nicht... Eigentlich sollte ich voll wütend auf ihn sein, aber ich freu mich, dass wir was miteinander hatten.
Hab ich eine Schraube locker?
KNARZ

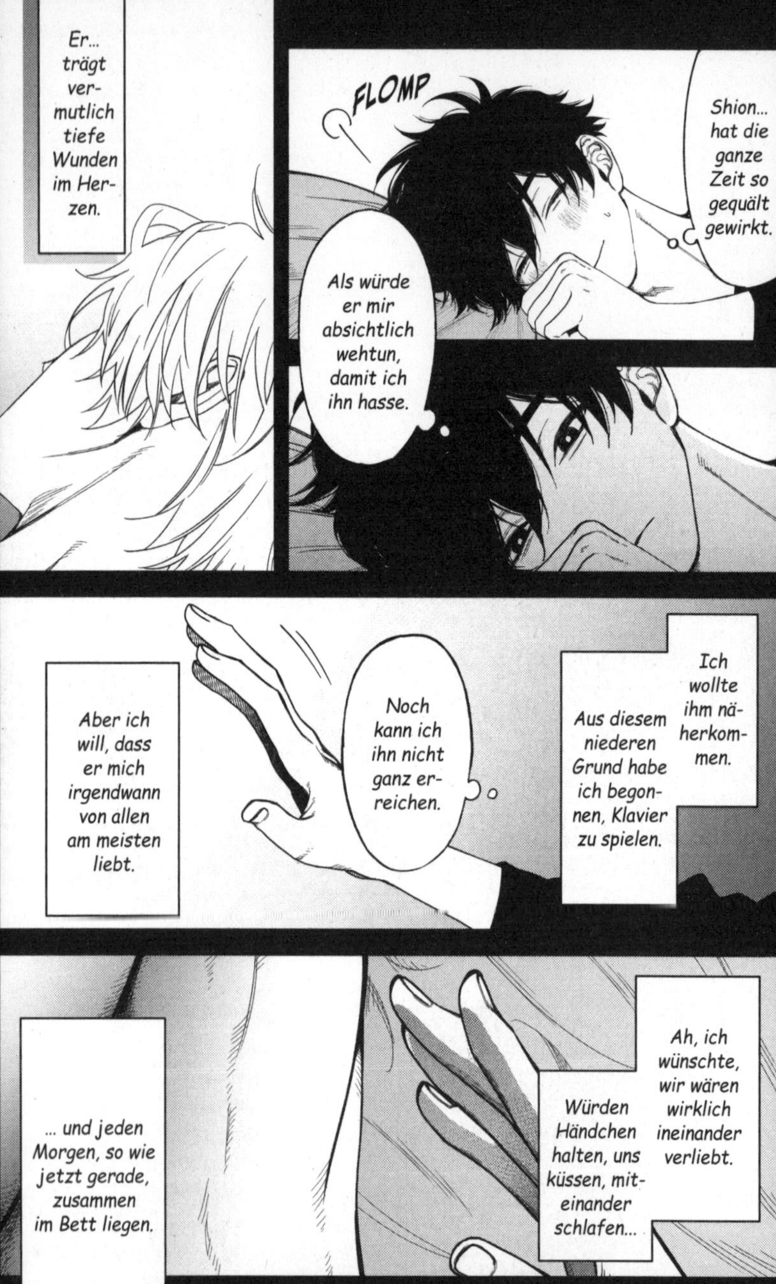
Shion... hat die ganze Zeit so gequält gewirkt.
FLOMP
Er... trägt vermutlich tiefe Wunden im Herzen.
Als würde er mir absichtlich wehtun, damit ich ihn hasse.
Ich wollte ihm näherkommen.
Aus diesem niederen Grund habe ich begonnen, Klavier zu spielen.
Noch kann ich ihn nicht ganz erreichen.
Aber ich will, dass er mich irgendwann von allen am meisten liebt.
Ah, ich wünschte, wir wären wirklich ineinander verliebt.
Würden Händchen halten, uns küssen, miteinander schlafen...
... und jeden Morgen, so wie jetzt gerade, zusammen im Bett liegen.

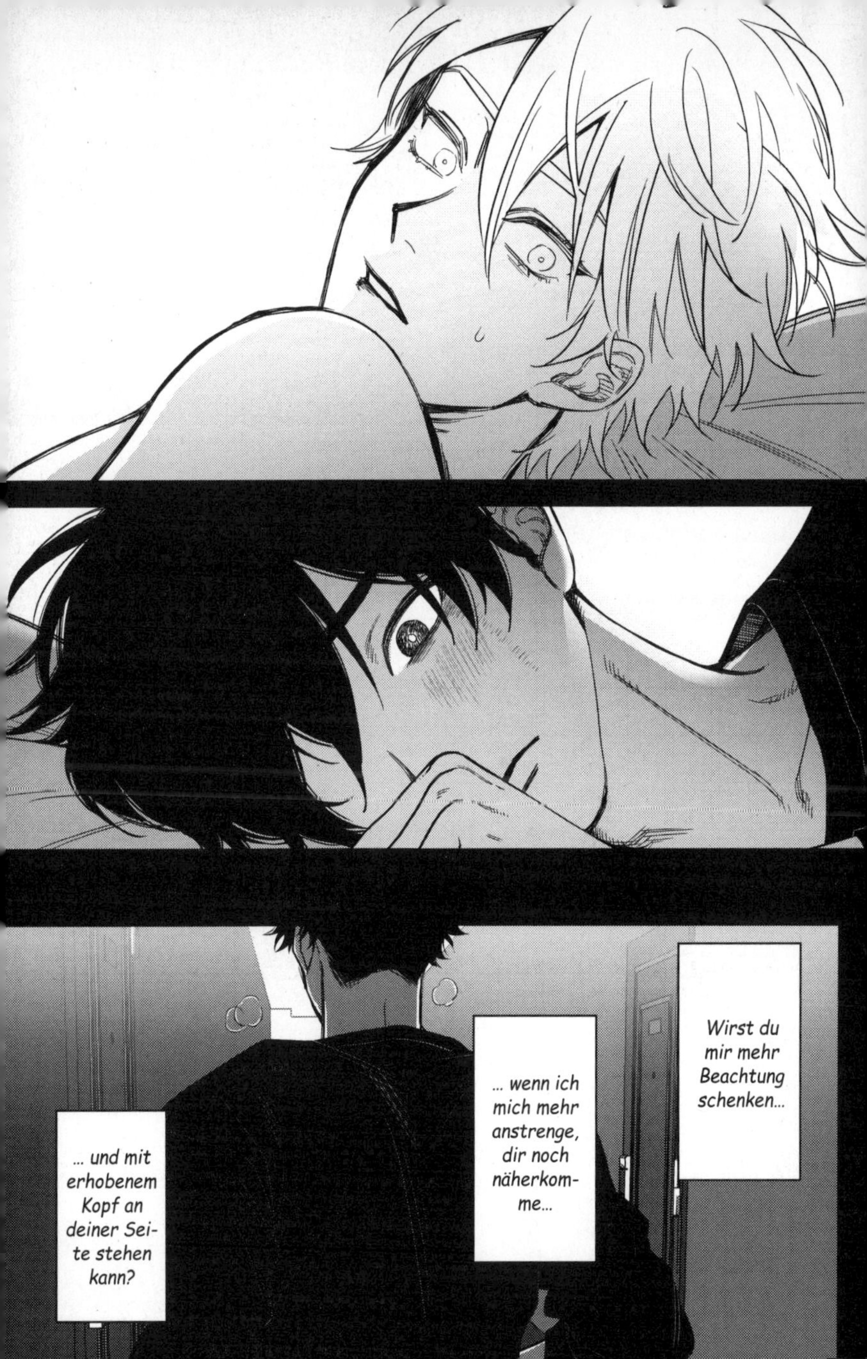
Wirst du mir mehr Beachtung schenken…
… wenn ich mich mehr anstrenge, dir noch näherkomme…
… und mit erhobenem Kopf an deiner Seite stehen kann?

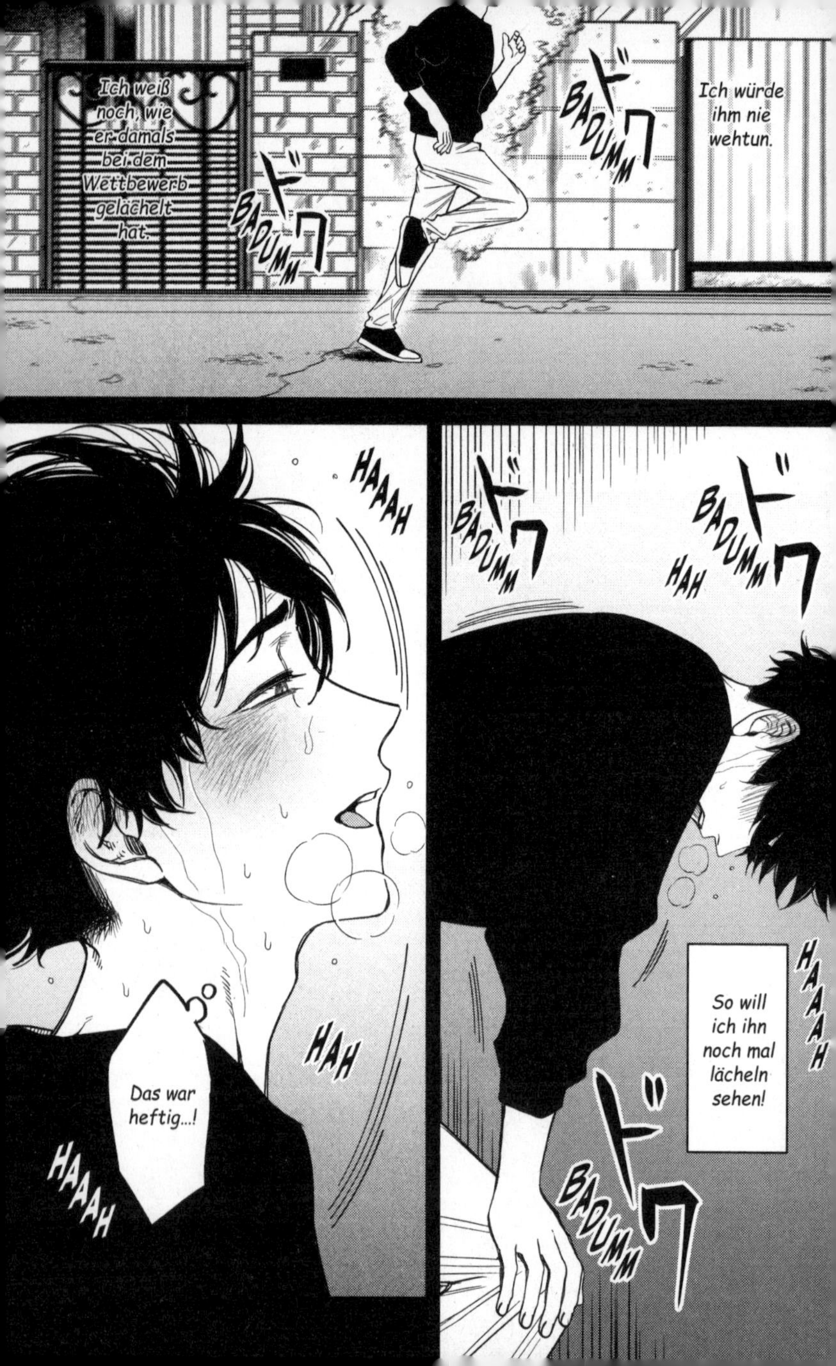
Ich würde ihm nie wehtun.
BADUMM
BADUMM
Ich weiß noch, wie er damals bei dem Wettbewerb gelächelt hat.
BADUMM
BADUMM
HAH
So will ich ihn noch mal lächeln sehen!
HAAAAH
BADUMM
HAAAAH
HAH
Das war heftig...!
HAAAAH

Das war Anlass genug für mich...

... nachdem ich nie aufhören konnte, an ihn zu denken.

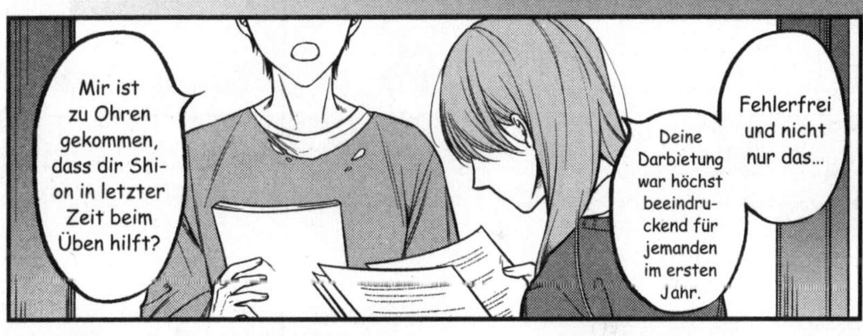

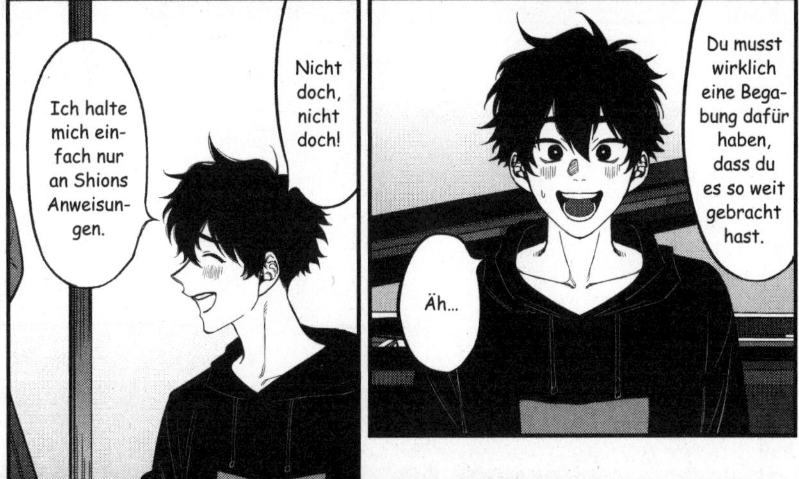

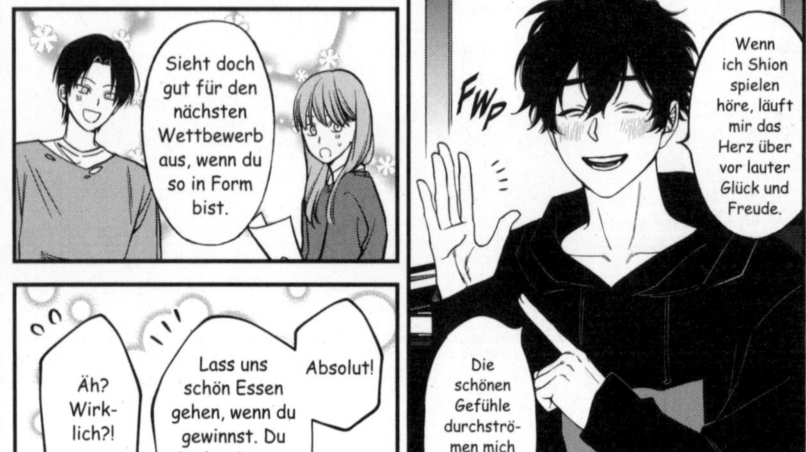
Wenn ich Shion spielen höre, läuft mir das Herz über vor lauter Glück und Freude.
FWP
Die schönen Gefühle durchströmen mich bis zu den Fingerspitzen!
Sieht doch gut für den nächsten Wettbewerb aus, wenn du so in Form bist.
Absolut!
Lass uns schön Essen gehen, wenn du gewinnst. Du darfst dir aussuchen, wo's hingeht!
Äh? Wirklich?!

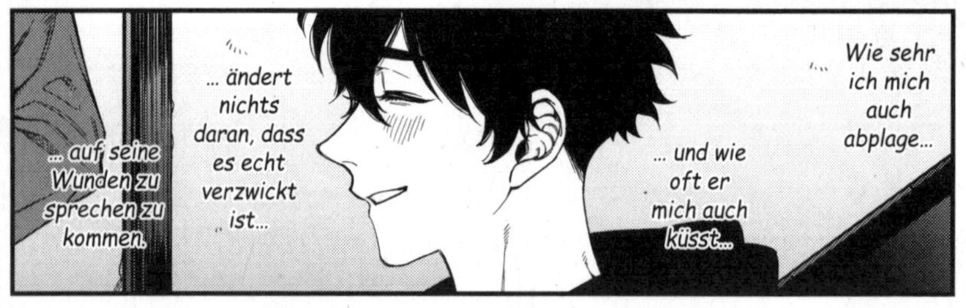
Wie sehr ich mich auch abplage...
... und wie oft er mich auch küsst...
... ändert nichts daran, dass es echt verzwickt ist...
... auf seine Wunden zu sprechen zu kommen.

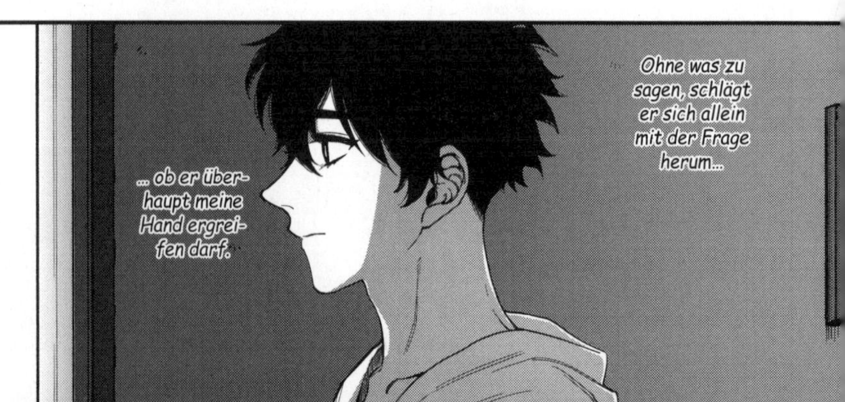
Ohne was zu sagen, schlägt er sich allein mit der Frage herum...
... ob er überhaupt meine Hand ergreifen darf.

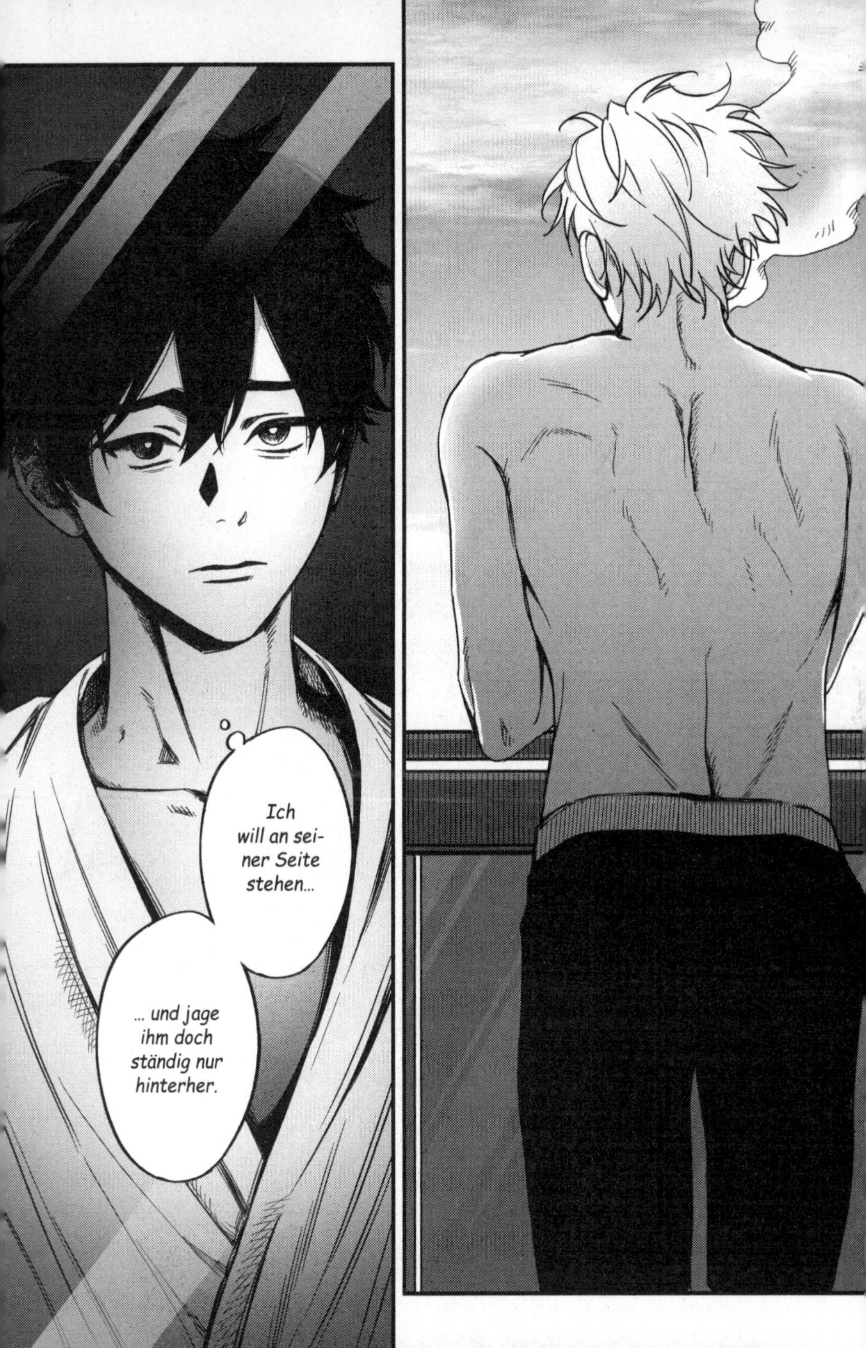
Ich will an seiner Seite stehen...
... und jage ihm doch ständig nur hinterher.

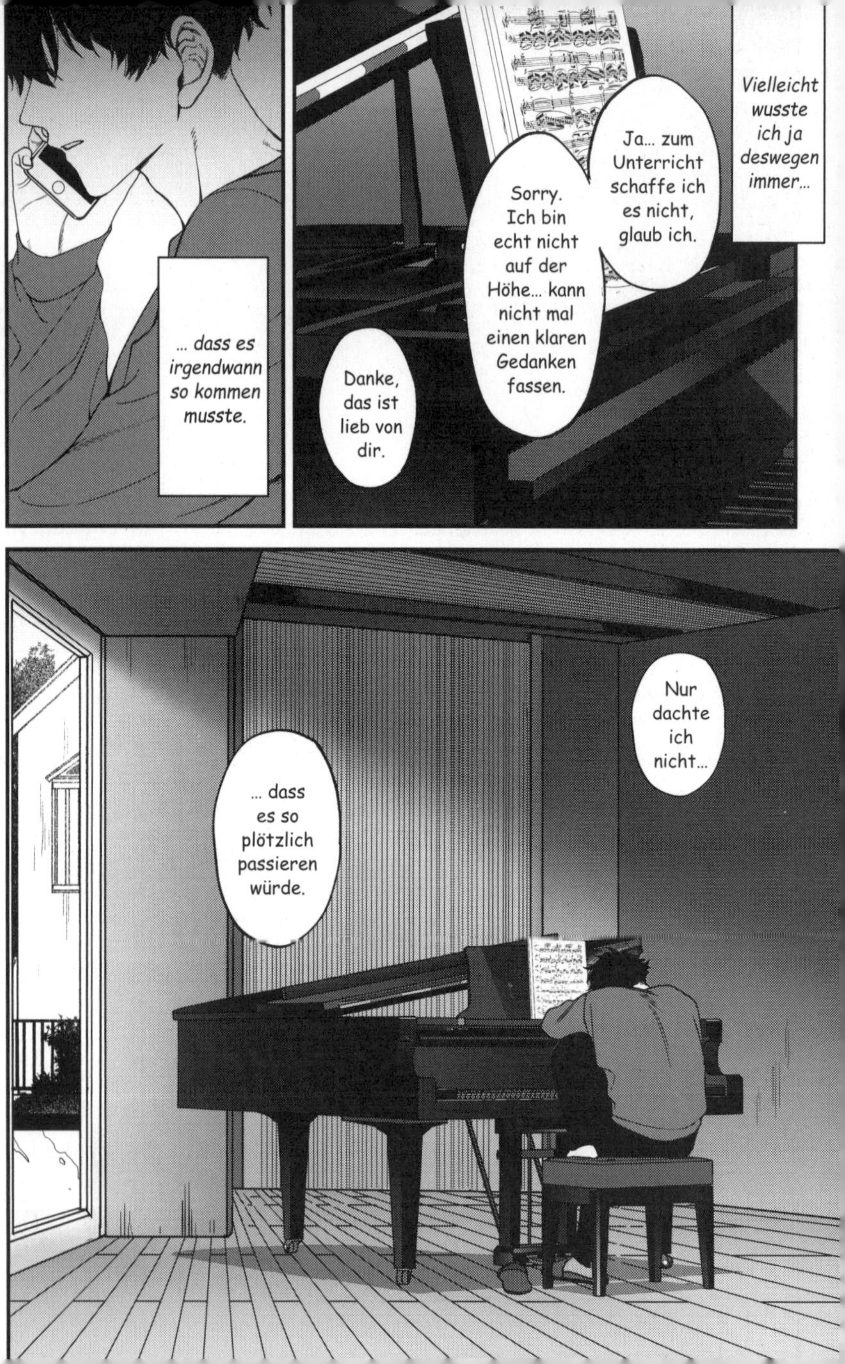

Vielleicht wusste ich ja deswegen immer…

Ja… zum Unterricht schaffe ich es nicht, glaub ich.

Sorry. Ich bin echt nicht auf der Höhe… kann nicht mal einen klaren Gedanken fassen.

Danke, das ist lieb von dir.

… dass es irgendwann so kommen musste.

Nur dachte ich nicht…

… dass es so plötzlich passieren würde.

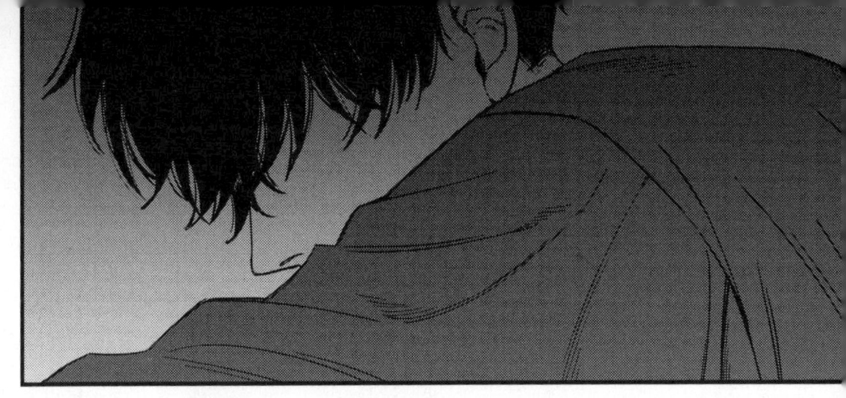

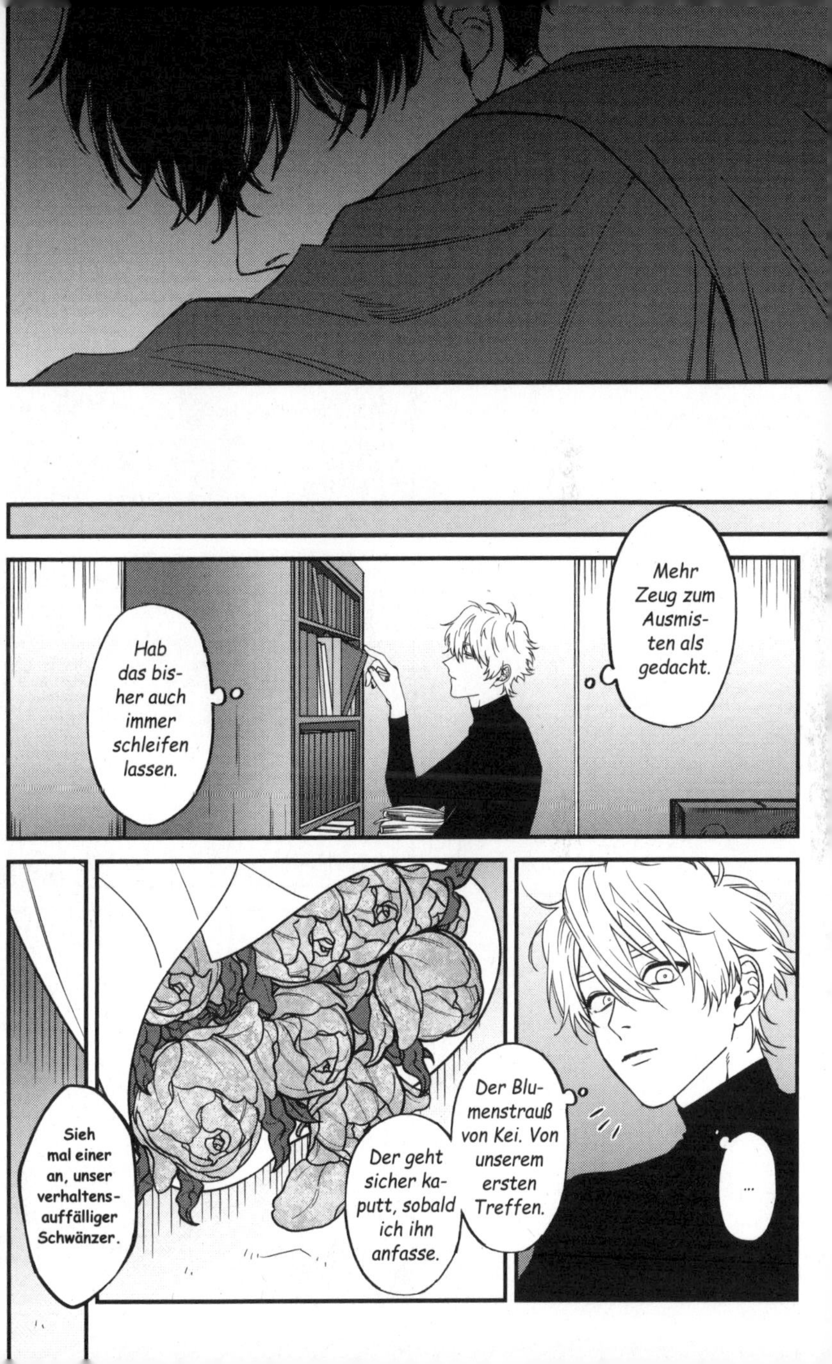

Mehr Zeug zum Ausmisten als gedacht.
Hab das bisher auch immer schleifen lassen.
...
Der Blumenstrauß von Kei. Von unserem ersten Treffen.
Der geht sicher kaputt, sobald ich ihn anfasse.
Sieh mal einer an, unser verhaltensauffälliger Schwänzer.

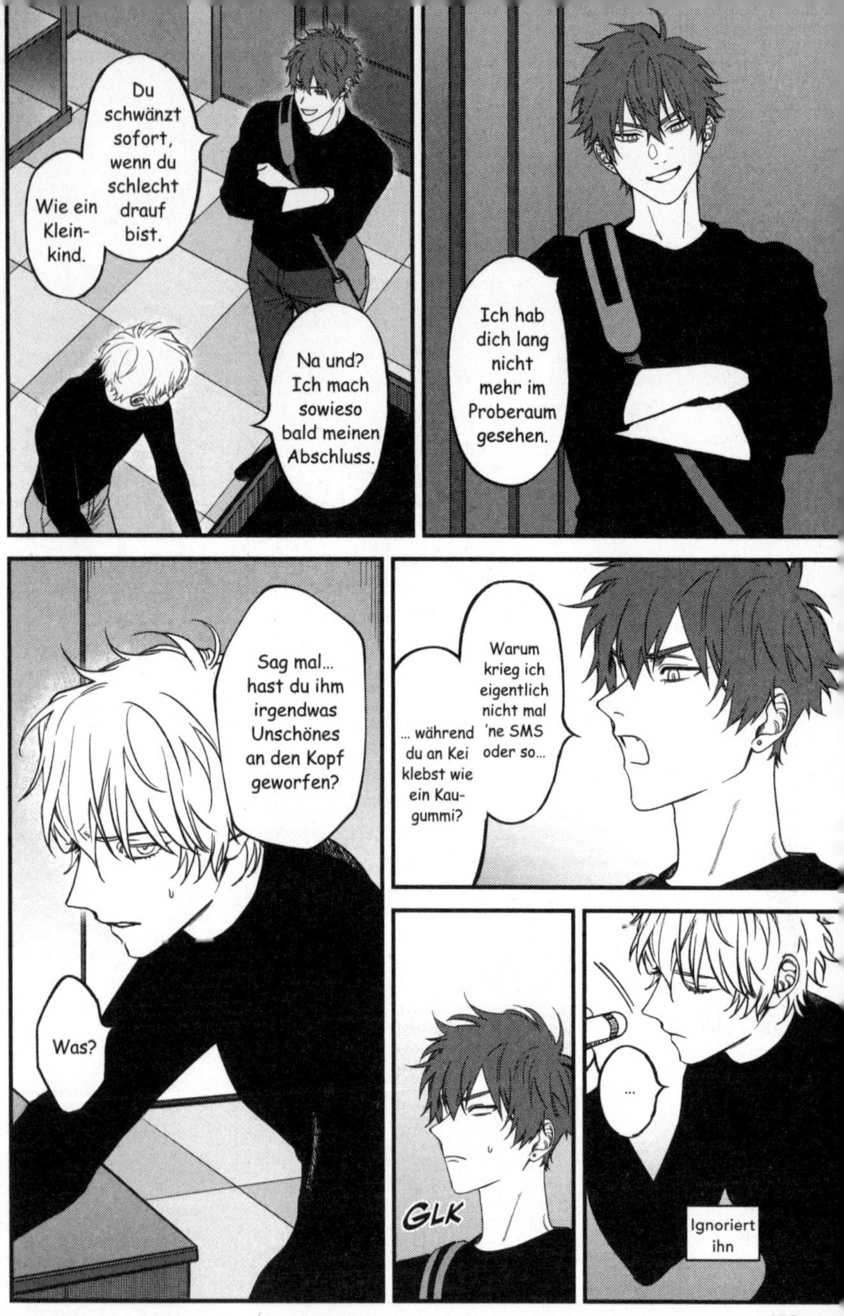

Ich hab dich lang nicht mehr im Proberaum gesehen.

Na und? Ich mach sowieso bald meinen Abschluss.

Du schwänzt sofort, wenn du schlecht drauf bist.

Wie ein Kleinkind.

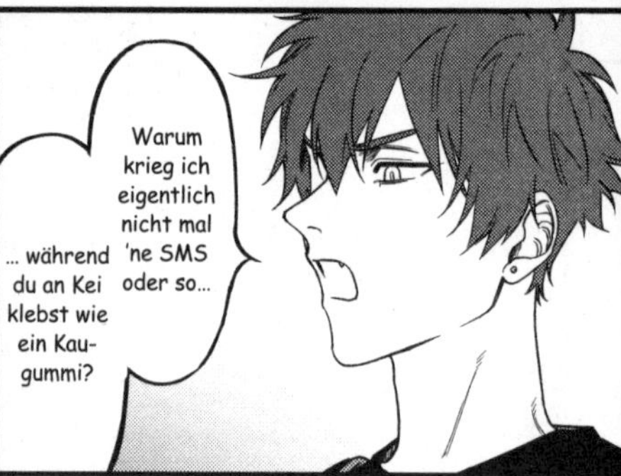

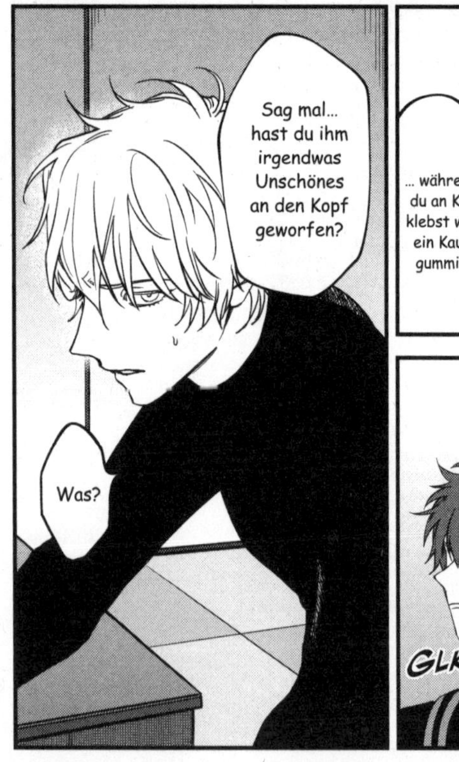

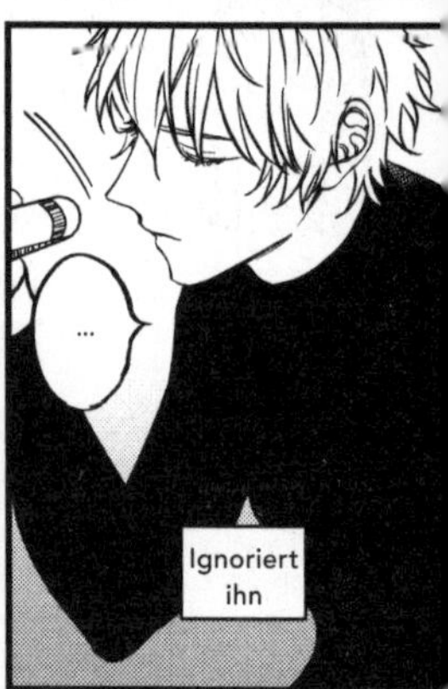

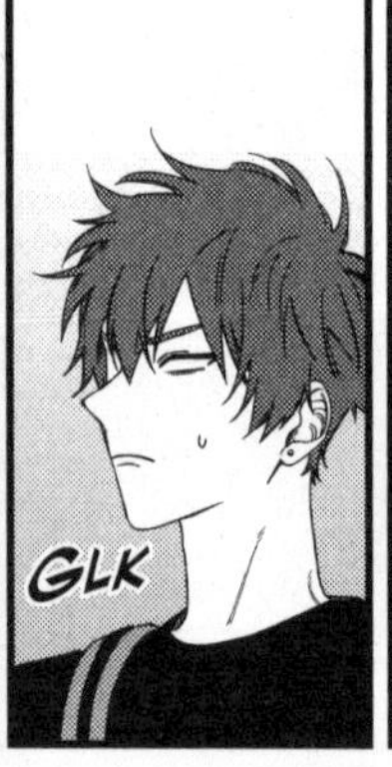

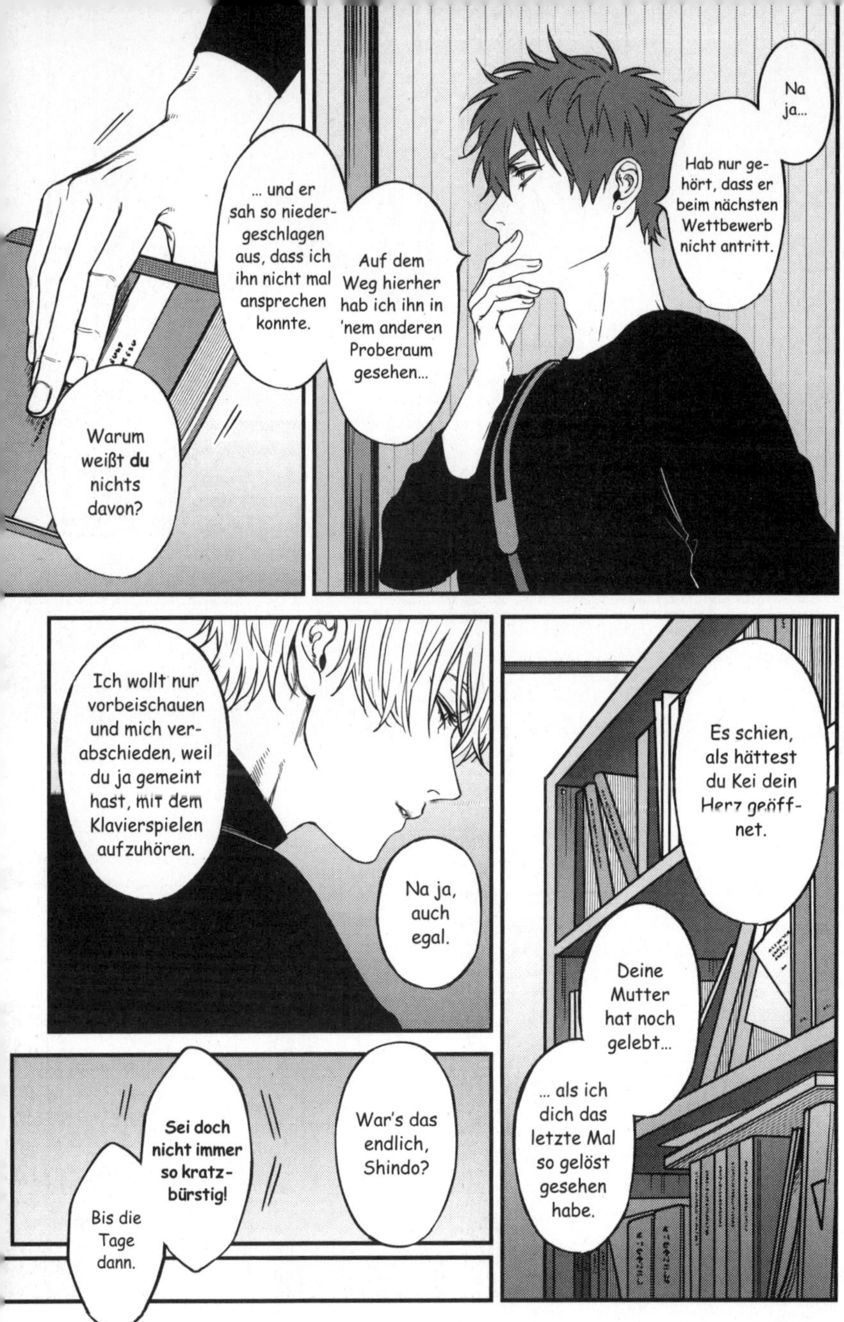

Na ja...

Hab nur gehört, dass er beim nächsten Wettbewerb nicht antritt.

Auf dem Weg hierher hab ich ihn in 'nem anderen Proberaum gesehen...

... und er sah so niedergeschlagen aus, dass ich ihn nicht mal ansprechen konnte.

Warum weißt **du** nichts davon?

Es schien, als hättest du Kei dein Herz geöffnet.

Deine Mutter hat noch gelebt...

... als ich dich das letzte Mal so gelöst gesehen habe.

Na ja, auch egal.

Ich wollt nur vorbeischauen und mich verabschieden, weil du ja gemeint hast, mit dem Klavierspielen aufzuhören.

War's das endlich, Shindo?

Sei doch nicht immer so kratzbürstig!

Bis die Tage dann.

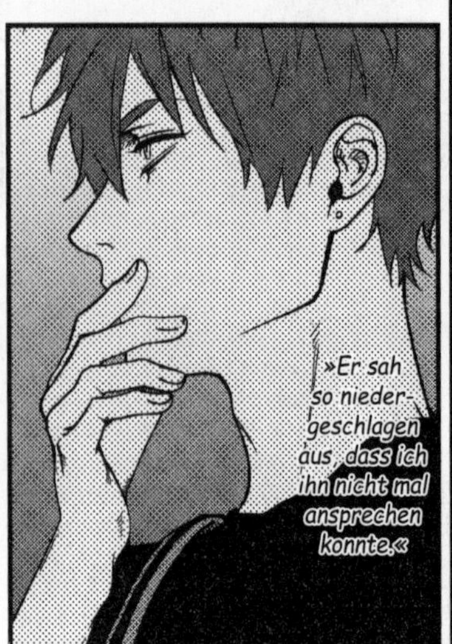
»Er sah so nieder-geschlagen aus, dass ich ihn nicht mal ansprechen konnte.«

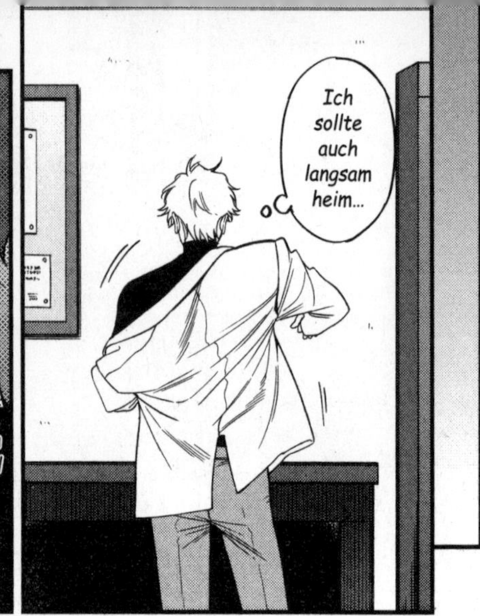
Ich sollte auch langsam heim...

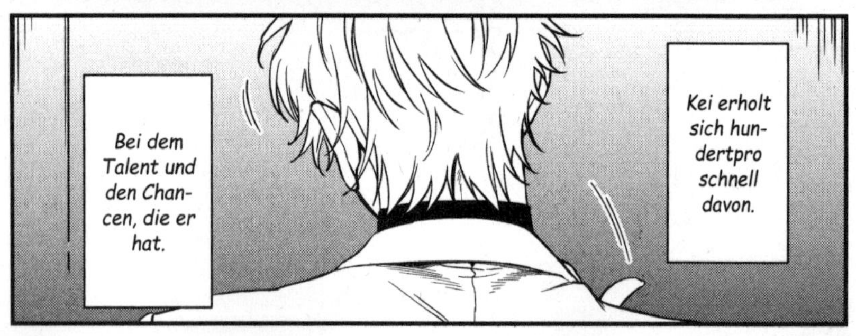
Kei erholt sich hun-dertpro schnell davon.
Bei dem Talent und den Chan-cen, die er hat.

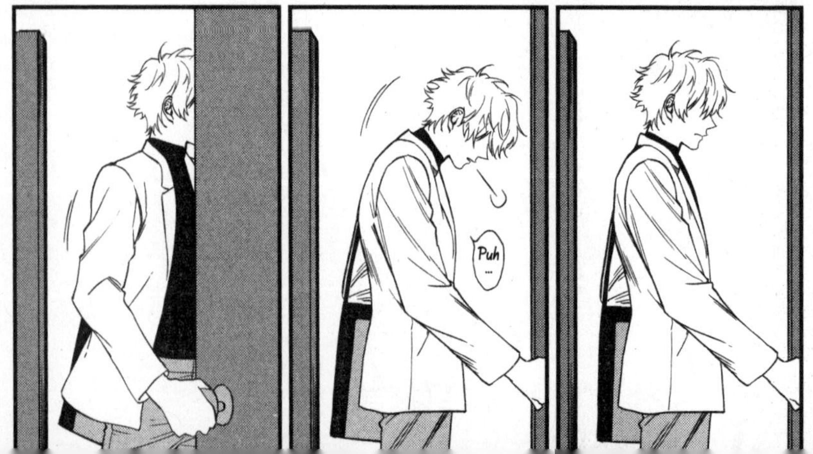
Puh ...

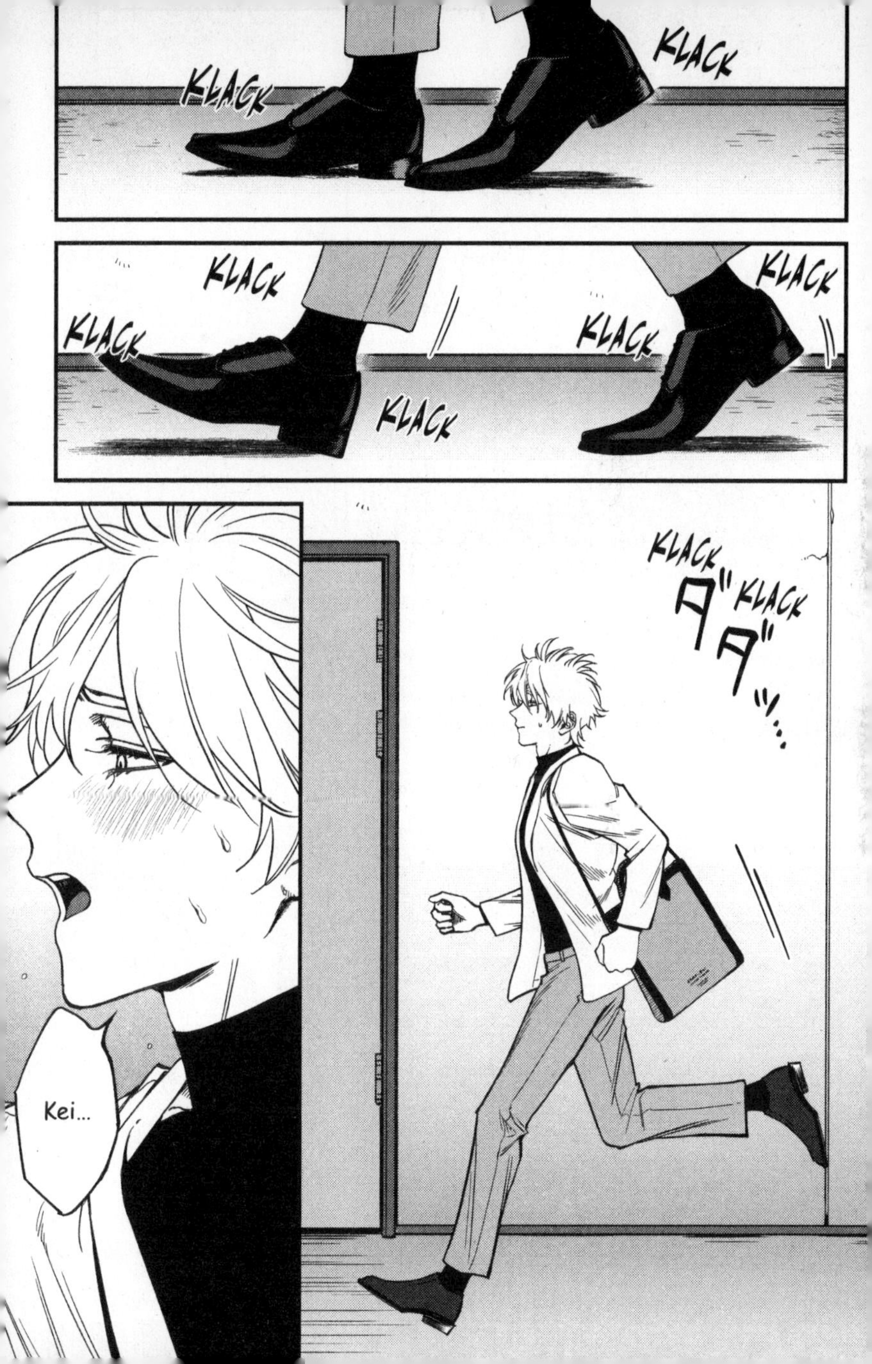

KLACK
KLACK

KLACK
KLACK
KLACK
KLACK
KLACK

KLACK
KLACK
ダダッ…

Kei...

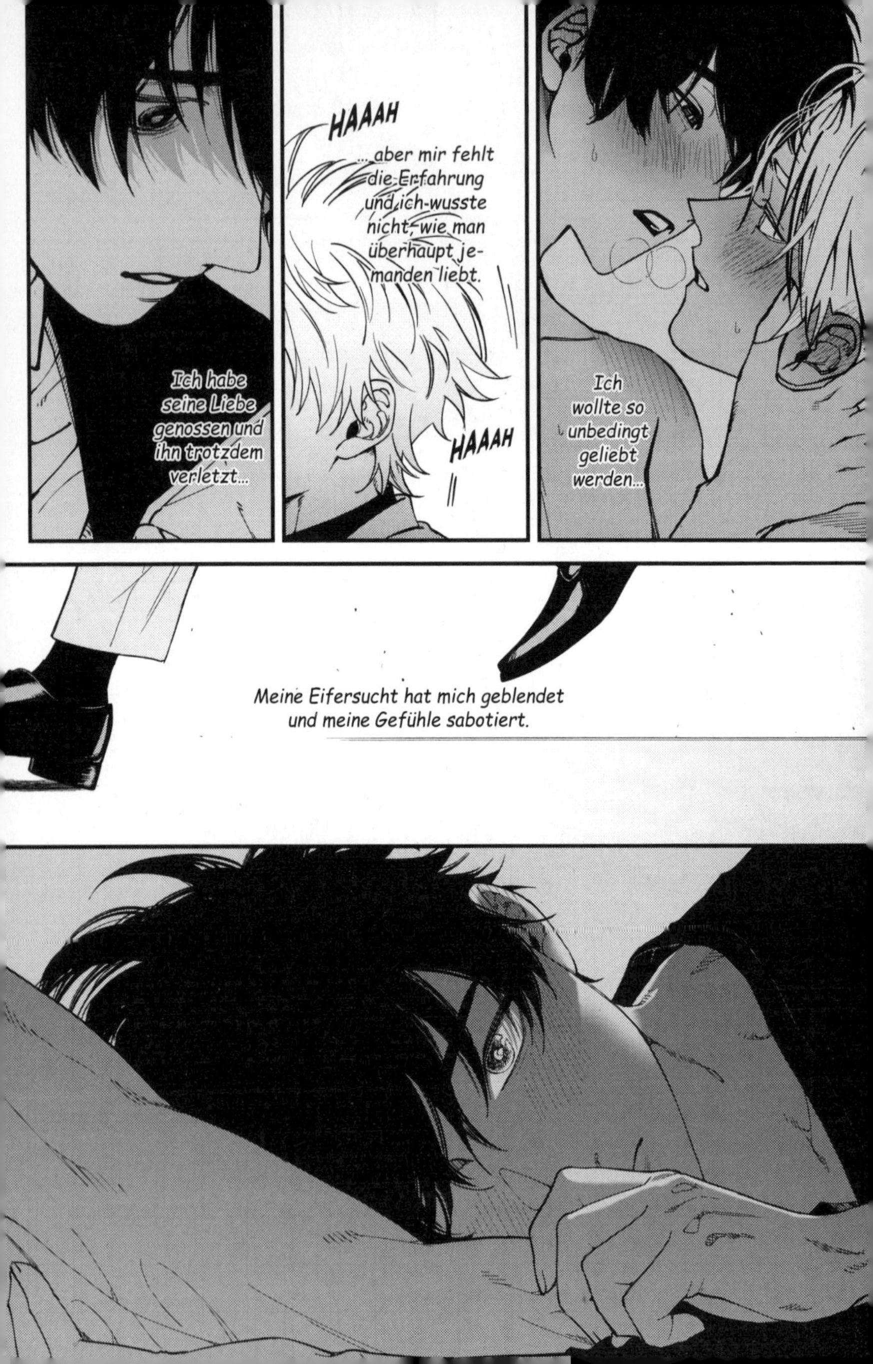

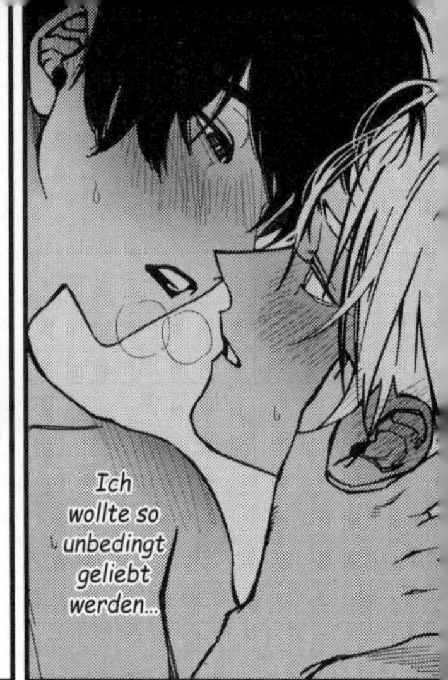
Ich wollte so unbedingt geliebt werden…

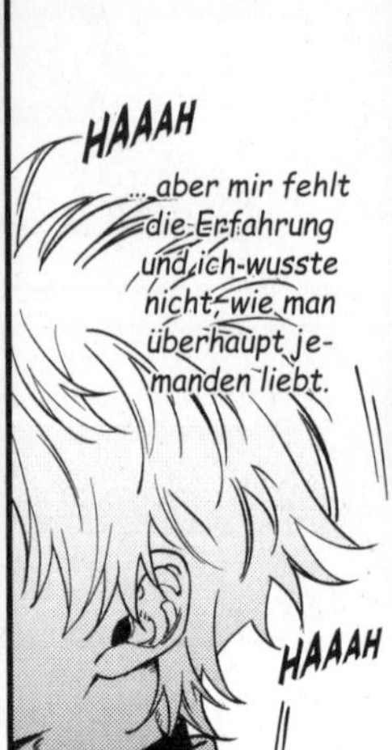
HAAAH
…aber mir fehlt die Erfahrung und ich wusste nicht, wie man überhaupt jemanden liebt.
HAAAH

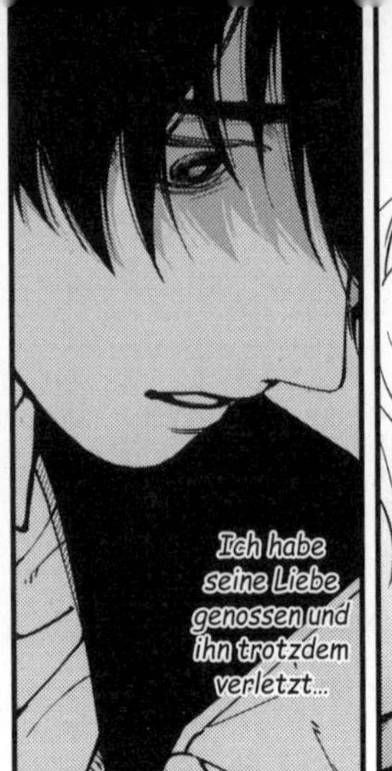
Ich habe seine Liebe genossen und ihn trotzdem verletzt…

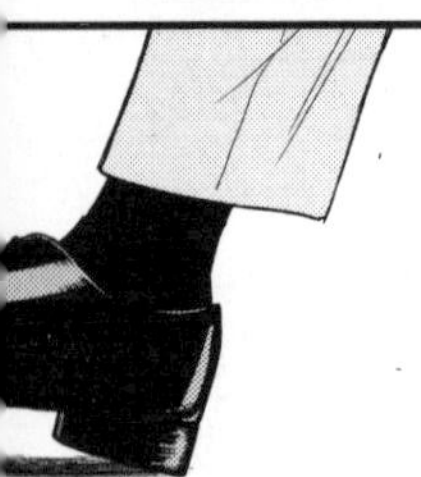

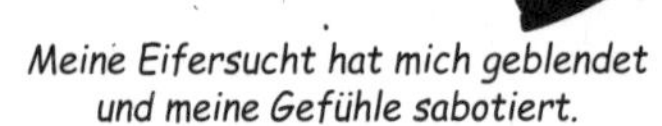
Meine Eifersucht hat mich geblendet und meine Gefühle sabotiert.

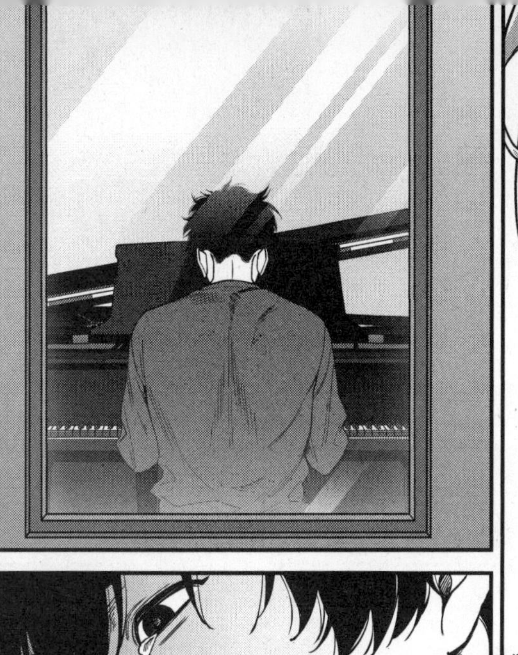

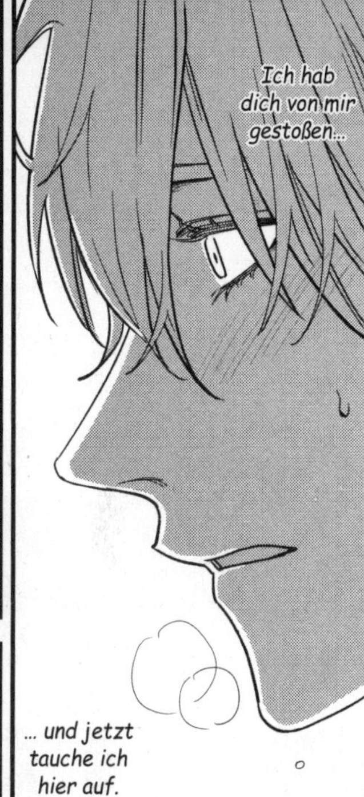

Ich hab dich von mir gestoßen...
... und jetzt tauche ich hier auf.

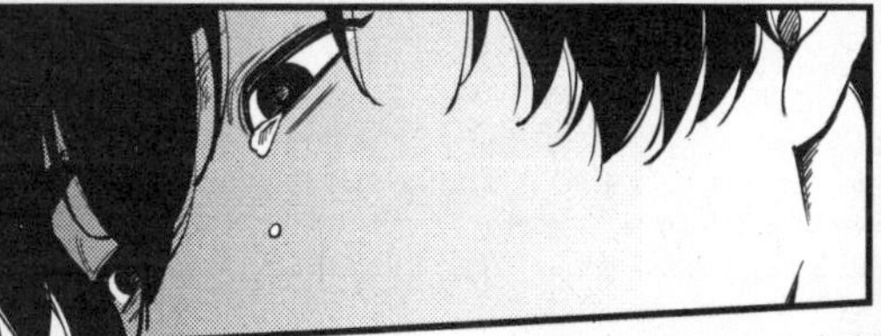

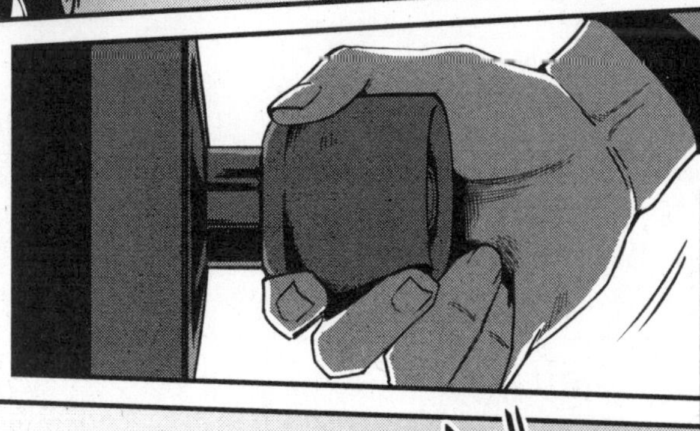

Was genau ist mein Plan, wenn wir uns wieder gegenüber-stehen?
TSCHK
Kei!

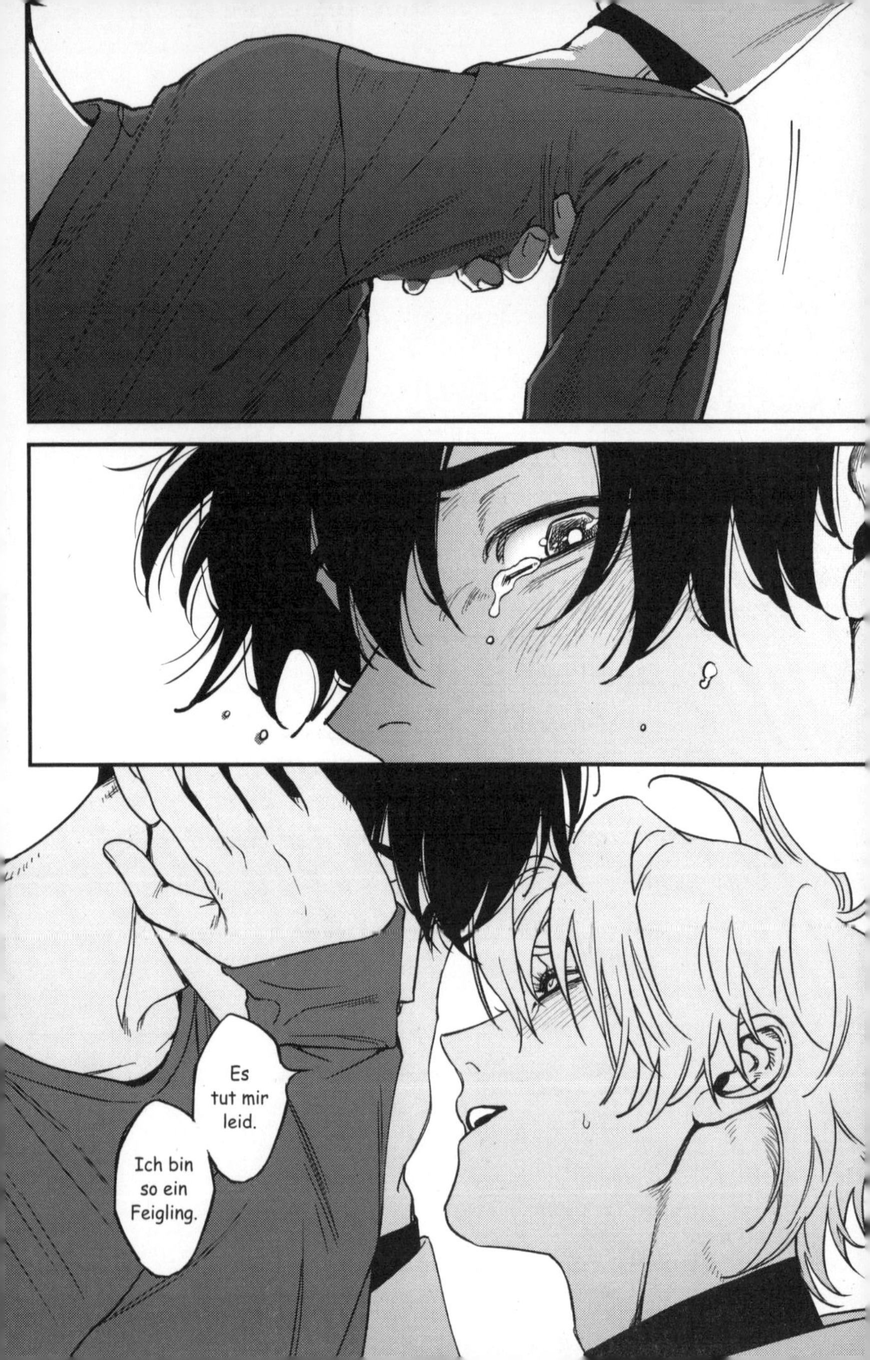
Es tut mir leid.
Ich bin so ein Feigling.

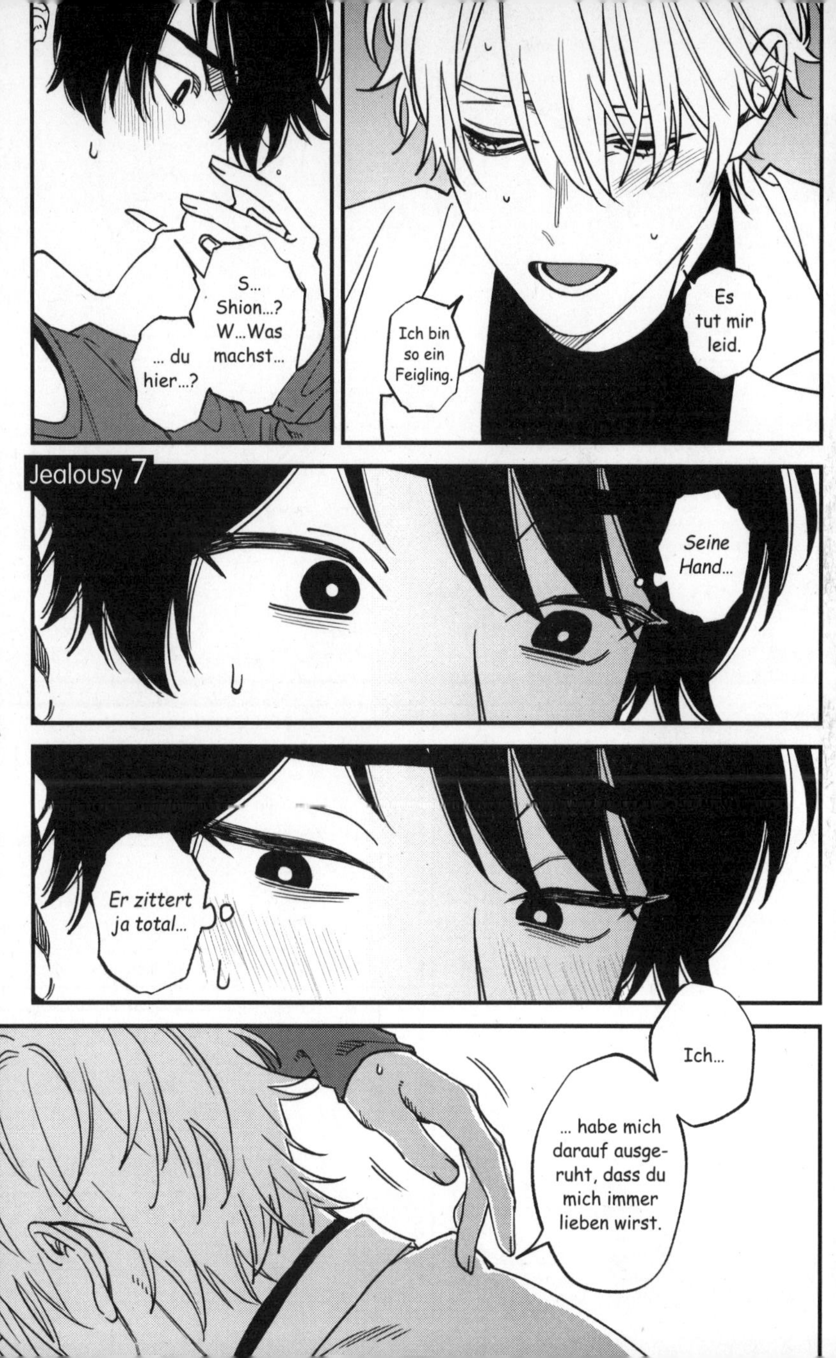
Es tut mir leid.
Ich bin so ein Feigling.
S... Shion...? W...Was machst...
... du hier...?
Jealousy 7
Seine Hand...
Er zittert ja total...
Ich...
... habe mich darauf ausge-ruht, dass du mich immer lieben wirst.

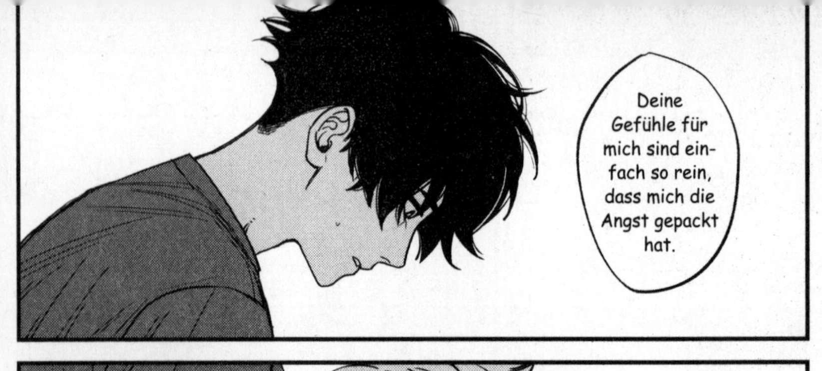
Deine Gefühle für mich sind ein-fach so rein, dass mich die Angst gepackt hat.

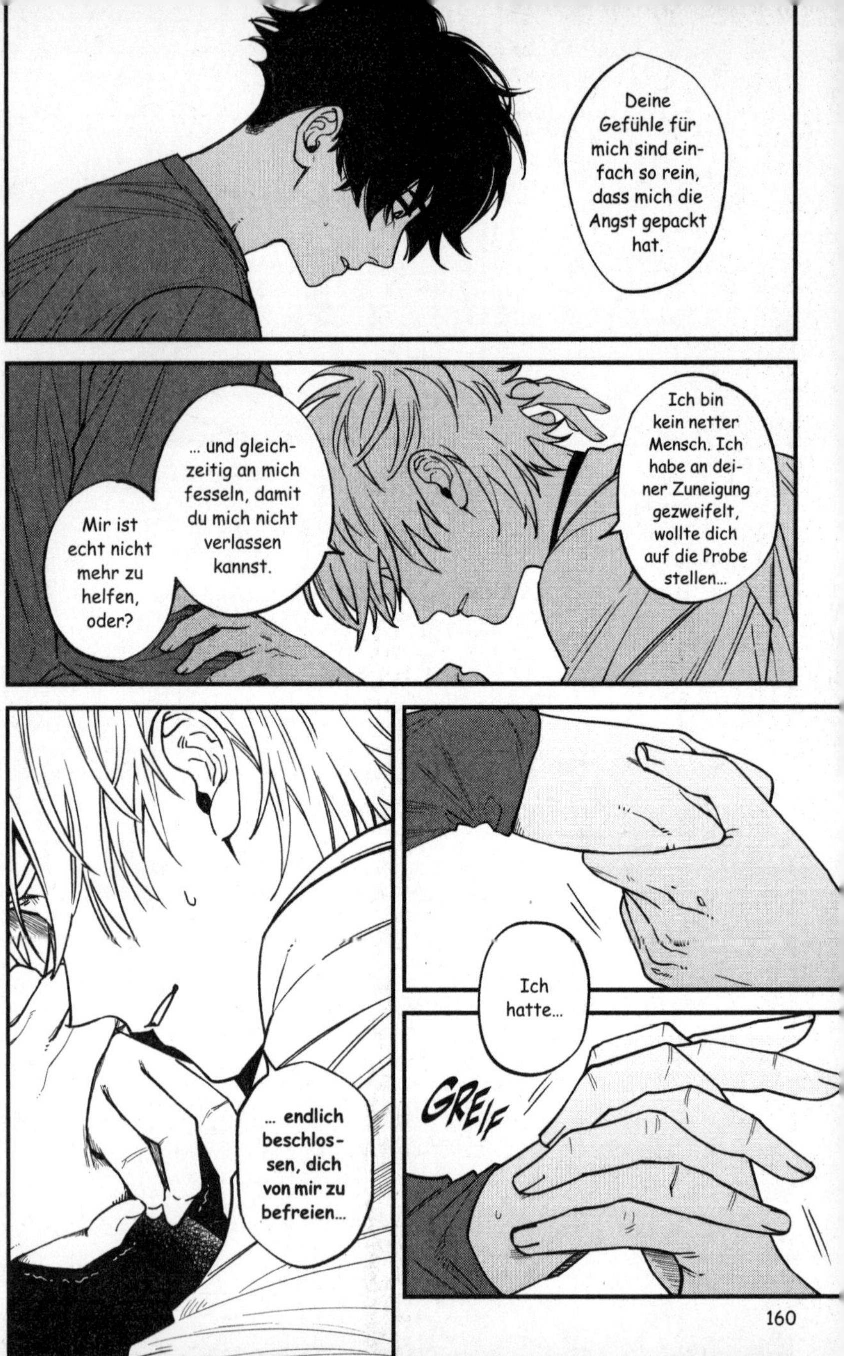

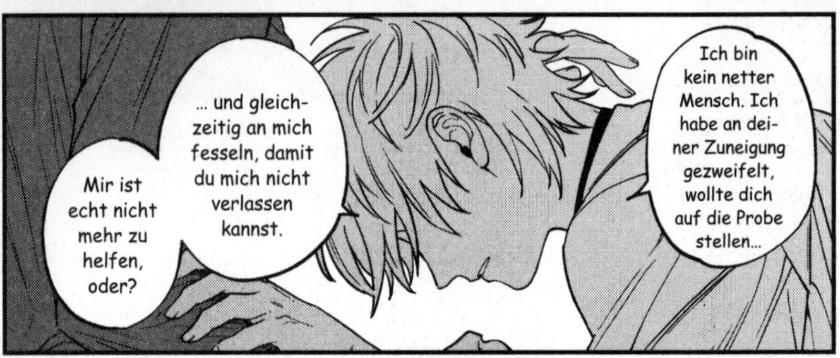
Ich bin kein netter Mensch. Ich habe an dei-ner Zuneigung gezweifelt, wollte dich auf die Probe stellen...
... und gleich-zeitig an mich fesseln, damit du mich nicht verlassen kannst.
Mir ist echt nicht mehr zu helfen, oder?

Ich hatte...
GREIF
... endlich beschlos-sen, dich von mir zu befreien...

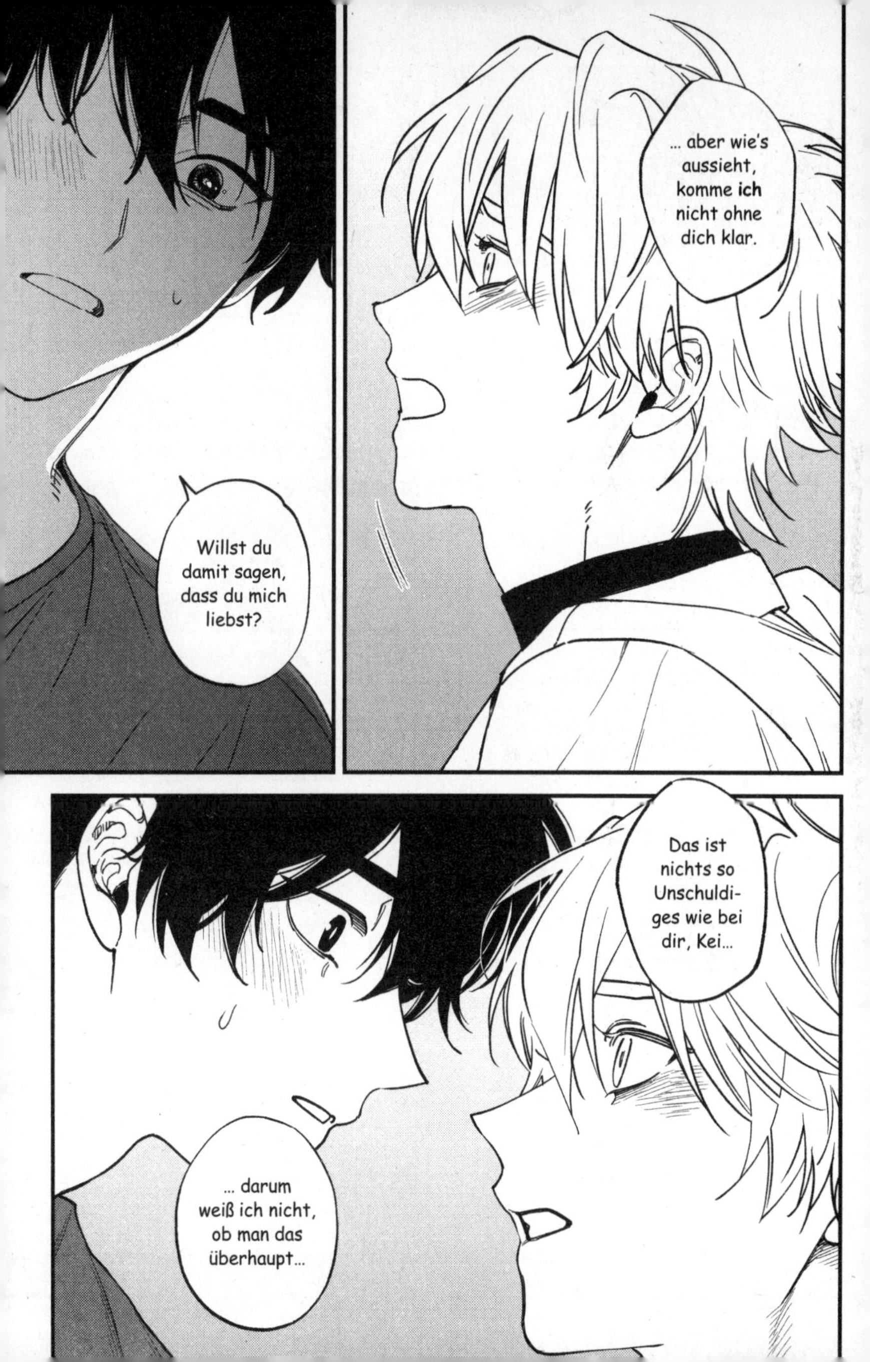

... aber wie's aussieht, komme **ich** nicht ohne dich klar.

Willst du damit sagen, dass du mich liebst?

Das ist nichts so Unschuldiges wie bei dir, Kei...

... darum weiß ich nicht, ob man das überhaupt...

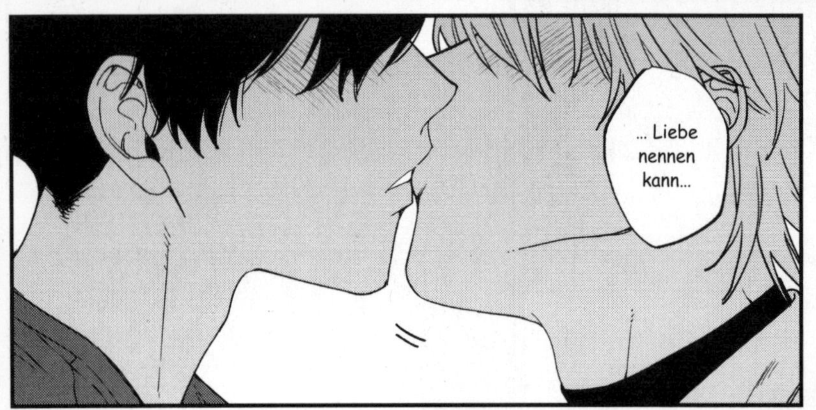

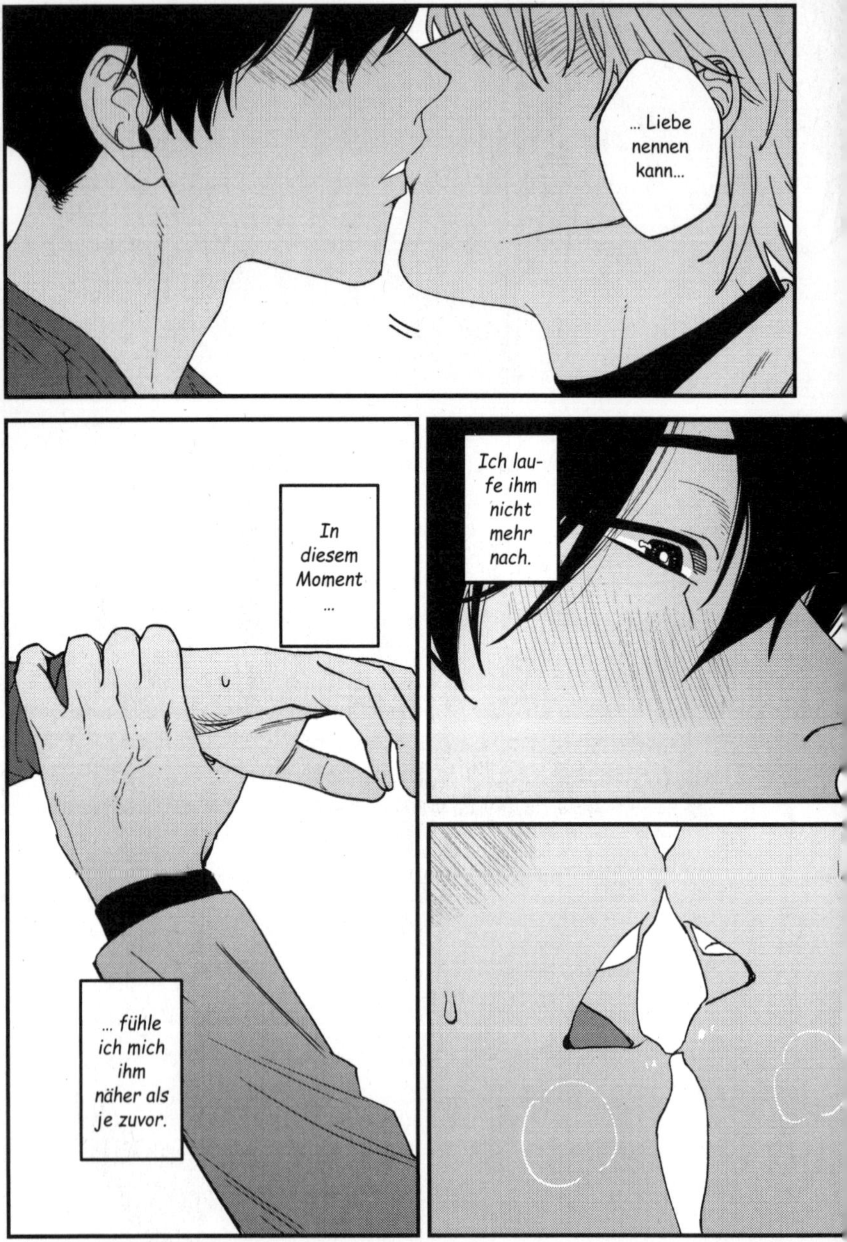

Ich lau-fe ihm nicht mehr nach.

In diesem Moment ...

... fühle ich mich ihm näher als je zuvor.

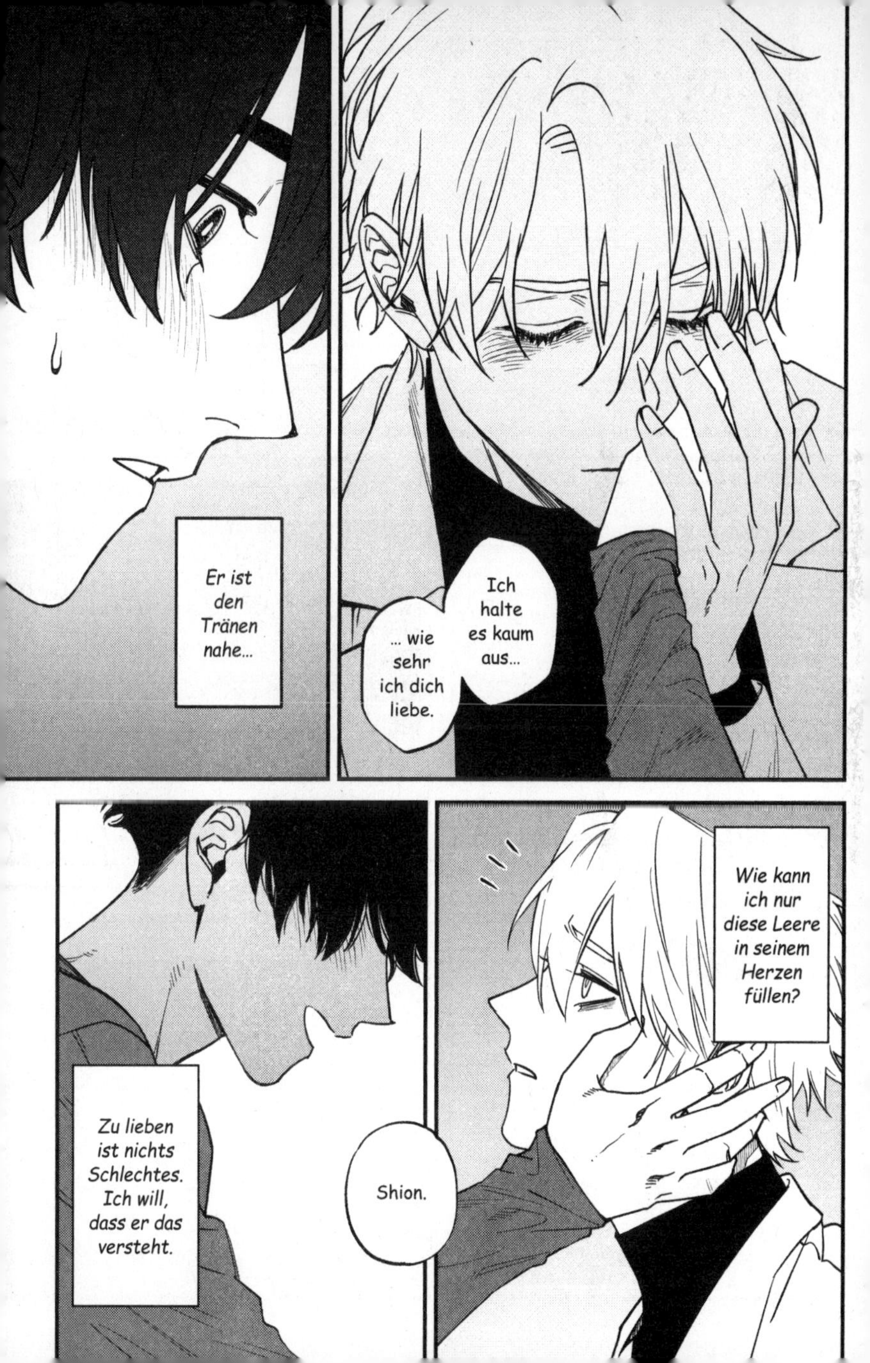

Ich halte es kaum aus...

... wie sehr ich dich liebe.

Er ist den Tränen nahe...

Wie kann ich nur diese Leere in seinem Herzen füllen?

Shion.

Zu lieben ist nichts Schlechtes. Ich will, dass er das versteht.

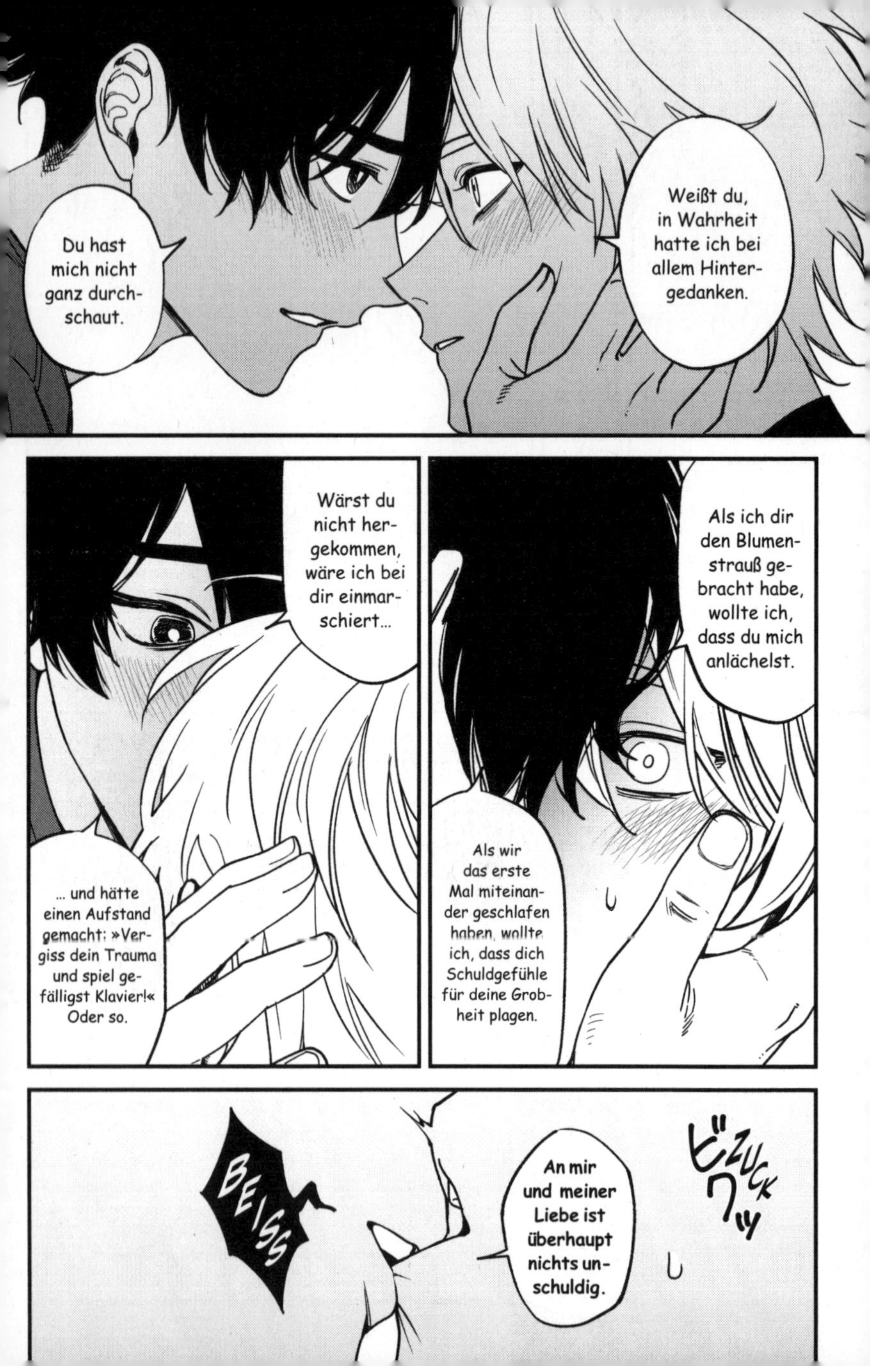

Weißt du, in Wahrheit hatte ich bei allem Hintergedanken.

Du hast mich nicht ganz durchschaut.

Als ich dir den Blumenstrauß gebracht habe, wollte ich, dass du mich anlächelst.

Als wir das erste Mal miteinander geschlafen haben, wollte ich, dass dich Schuldgefühle für deine Grobheit plagen.

Wärst du nicht hergekommen, wäre ich bei dir einmarschiert…

… und hätte einen Aufstand gemacht: »Vergiss dein Trauma und spiel gefälligst Klavier!« Oder so.

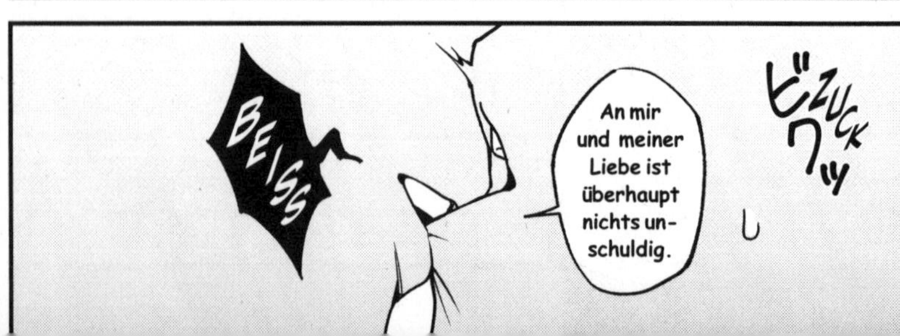

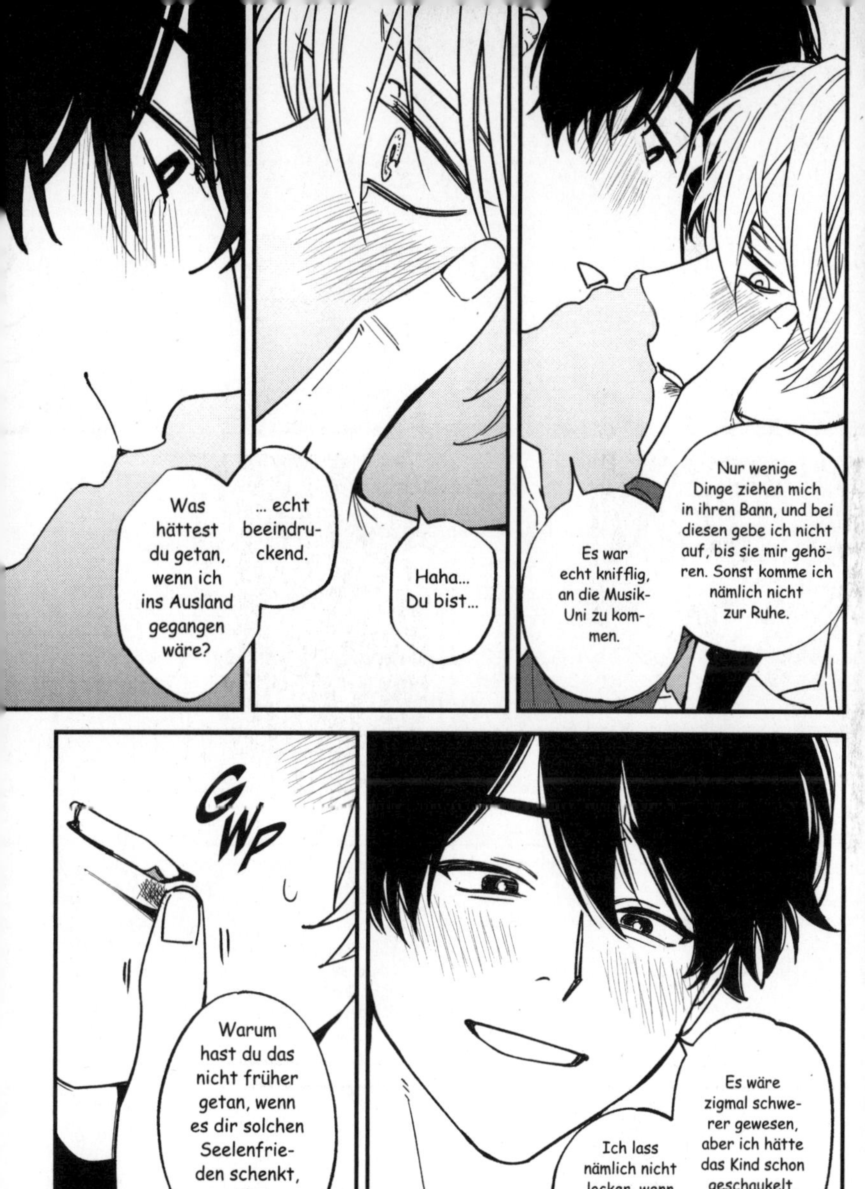

Nur wenige Dinge ziehen mich in ihren Bann, und bei diesen gebe ich nicht auf, bis sie mir gehören. Sonst komme ich nämlich nicht zur Ruhe.
Es war echt knifflig, an die Musik-Uni zu kommen.
Haha... Du bist...
... echt beeindruckend.
Was hättest du getan, wenn ich ins Ausland gegangen wäre?
Es wäre zigmal schwerer gewesen, aber ich hätte das Kind schon geschaukelt.
Ich lass nämlich nicht locker, wenn ich mir ein Ziel gesetzt habe.
GWP
Warum hast du das nicht früher getan, wenn es dir solchen Seelenfrieden schenkt, verwöhnt zu werden?

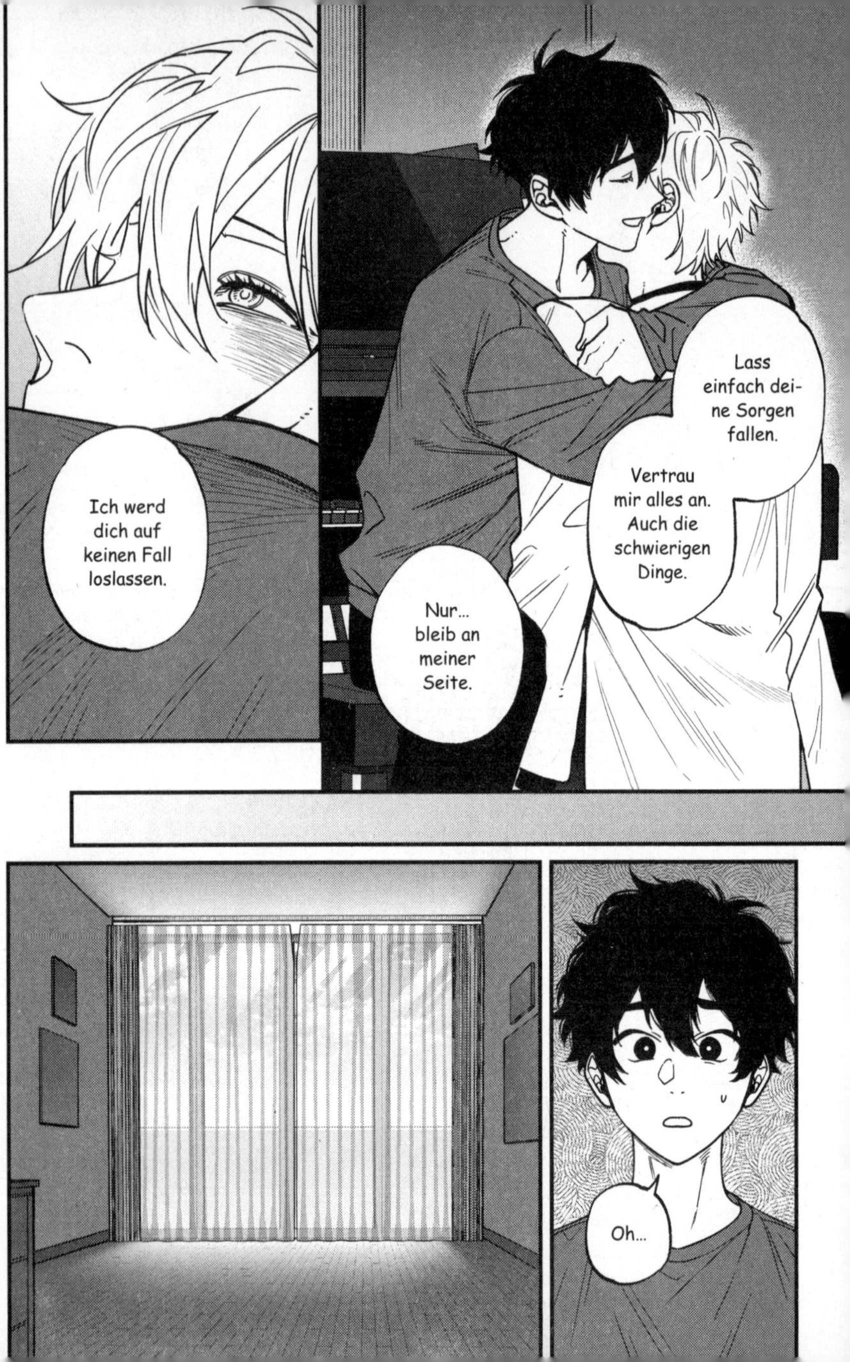

Lass einfach deine Sorgen fallen.

Vertrau mir alles an. Auch die schwierigen Dinge.

Nur... bleib an meiner Seite.

Ich werd dich auf keinen Fall loslassen.

Oh...

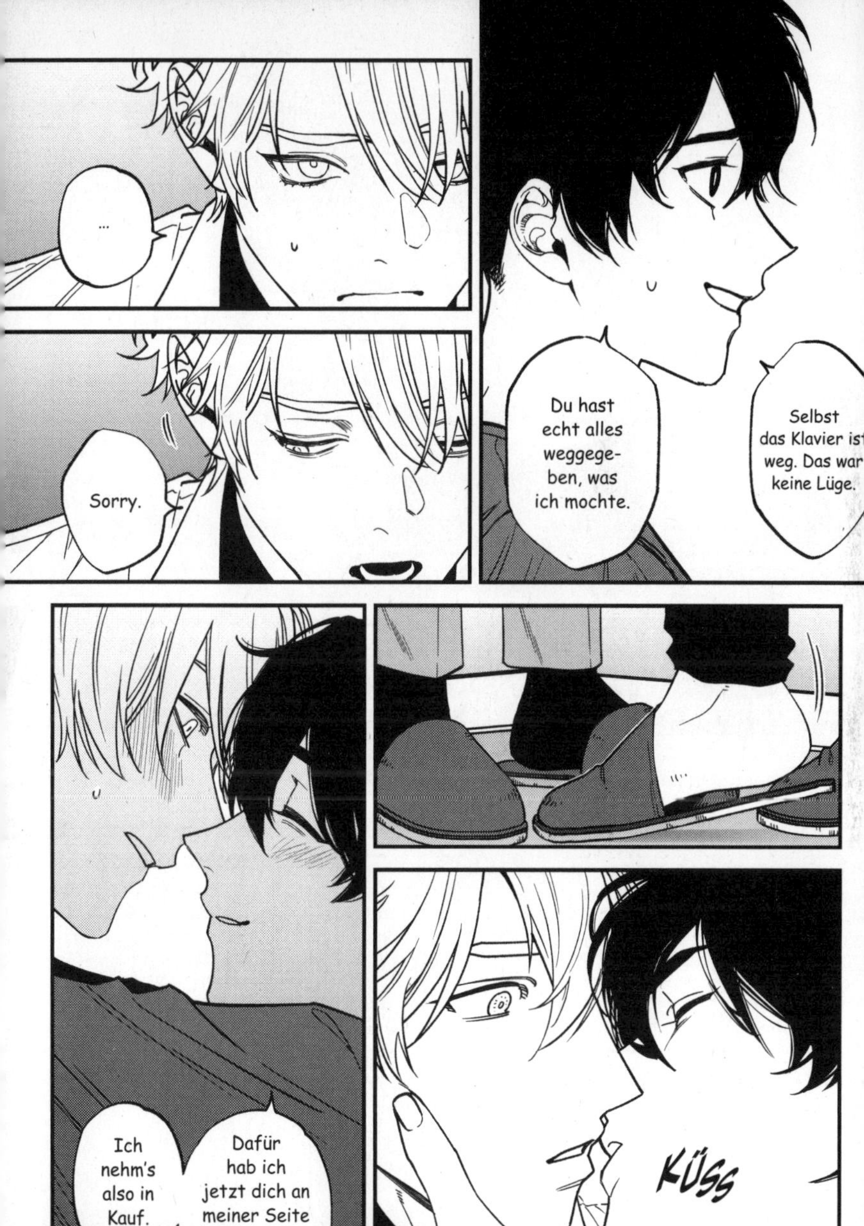
Selbst das Klavier ist weg. Das war keine Lüge.
Du hast echt alles weggegeben, was ich mochte.
...
Sorry.
KÜSS
Dafür hab ich jetzt dich an meiner Seite und dich liebe ich am meisten.
Ich nehm's also in Kauf.

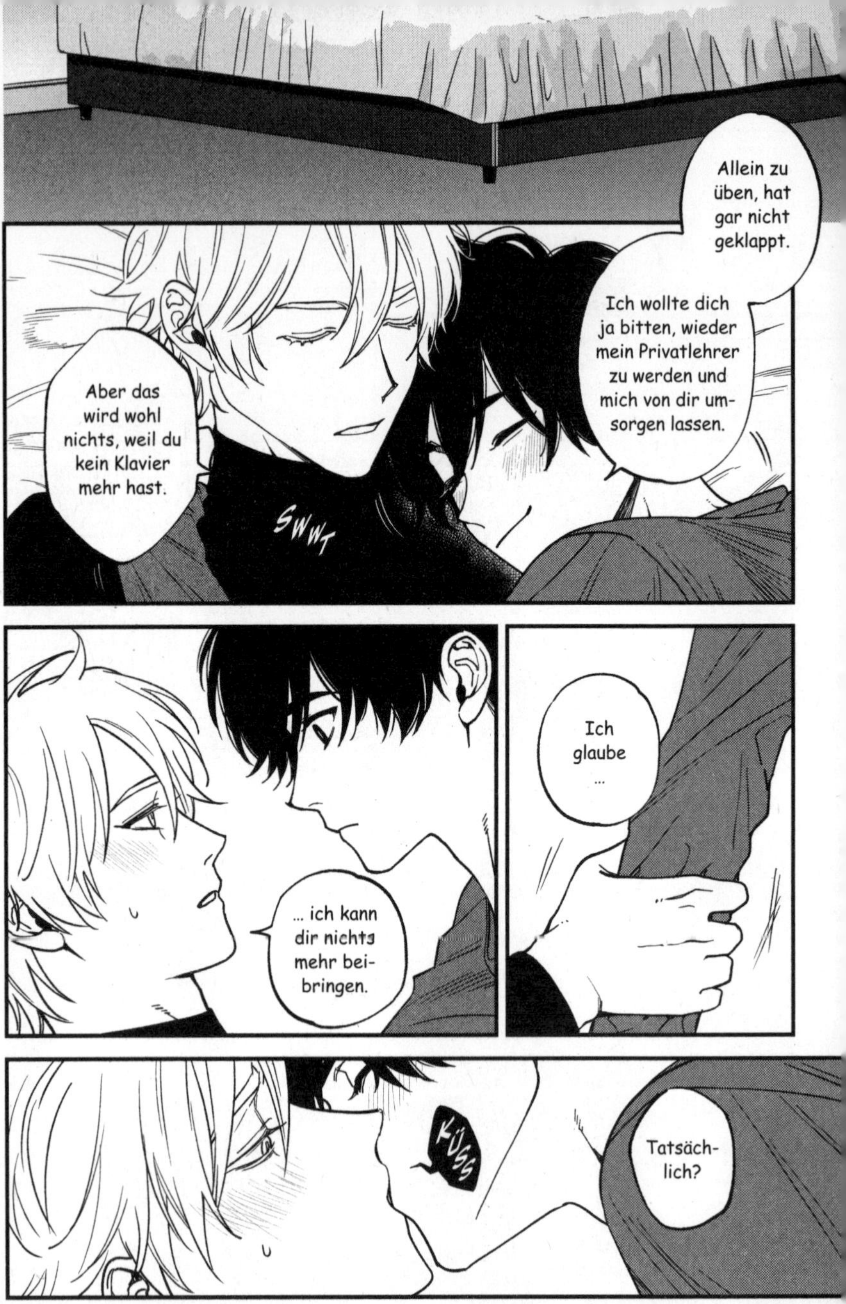

Allein zu üben, hat gar nicht geklappt.

Ich wollte dich ja bitten, wieder mein Privatlehrer zu werden und mich von dir umsorgen lassen.

Aber das wird wohl nichts, weil du kein Klavier mehr hast.

SWWT

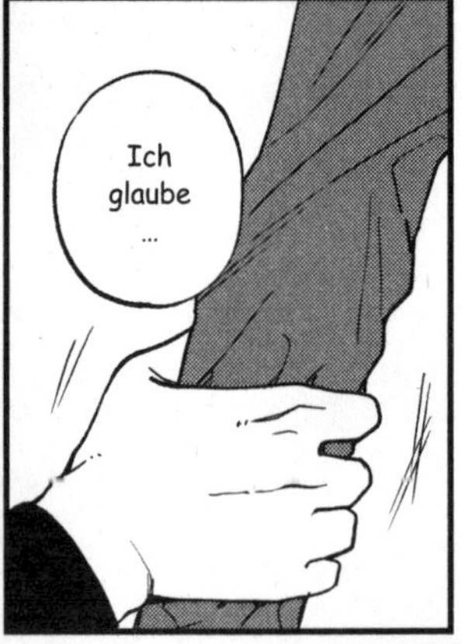

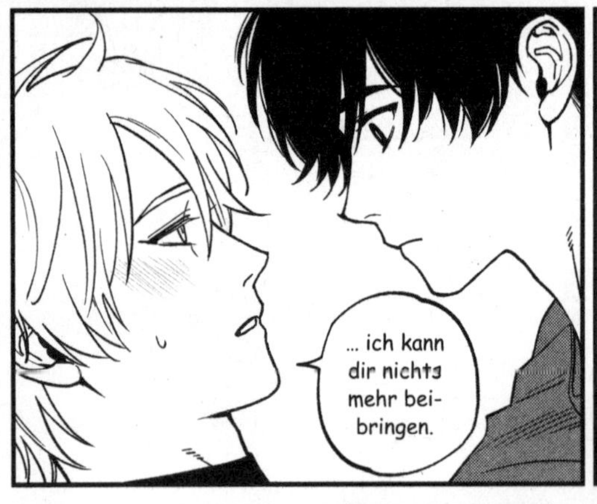

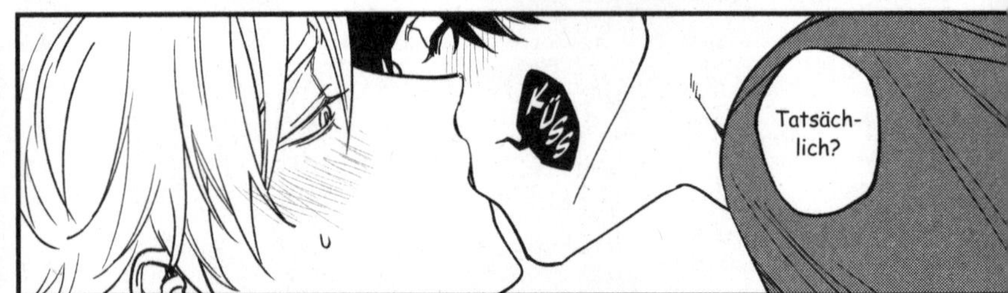

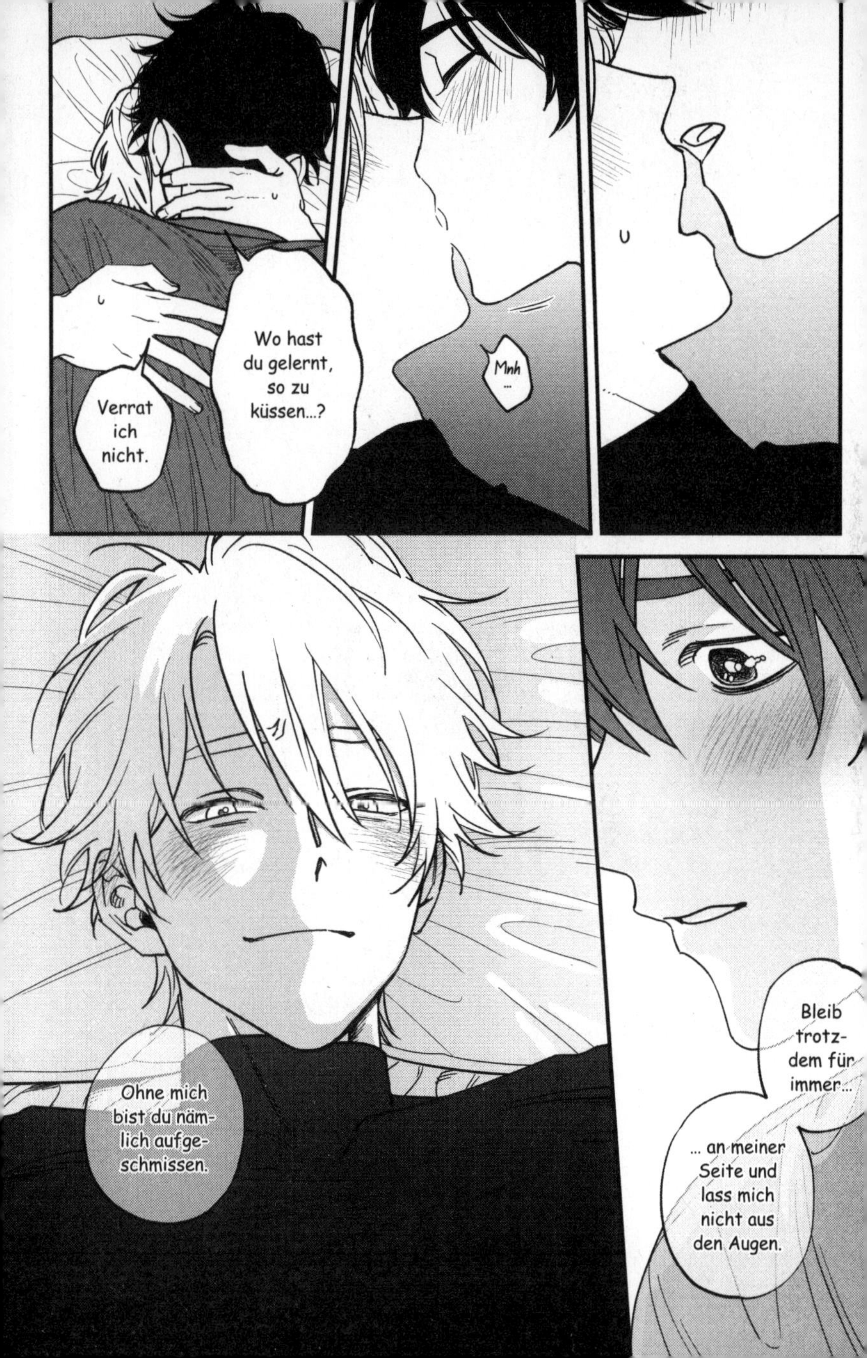
Mnh ...
Wo hast du gelernt, so zu küssen...?
Verrat ich nicht.
Bleib trotzdem für immer...
... an meiner Seite und lass mich nicht aus den Augen.
Ohne mich bist du nämlich aufgeschmissen.

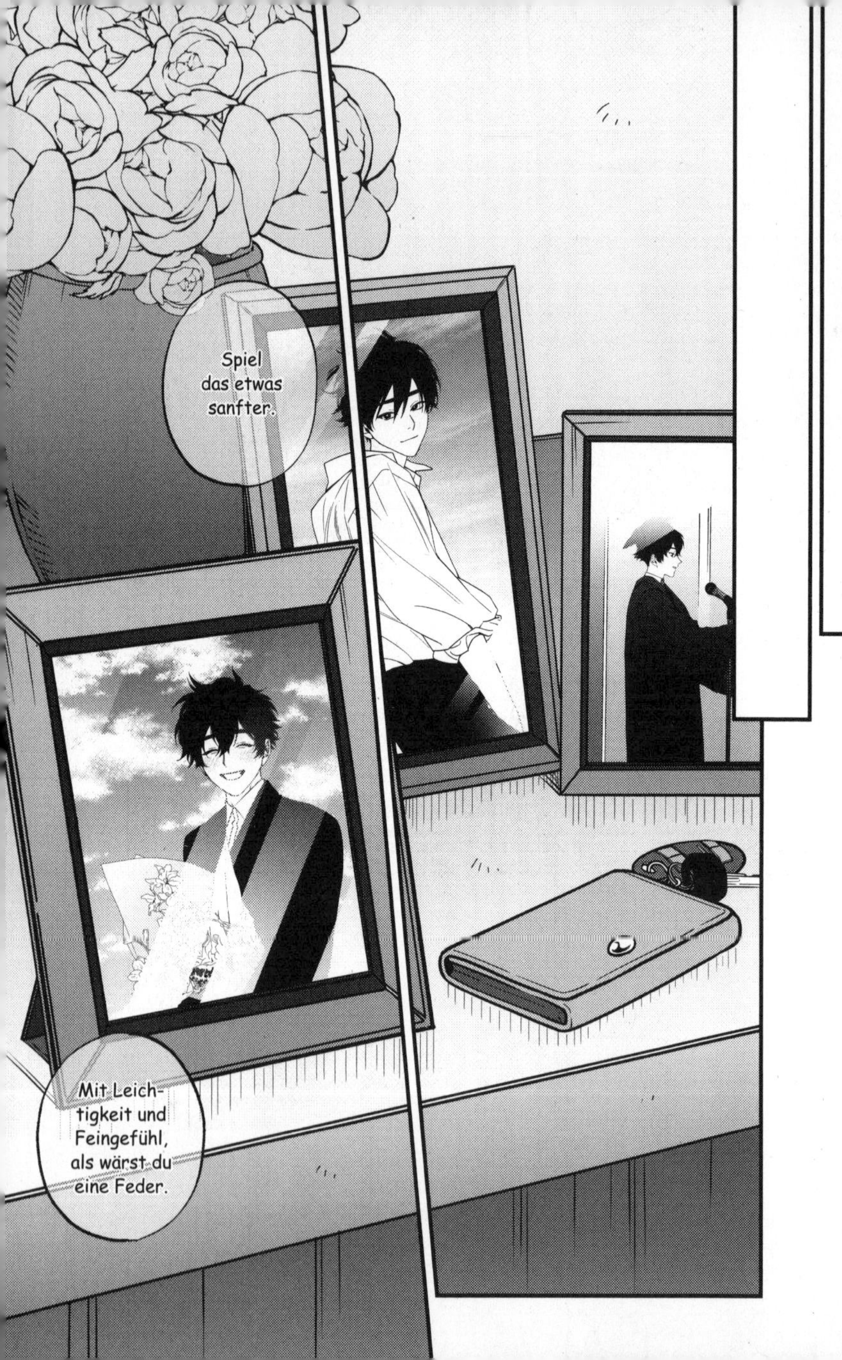
Spiel das etwas sanfter.
Mit Leichtigkeit und Feingefühl, als wärst du eine Feder.

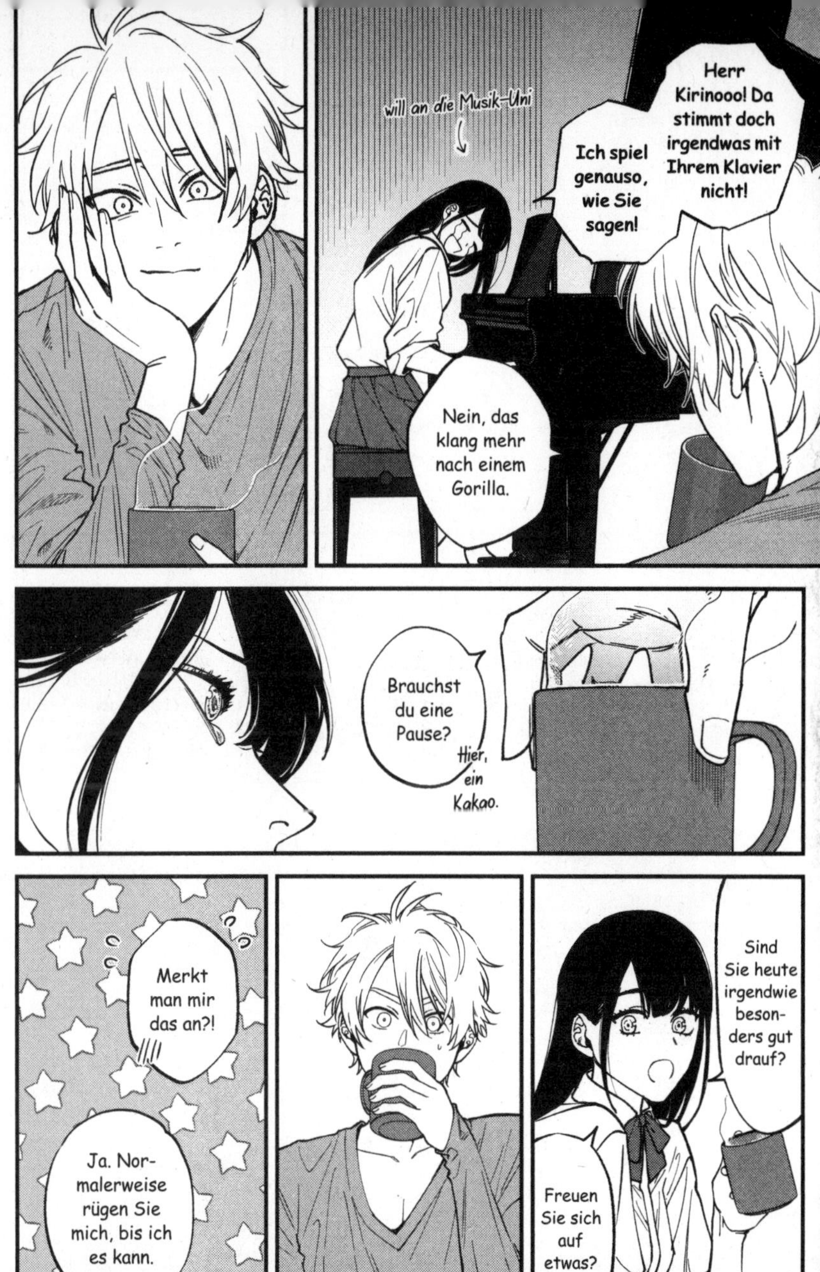

Herr Kirinooo! Da stimmt doch irgendwas mit Ihrem Klavier nicht!
Ich spiel genauso, wie Sie sagen!
will an die Musik-Uni
Nein, das klang mehr nach einem Gorilla.
Brauchst du eine Pause?
Hier, ein Kakao.
Sind Sie heute irgendwie besonders gut drauf?
Freuen Sie sich auf etwas?
Merkt man mir das an?!
Ja. Normalerweise rügen Sie mich, bis ich es kann.

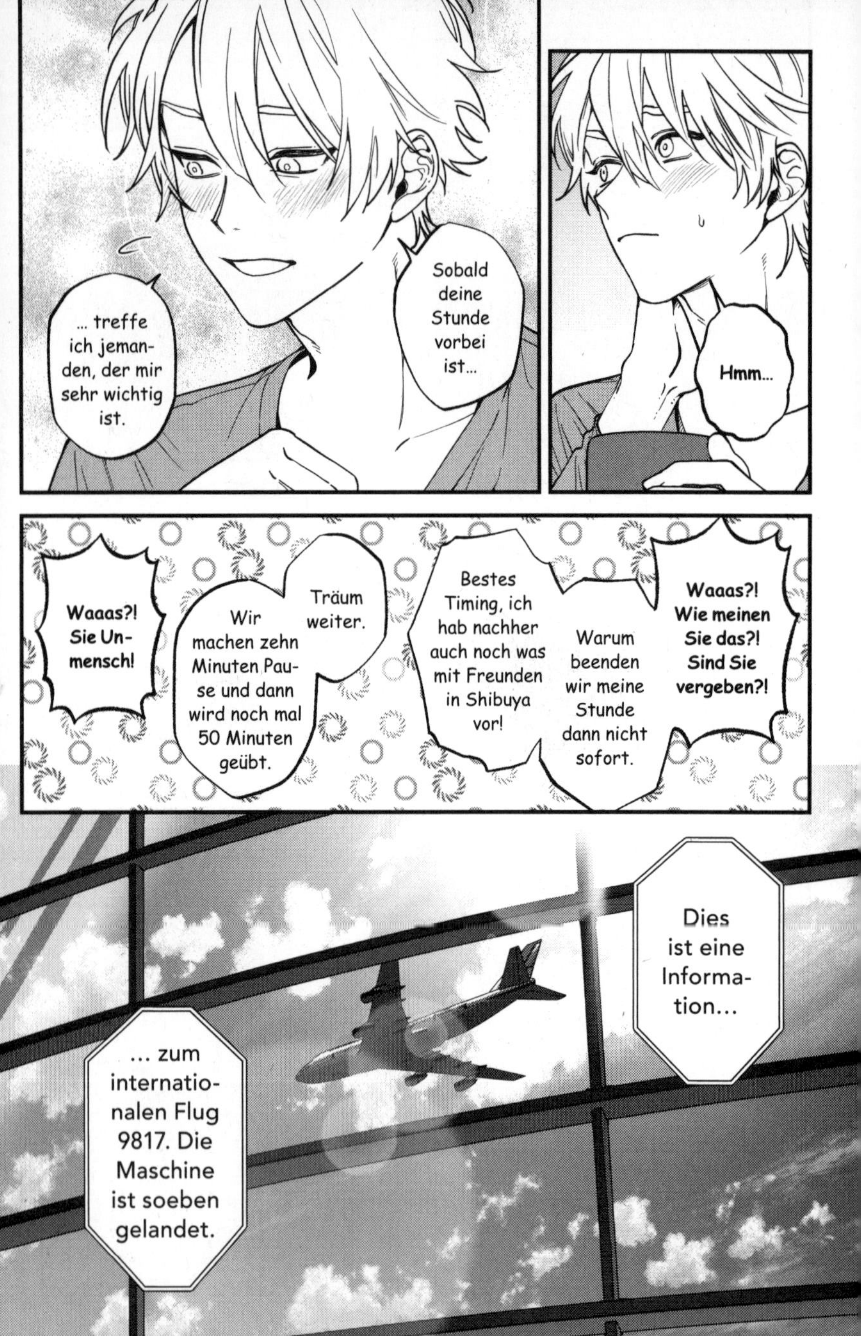

Sobald deine Stunde vorbei ist...
... treffe ich jemanden, der mir sehr wichtig ist.
Hmm...
Waaas?! Wie meinen Sie das?! Sind Sie vergeben?!
Warum beenden wir meine Stunde dann nicht sofort.
Bestes Timing, ich hab nachher auch noch was mit Freunden in Shibuya vor!
Träum weiter.
Wir machen zehn Minuten Pause und dann wird noch mal 50 Minuten geübt.
Waaas?! Sie Unmensch!
Dies ist eine Information...
... zum internationalen Flug 9817. Die Maschine ist soeben gelandet.

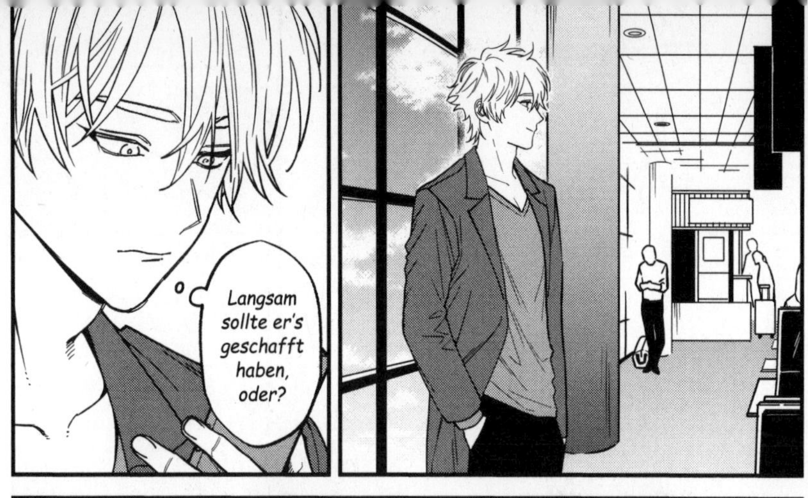

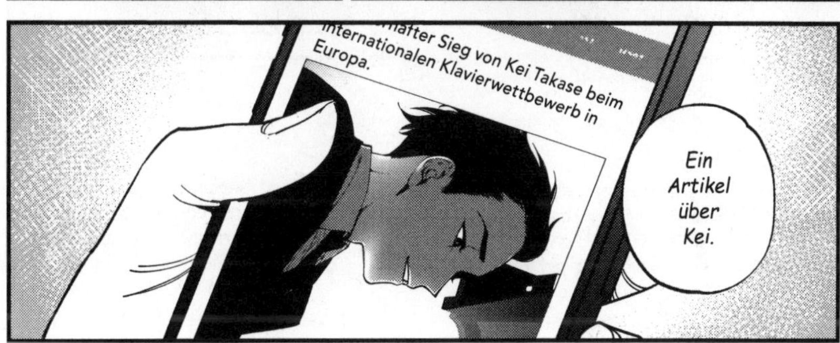

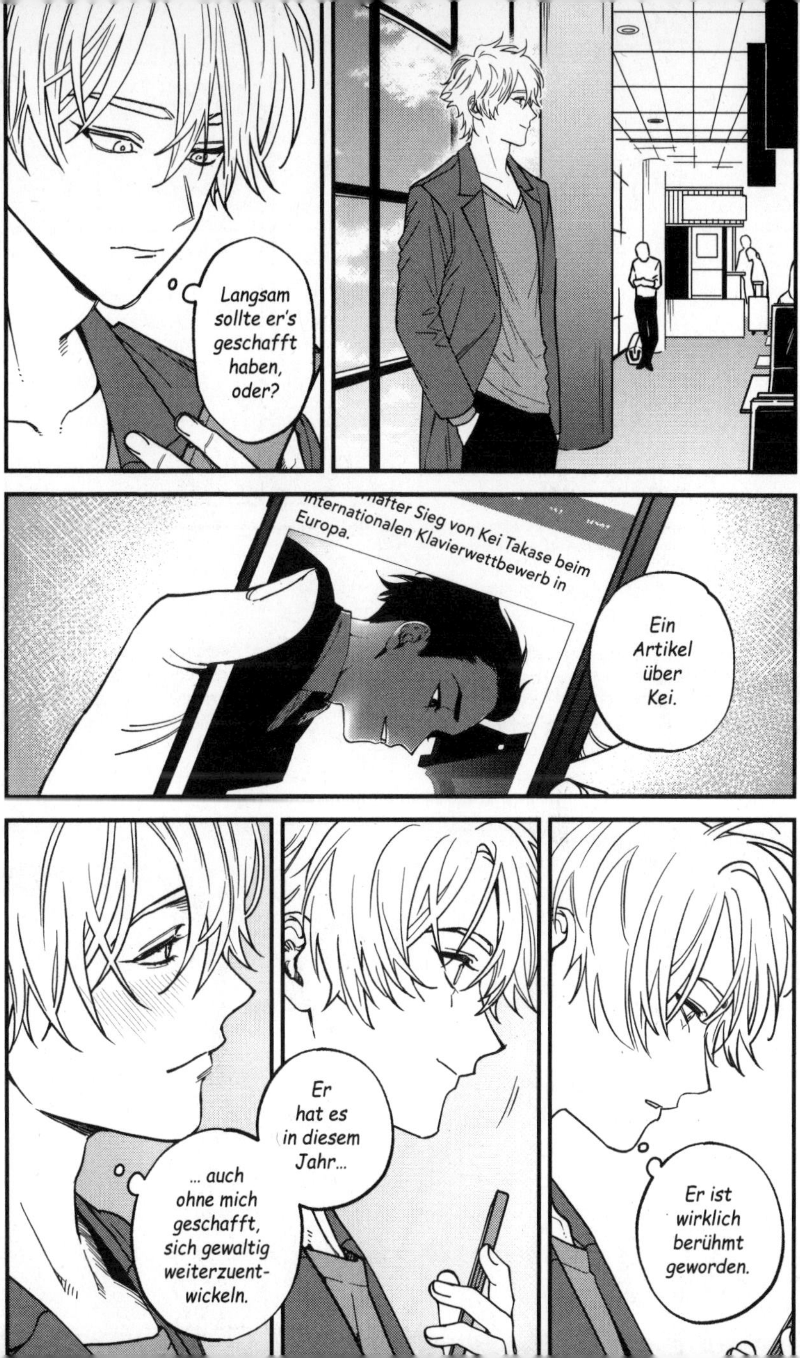

Er ist wirklich berühmt geworden.

Er hat es in diesem Jahr...

... auch ohne mich geschafft, sich gewaltig weiterzuentwickeln.

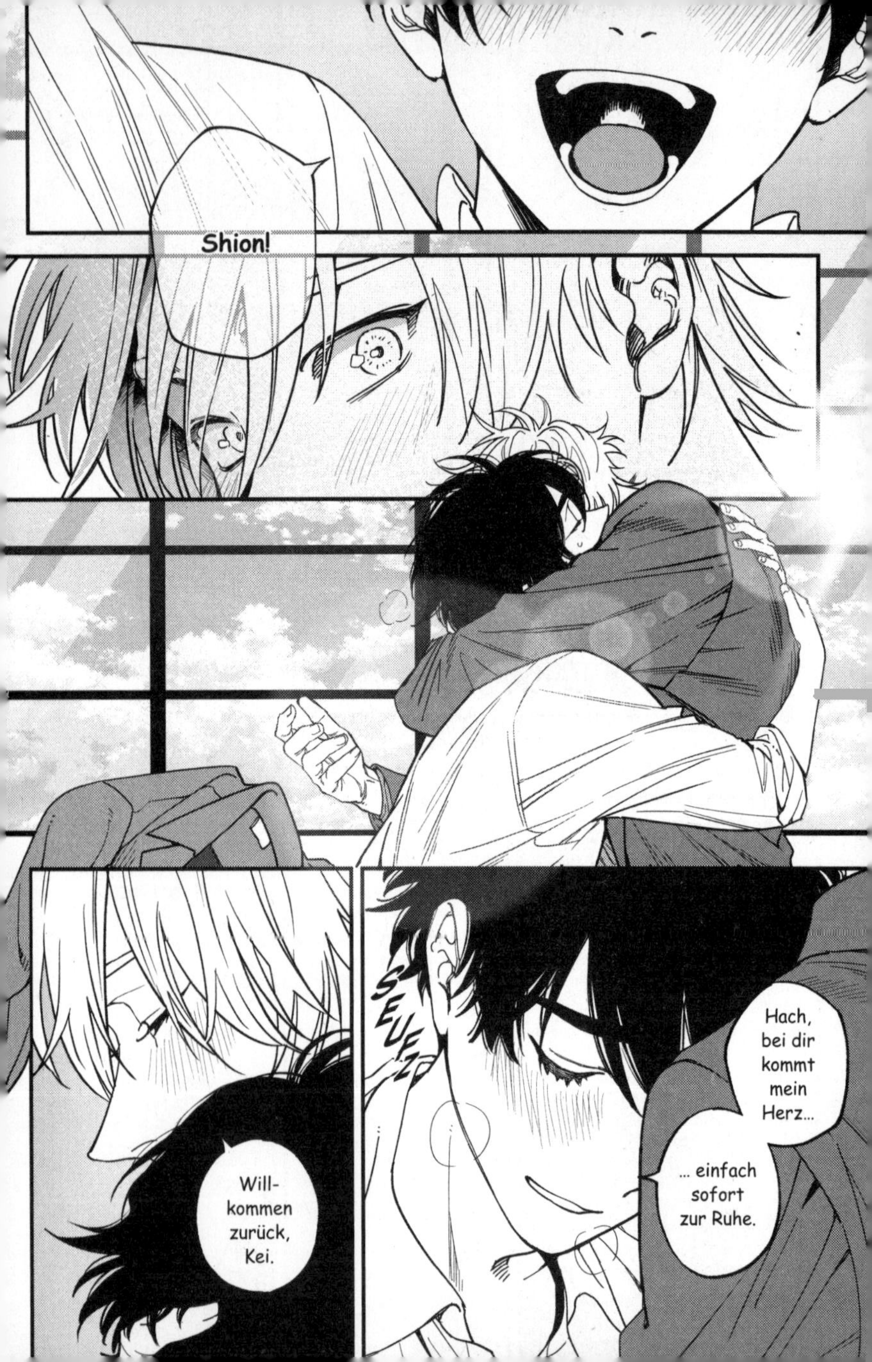
Shion!
SEUFZ
Hach, bei dir kommt mein Herz...
... einfach sofort zur Ruhe.
Willkommen zurück, Kei.

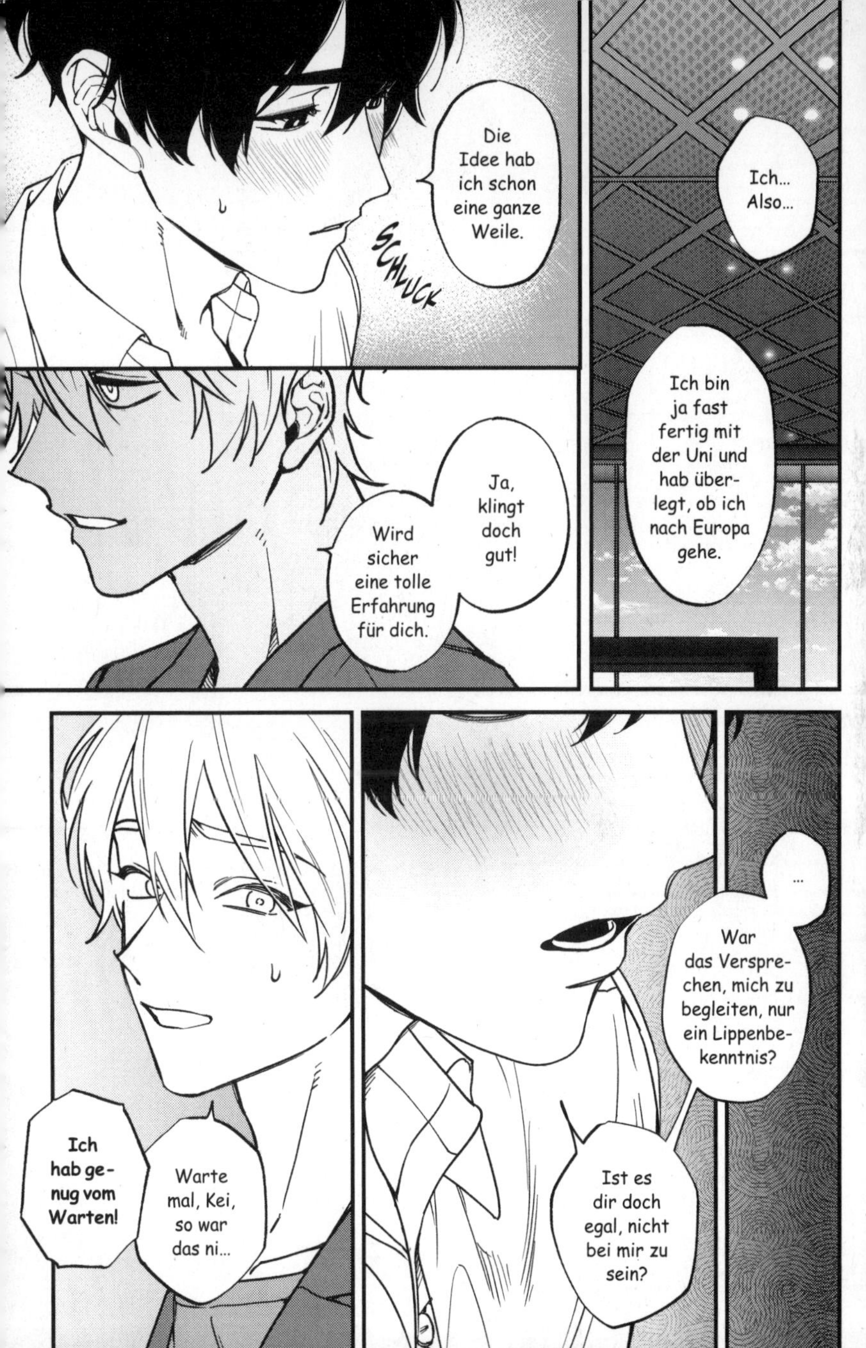
Ich... Also...
Ich bin ja fast fertig mit der Uni und hab überlegt, ob ich nach Europa gehe.
Die Idee hab ich schon eine ganze Weile.
SCHLUCK
Ja, klingt doch gut!
Wird sicher eine tolle Erfahrung für dich.
...
War das Versprechen, mich zu begleiten, nur ein Lippenbekenntnis?
Ist es dir doch egal, nicht bei mir zu sein?
Warte mal, Kei, so war das ni...
Ich hab genug vom Warten!

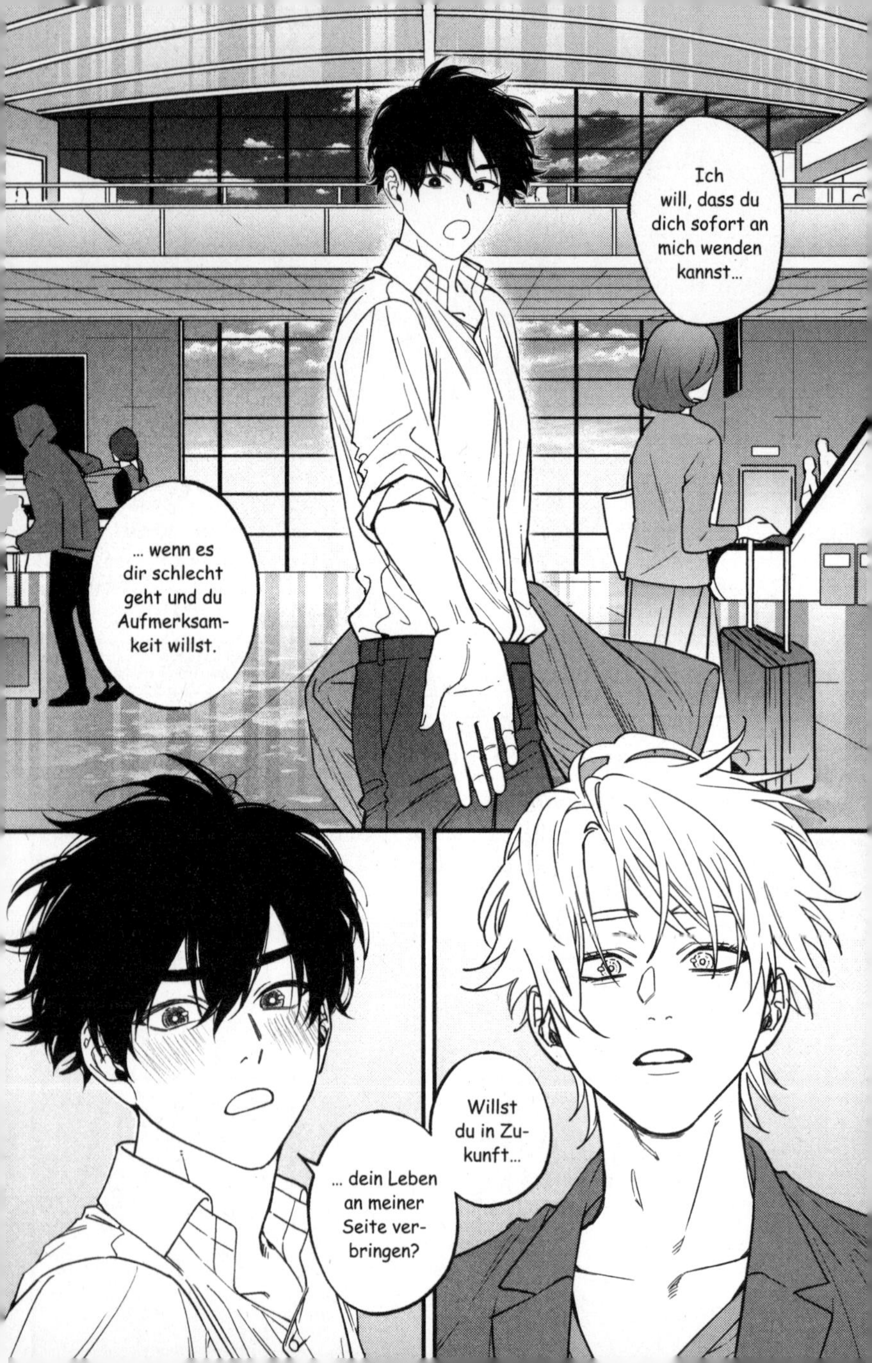
Ich will, dass du dich sofort an mich wenden kannst...
... wenn es dir schlecht geht und du Aufmerksam-keit willst.
Willst du in Zu-kunft...
... dein Leben an meiner Seite ver-bringen?

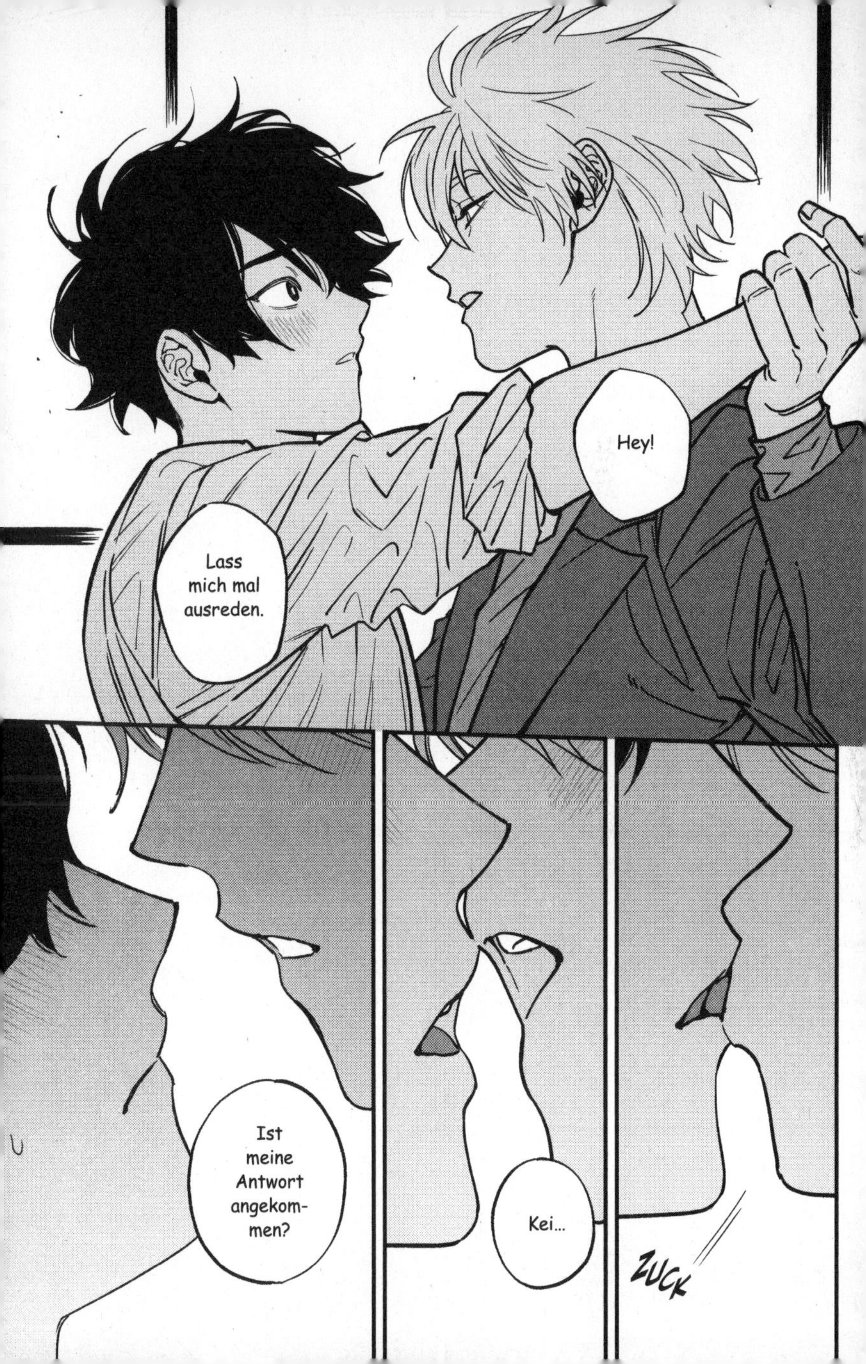
Hey!
Lass mich mal ausreden.
ZUCK
Kei...
Ist meine Antwort angekommen?

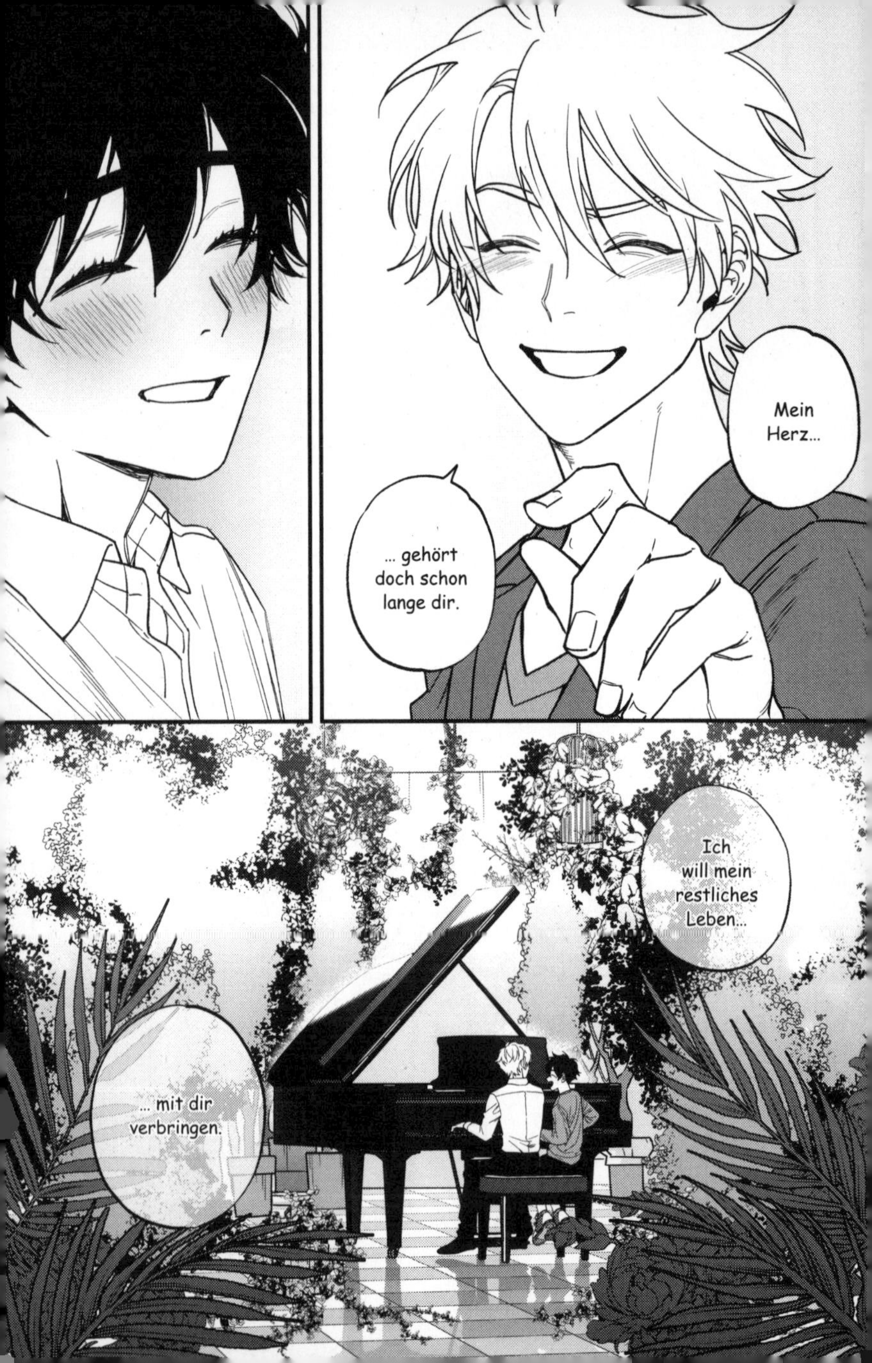
Mein Herz...
... gehört doch schon lange dir.
Ich will mein restliches Leben...
... mit dir verbringen.

Ende

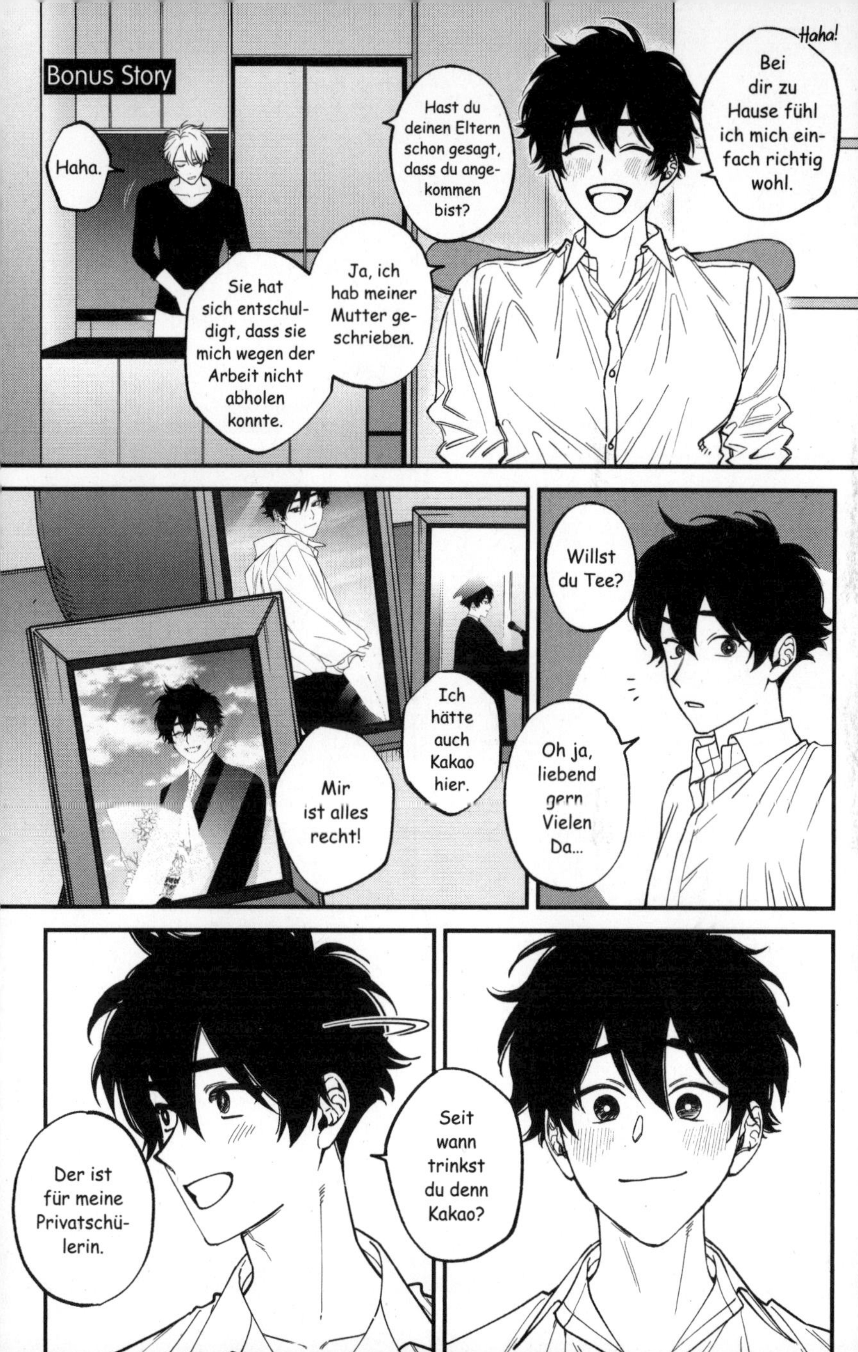
Bonus Story
Haha!
Bei dir zu Hause fühl ich mich ein-fach richtig wohl.
Hast du deinen Eltern schon gesagt, dass du ange-kommen bist?
Ja, ich hab meiner Mutter ge-schrieben.
Sie hat sich entschul-digt, dass sie mich wegen der Arbeit nicht abholen konnte.
Haha.
Willst du Tee?
Oh ja, liebend gern Vielen Da…
Ich hätte auch Kakao hier.
Mir ist alles recht!
Seit wann trinkst du denn Kakao?
Der ist für meine Privatschü-lerin.

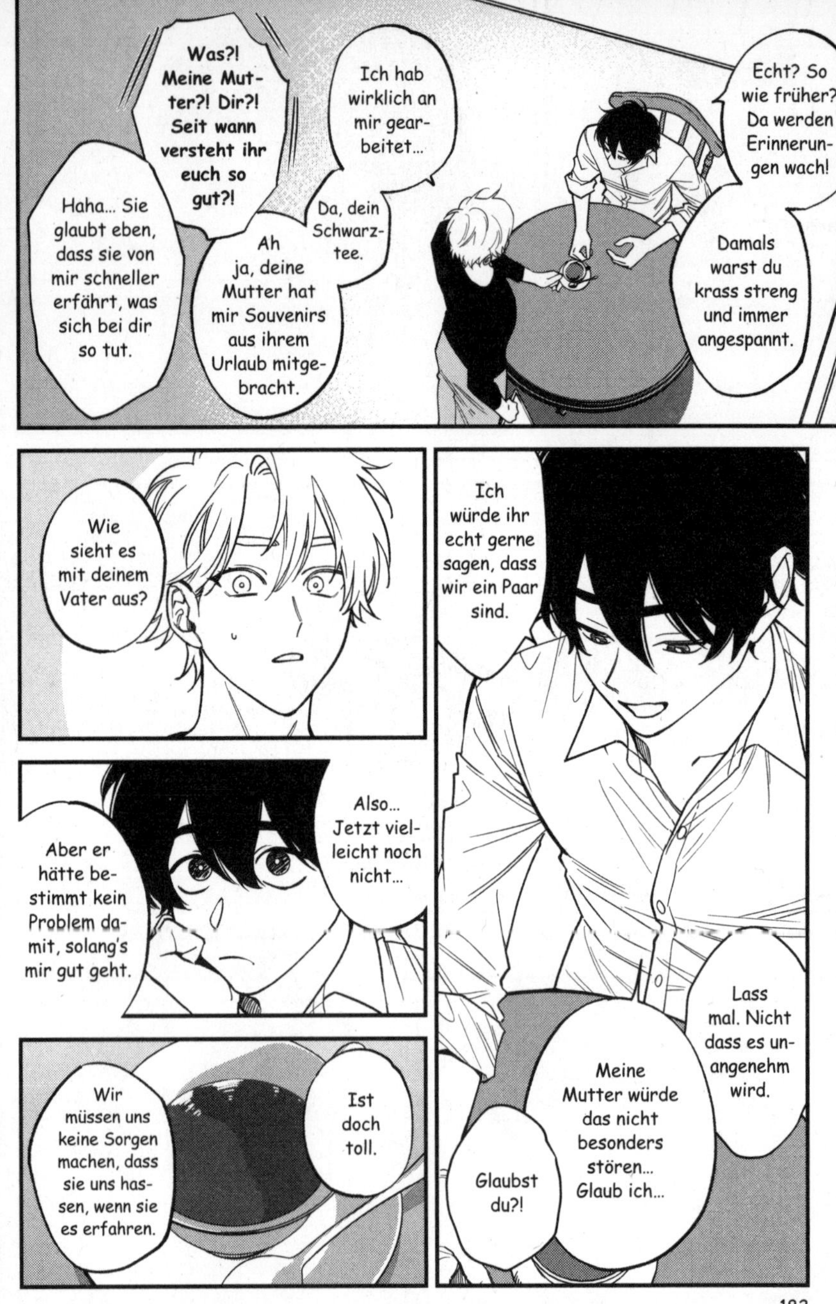
Echt? So wie früher? Da werden Erinnerungen wach!
Damals warst du krass streng und immer angespannt.
Ich hab wirklich an mir gearbeitet...
Da, dein Schwarztee.
Ah ja, deine Mutter hat mir Souvenirs aus ihrem Urlaub mitgebracht.
Was?! Meine Mutter?! Dir?! Seit wann versteht ihr euch so gut?!
Haha... Sie glaubt eben, dass sie von mir schneller erfährt, was sich bei dir so tut.
Ich würde ihr echt gerne sagen, dass wir ein Paar sind.
Wie sieht es mit deinem Vater aus?
Also... Jetzt vielleicht noch nicht...
Aber er hätte bestimmt kein Problem damit, solang's mir gut geht.
Lass mal. Nicht dass es unangenehm wird.
Meine Mutter würde das nicht besonders stören... Glaub ich...
Glaubst du?!
Ist doch toll.
Wir müssen uns keine Sorgen machen, dass sie uns hassen, wenn sie es erfahren.

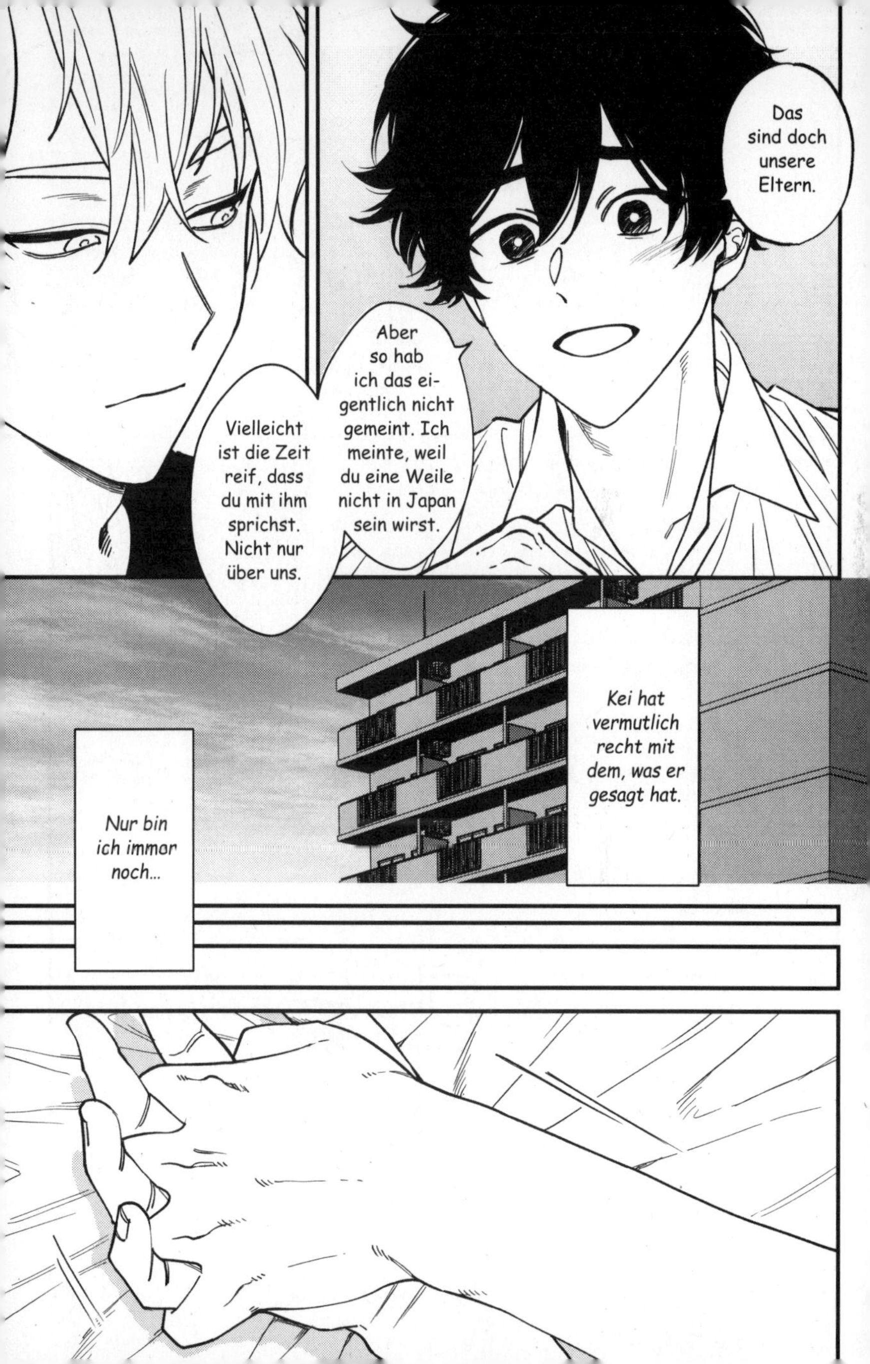
Das sind doch unsere Eltern.
Aber so hab ich das eigentlich nicht gemeint. Ich meinte, weil du eine Weile nicht in Japan sein wirst.
Vielleicht ist die Zeit reif, dass du mit ihm sprichst. Nicht nur über uns.
Kei hat vermutlich recht mit dem, was er gesagt hat.
Nur bin ich immer noch...

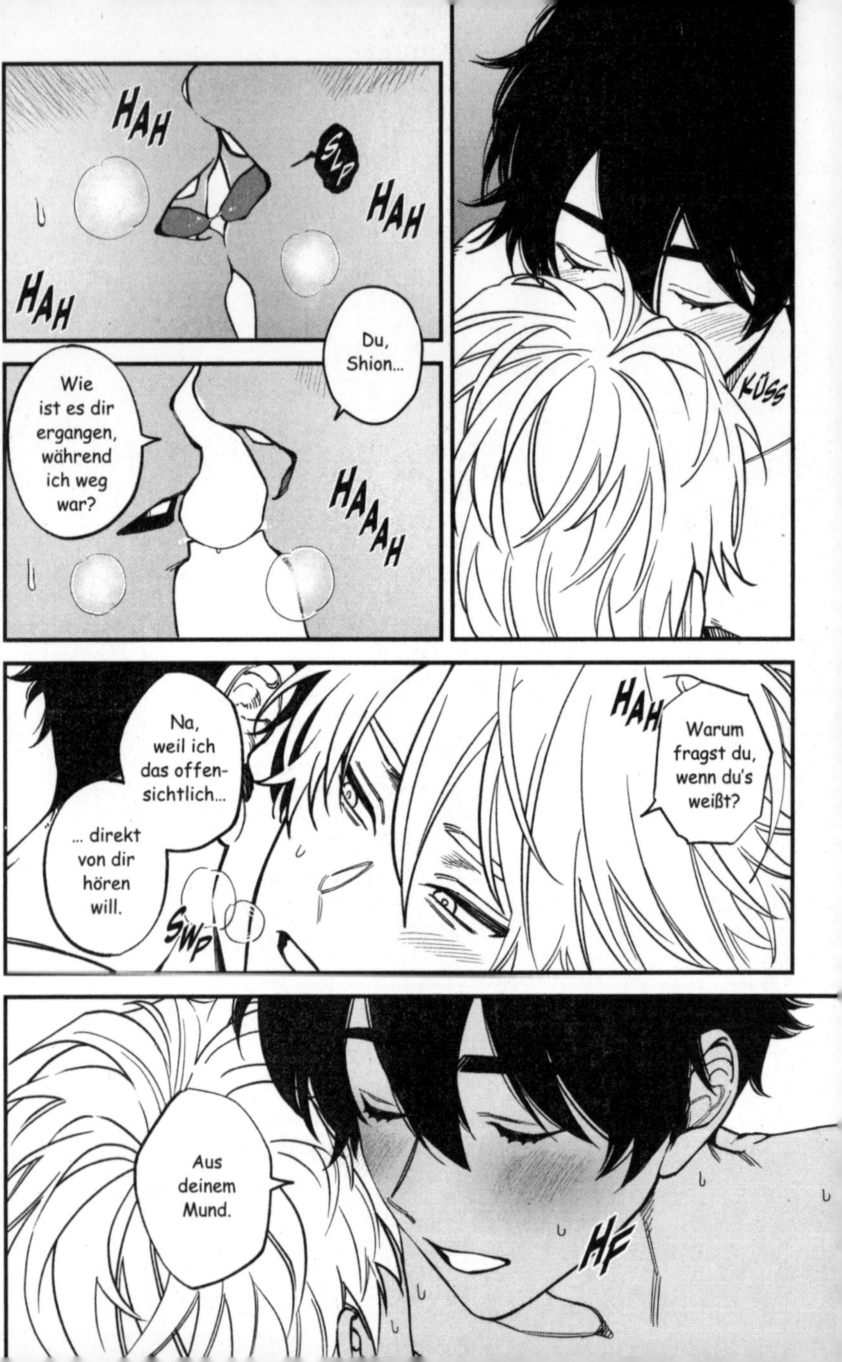

KÜSS

HAH

SLP

HAH

HAH

Du, Shion…

Wie ist es dir ergangen, während ich weg war?

HAAAAH

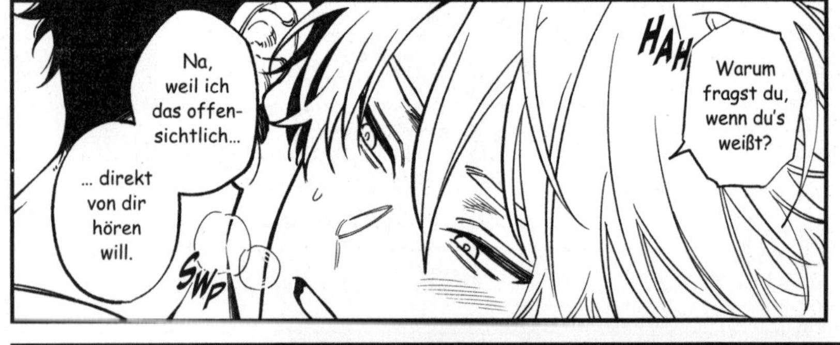

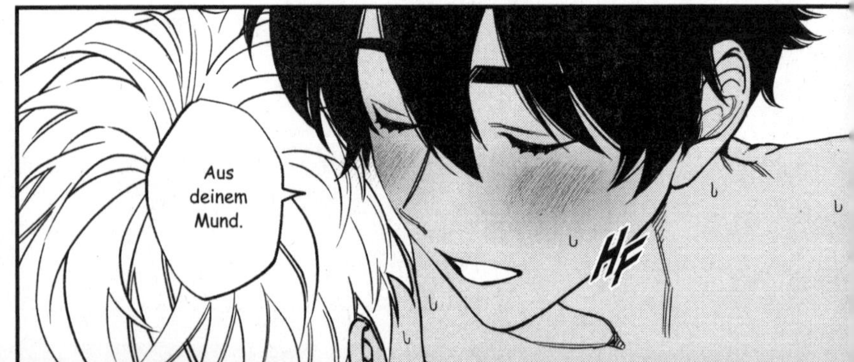

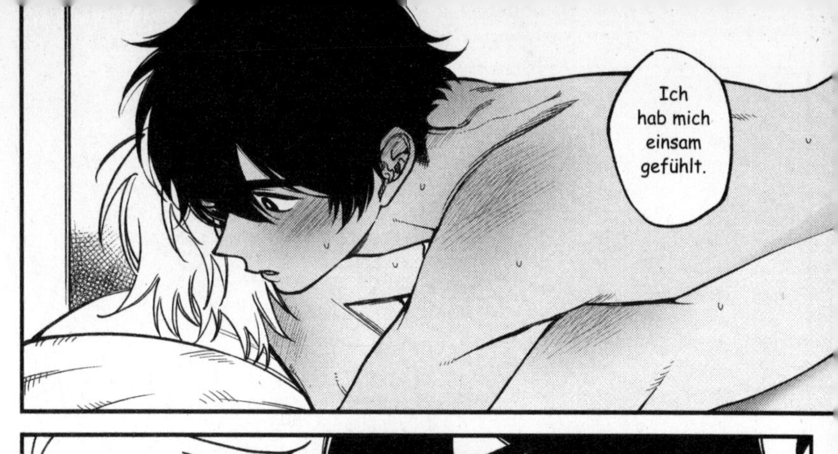
Ich hab mich einsam gefühlt.

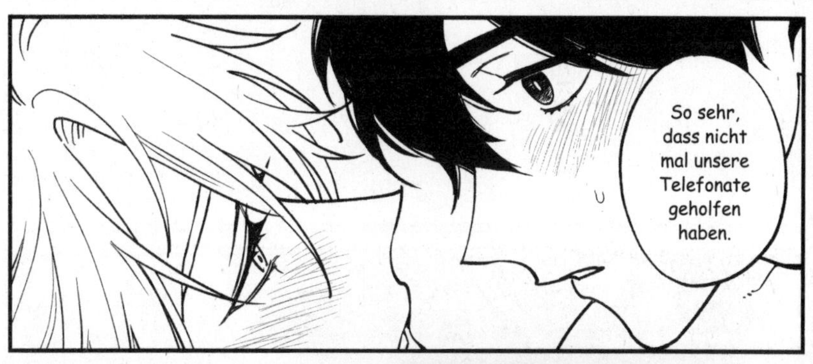
So sehr, dass nicht mal unsere Telefonate geholfen haben.

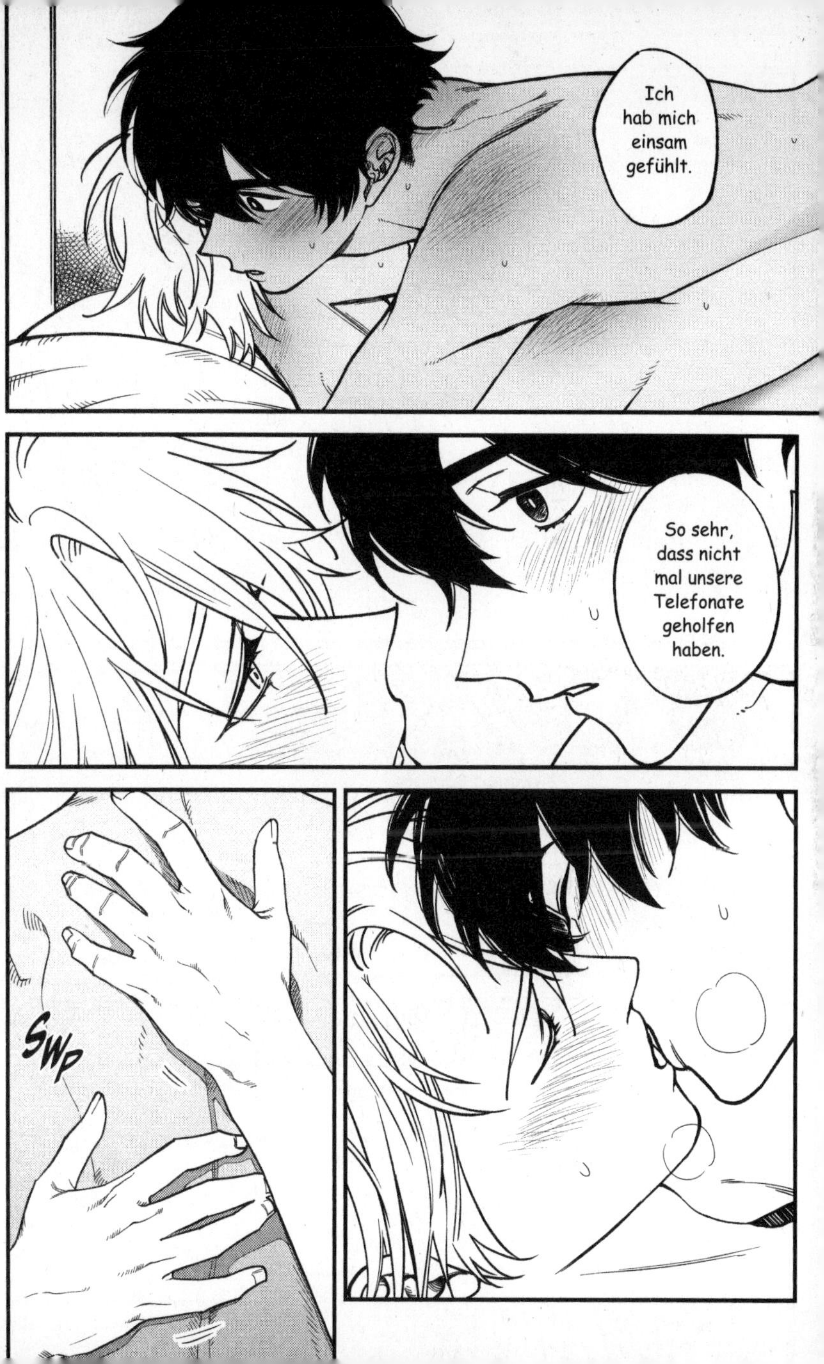

SWP

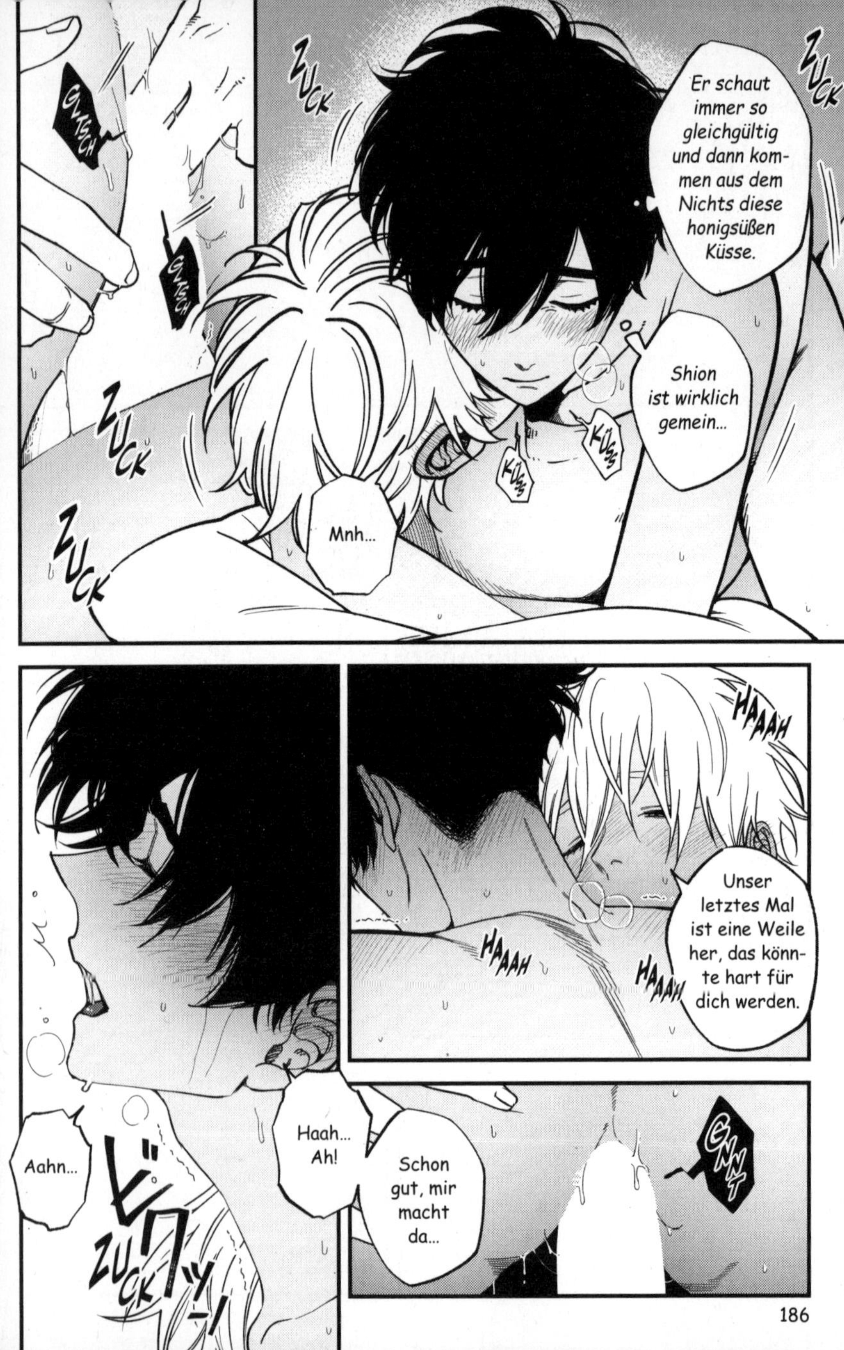
ZUCK
Er schaut immer so gleichgültig und dann kommen aus dem Nichts diese honigsüßen Küsse.
ZUCK
GLITSCH
GLITSCH
Shion ist wirklich gemein...
KÜSS
KÜSS
ZUCK
ZUCK
Mnh...
HAAAH
Unser letztes Mal ist eine Weile her, das könnte hart für dich werden.
HAAAH
HAAAH
GNNT
Schon gut, mir macht da...
Haah... Ah!
Aahn...
ZUCK

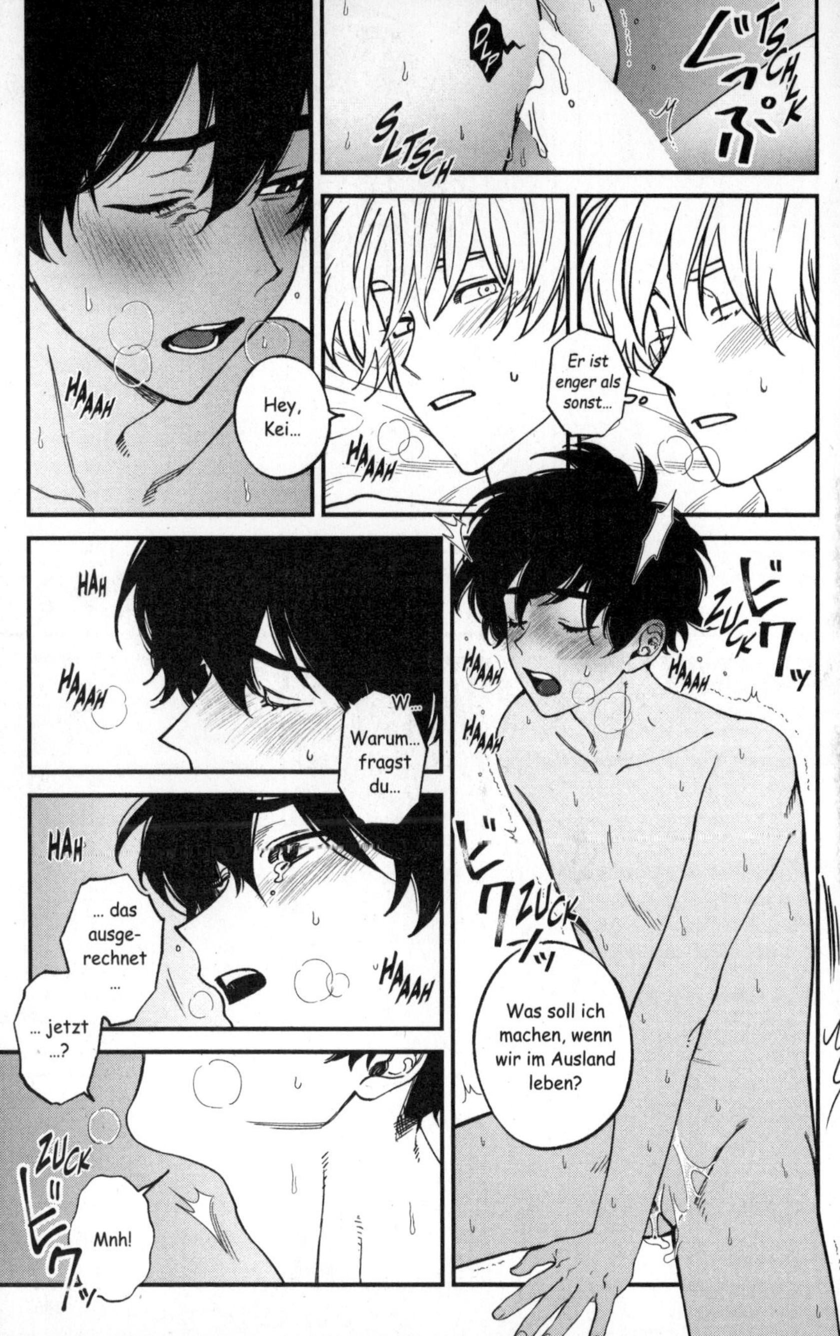
TSCHLCK
SLTSCH
DIP
Er ist enger als sonst...
HAAAH
Hey, Kei...
HAAAH
ZUCK
HAAAH
HAAAH
HAAAH
W...
Warum... fragst du...
HAH
HAAAH
ZUCK
Was soll ich machen, wenn wir im Ausland leben?
HAH
... das ausge-rechnet ...
... jetzt ...?
HAAAH
ZUCK
Mnh!

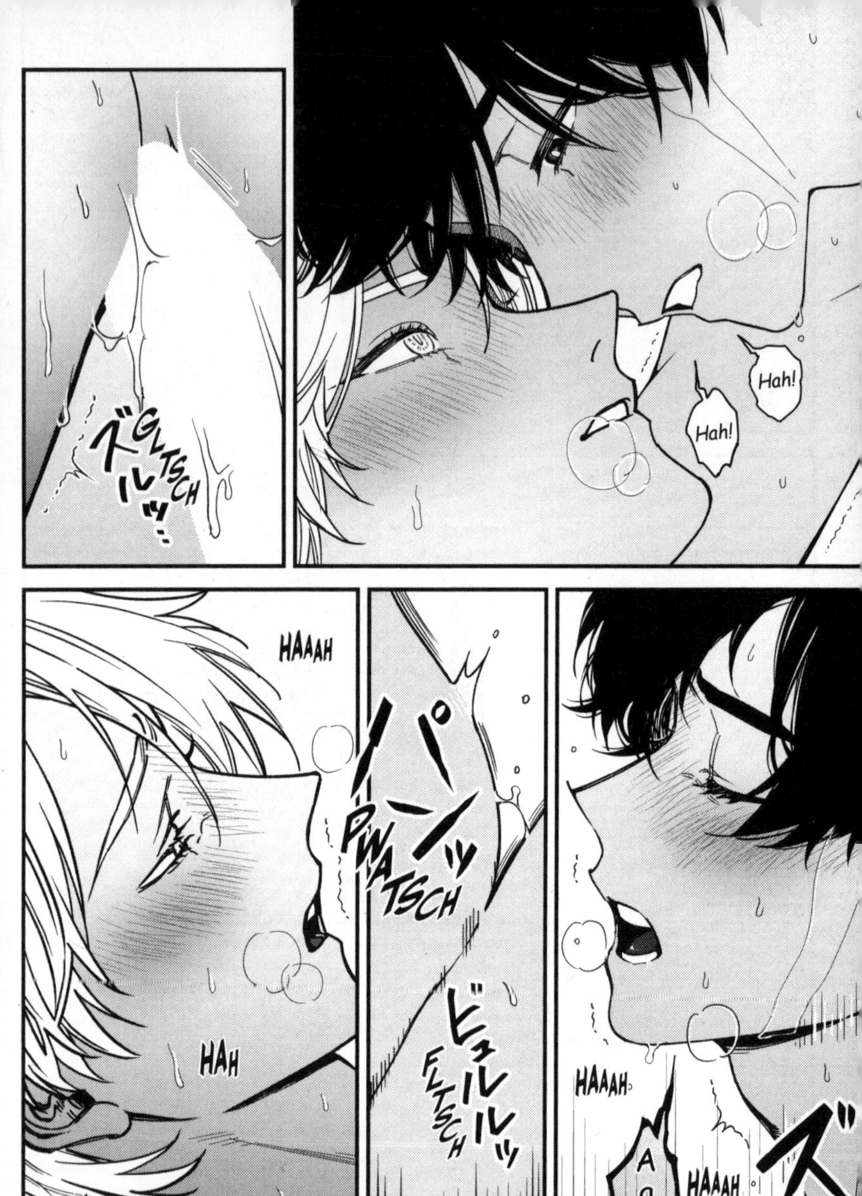
Hah!
Hah!
ズルッ…
GLTSCH
HAAAH
Aaah!
HAAAH
ズーンッ
SLTSCH
パンッ
PWATSCH
ビュルルルッ
FLTSCH
HAAAH
HAH
HAH

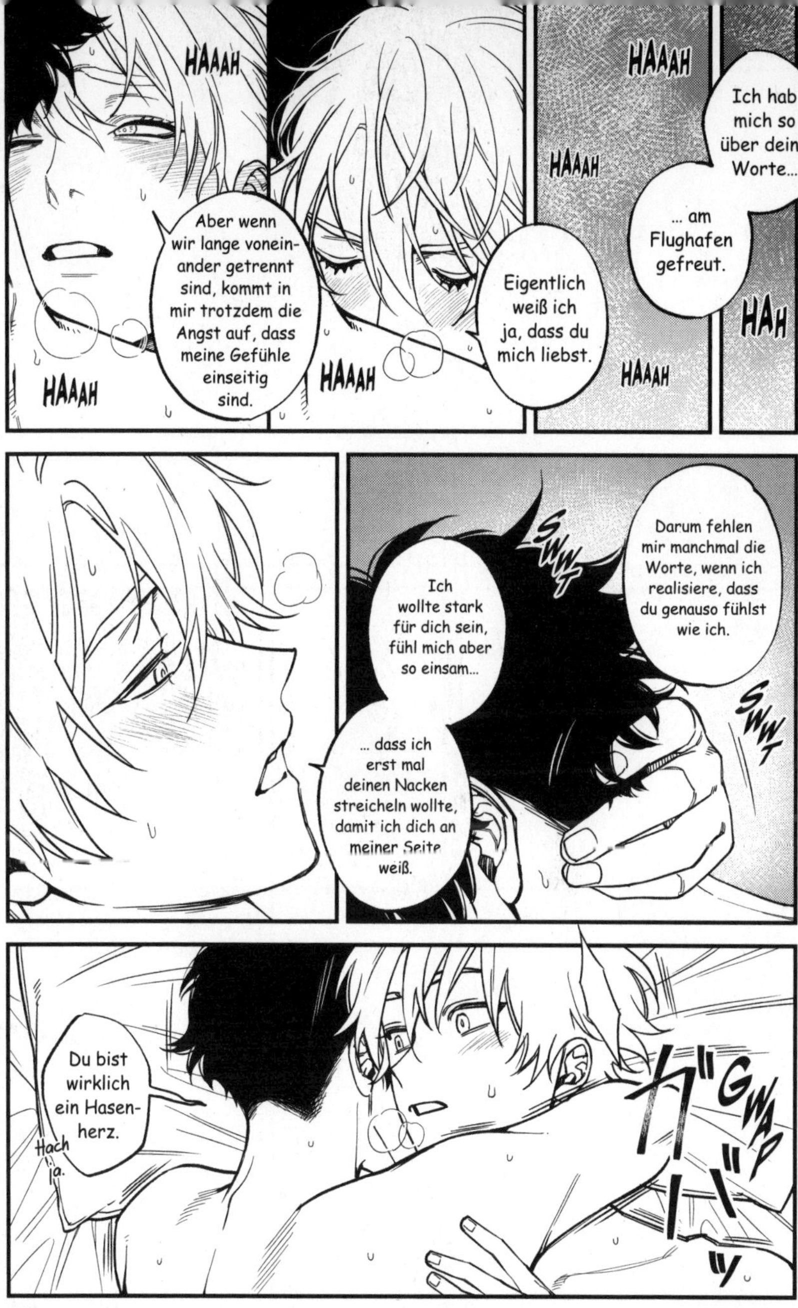

Ich hab mich so über deine Worte...

... am Flughafen gefreut.

HAH

HAAAH

HAAAH

HAAAH

Eigentlich weiß ich ja, dass du mich liebst.

HAAAH

HAAAH

Aber wenn wir lange voneinander getrennt sind, kommt in mir trotzdem die Angst auf, dass meine Gefühle einseitig sind.

HAAAH

Darum fehlen mir manchmal die Worte, wenn ich realisiere, dass du genauso fühlst wie ich.

SWWT

Ich wollte stark für dich sein, fühl mich aber so einsam...

... dass ich erst mal deinen Nacken streicheln wollte, damit ich dich an meiner Seite weiß.

SWWT

GWAP

Du bist wirklich ein Hasenherz.

Hach ja.

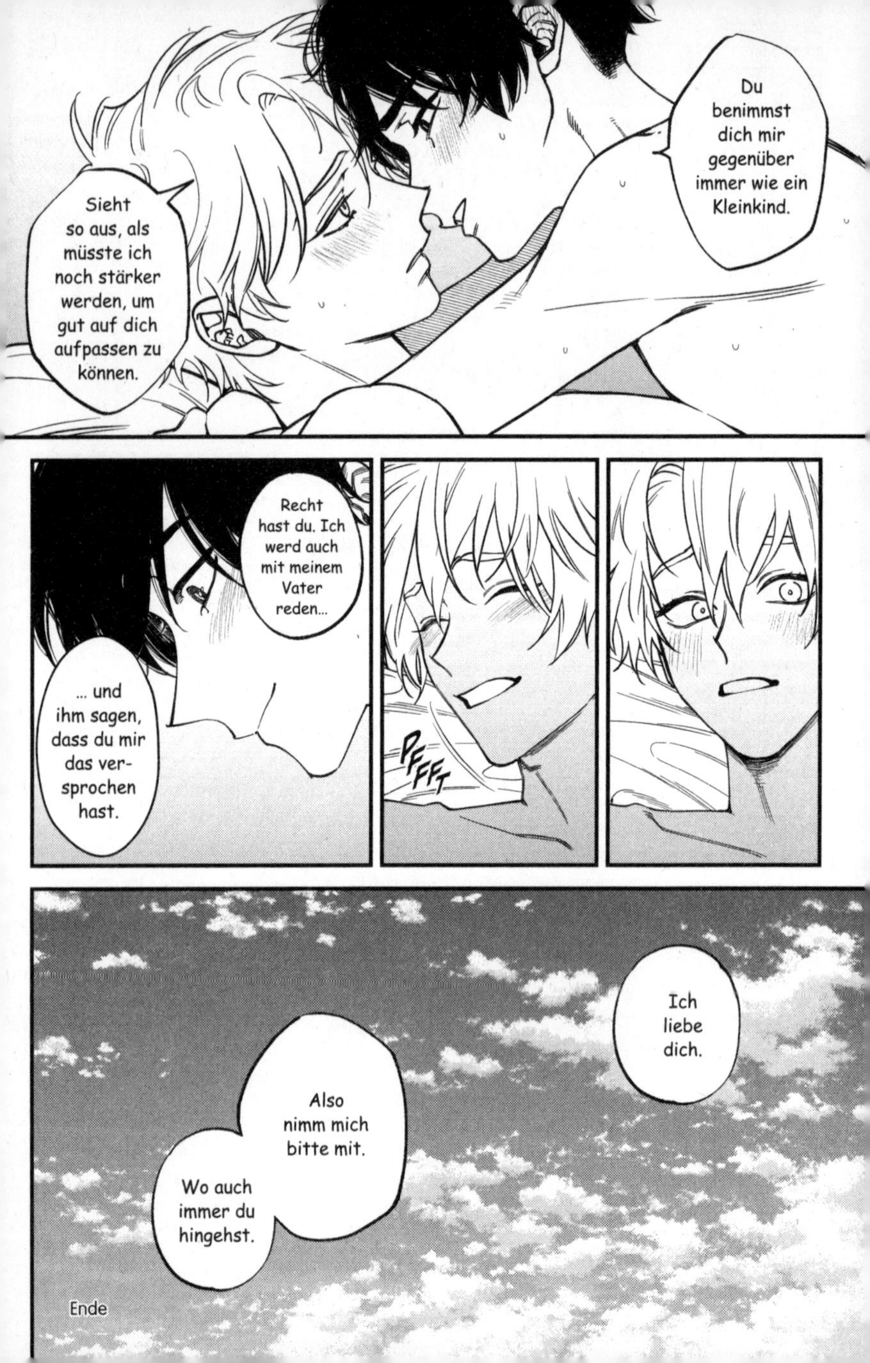

Du benimmst dich mir gegenüber immer wie ein Kleinkind.

Sieht so aus, als müsste ich noch stärker werden, um gut auf dich aufpassen zu können.

PFFFT

Recht hast du. Ich werd auch mit meinem Vater reden...

... und ihm sagen, dass du mir das versprochen hast.

Ich liebe dich.

Also nimm mich bitte mit.

Wo auch immer du hingehst.

Ende

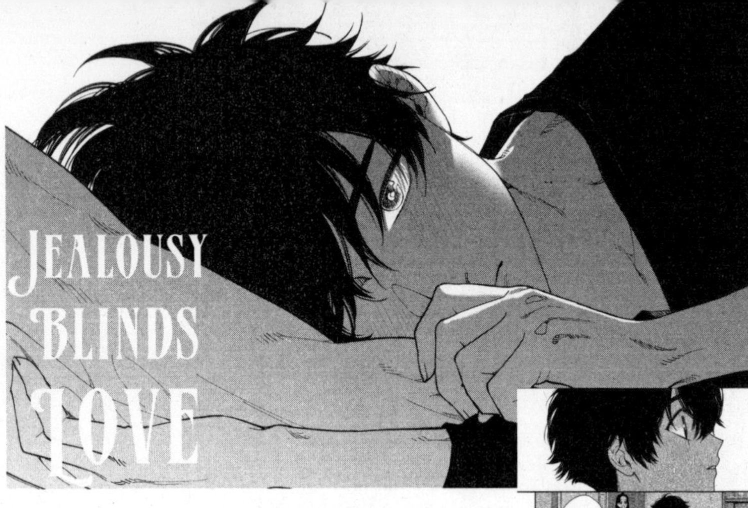

ist ein japanischer Manga, der originalgetreu von »hinten« nach »vorne« und von rechts nach links gelesen wird! Schlagt das Buch also »hinten« auf und blättert Seite für Seite nach »vorne« weiter! Auch die Bilder und Sprechblasen werden von rechts oben nach links unten gelesen, wie es in der Grafik gezeigt wird! HAYABUSA wünscht gute Unterhaltung!

HAYABUSA
2024 Carlsen Verlag GmbH · Völckersstraße 14-20 · 22765 Hamburg
Aus dem Japanischen von Christina Rinnerthaler
SHITTO WA AI WO KUMORASERU

Covergestaltung: Sonnenfisch Production – Laura Bartels
Original Cover Design: Rika Nomoto
Redaktion: Marisa Gregoric, Lisa Duty
Herstellung: Maria Niemann

ISBN: 978-3-551-62399-7

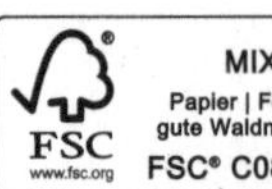

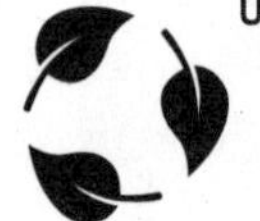

Unser Versprechen für mehr Nachhaltigkeit

- Klimaneutrales Produkt
- Papiere aus nachhaltigen und kontrollierten Quellen
- Hergestellt in Europa

SERENADE THE FALCON
HAYABUSA-MANGA.DE
hayabusa_manga
HayabusaTweets